跟着历史名人读郑州

文艺篇

郑州商代都城遗址博物院　郑州嵩山文明研究院
郑州市华象历史文化传播研究院　◎编著

文心出版社
·郑州·

图书在版编目（CIP）数据

跟着历史名人读郑州. 文艺青年篇 / 郑州商代都城遗址博物院，郑州嵩山文明研究院，郑州市华象历史文化传播研究院编著. -- 郑州：文心出版社，2025.3

ISBN 978-7-5510-3114-1

Ⅰ. K820.861.1；K296.11

中国国家版本馆 CIP 数据核字第 2024WN6048 号

出版发行：	文心出版社
地址：	河南自贸试验区郑州片区（郑东）祥盛街 27 号
邮编：	450016　发行部：0371-65788126
经　销：	新华书店
印　刷：	河南新华印刷集团有限公司
开　本：	889 毫米 × 1194 毫米　24 开
印　张：	16.5
字　数：	348 千字
版　次：	2025 年 3 月第 1 版
印　次：	2025 年 3 月第 1 次印刷
定　价：	138.00 元（全三册）
书　号：	ISBN 978-7-5510-3114-1

如发现印、装质量问题，请与印刷厂联系调换。电话：0371-65957865

编委名单

主　　编　郭　磊

副 主 编　张建华　张贺君　屈紫阳

编委名单　汪　翔　李泓燕　黄黎明　金彩玉　沈　倩
　　　　　　柴小雨　张思若　胡　晶　范雨琪　赵　雅
　　　　　　朱佳佳　任付立　赵　莹　闫子涵　杨　周
　　　　　　刘锡嘉　张亚杰　马　欣　李雅楠　盖　珊
　　　　　　张　鑫　南宫梦洁

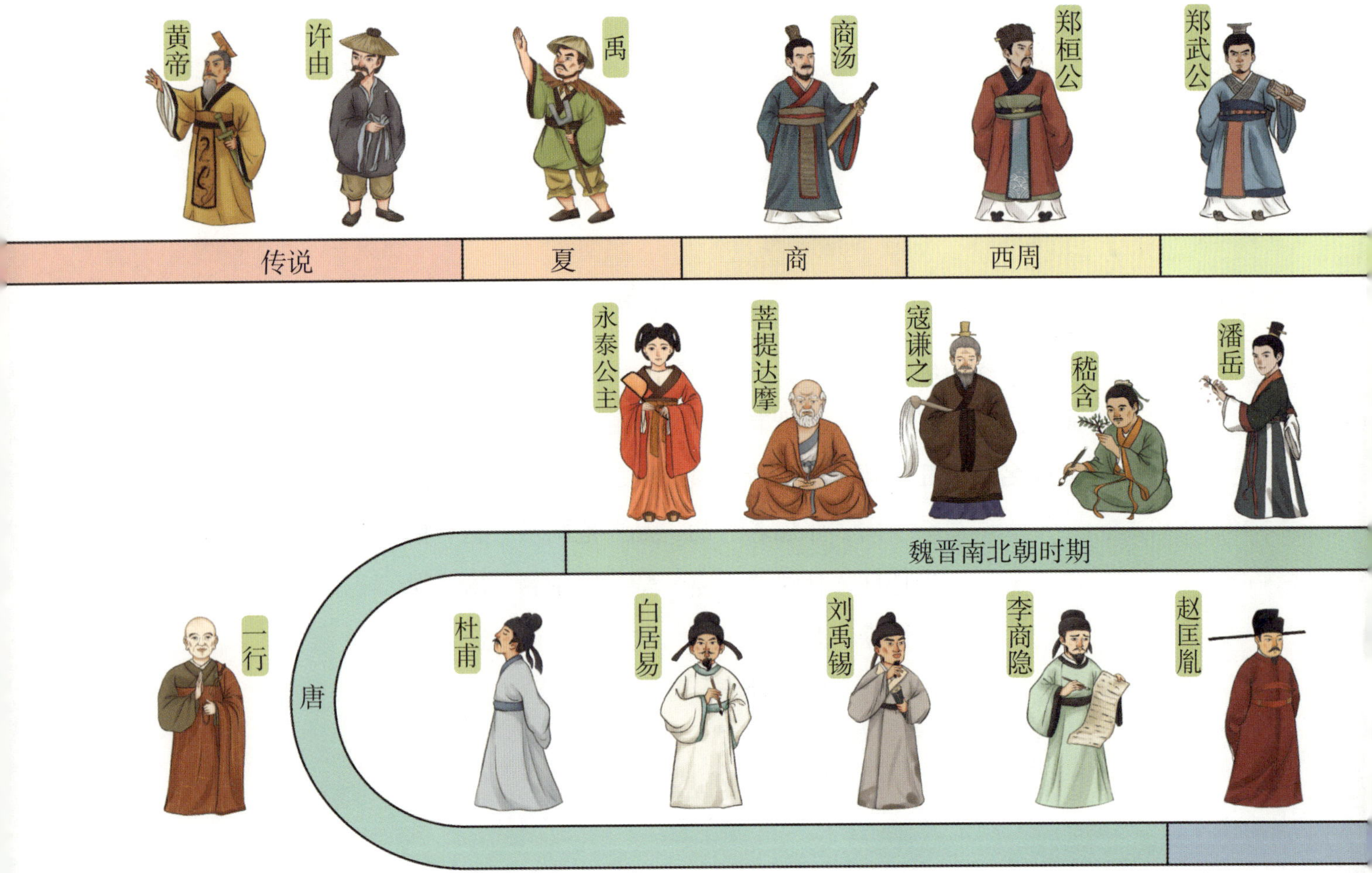

黄帝　许由　禹　商汤　郑桓公　郑武公

传说　夏　商　西周

永泰公主　菩提达摩　寇谦之　嵇含　潘岳

魏晋南北朝时期

一行　杜甫　白居易　刘禹锡　李商隐　赵匡胤

唐

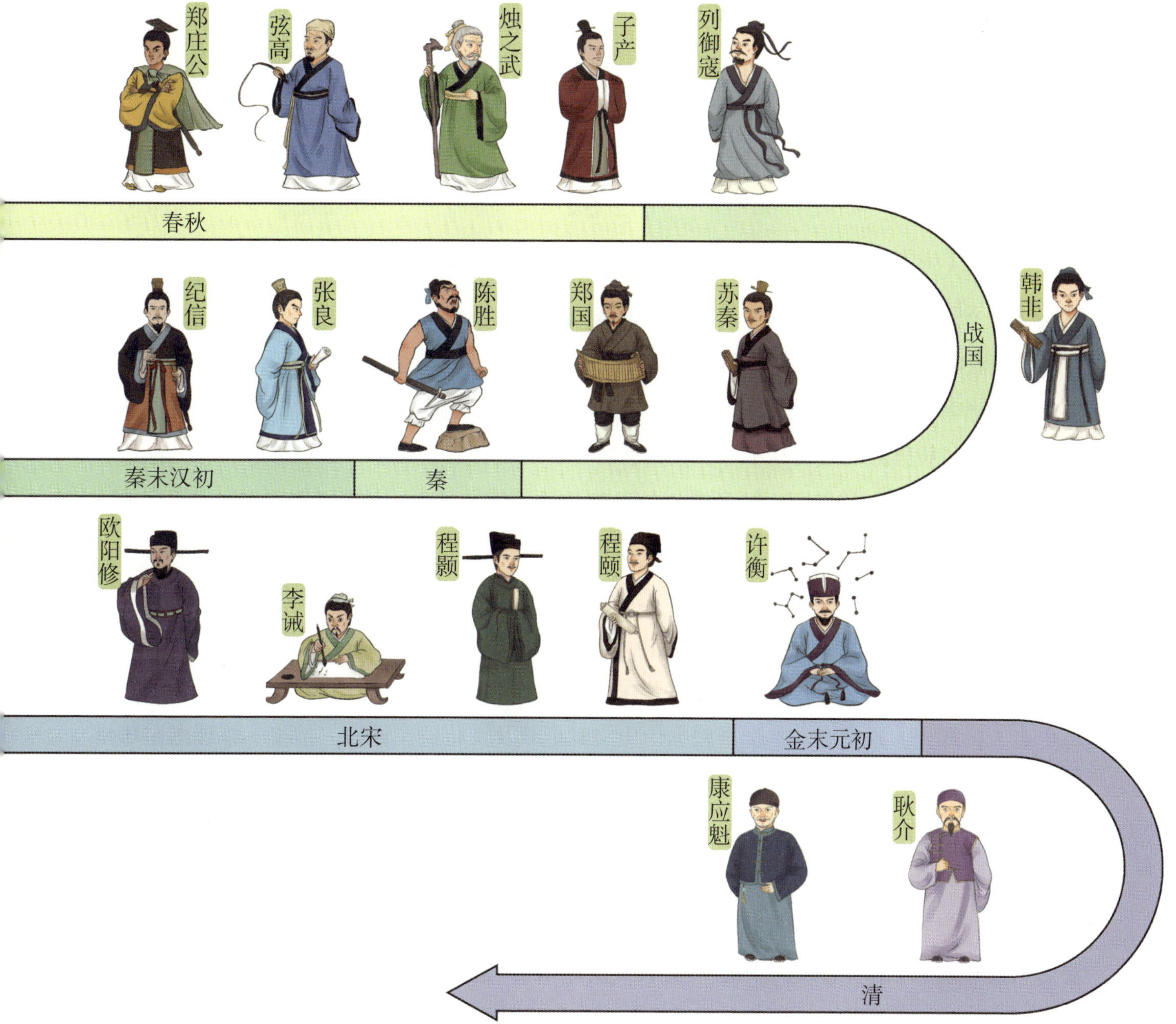

春秋：郑庄公、弦高、烛之武、子产、列御寇

战国：韩非

秦末汉初：纪信、张良

秦：陈胜、郑国、苏秦

北宋：欧阳修、李诫、程颢、程颐

金末元初：许衡

清：康应魁、耿介

前 言

文化是人类历史实践过程中所创造的物质财富与精神财富的总和。可以说，文化是一个民族、一个区域、一个时代独特的符号，也是滋养人们精神长流不息、生命欣欣向荣的基础养料。随着时间的流转，文化逐渐内化为人们灵魂深处坚不可摧的思想根基。历史的引路人、文化的传播者被称为"历史名人"，包括人文始祖、皇帝王侯、政治巨擘、民族英雄，以及文化巨人、科技巨匠、岐黄高手等，他们在特定的历史背景下产生，又在特定的历史背景下升华为时代的记忆。他们留下精彩绝伦的思想学说、创意巨作，给予人们源源不断的力量。与这些历史名人相关的遗迹、文化景观成为宝贵的文化资源，在历史的长河中滋养后世。

历史文化名城——郑州，地处黄河之滨，位居"天地之中"，是五千多年中华文明的核心区域。郑州作为历史古都、文化名城和著名商埠，在发展进程中涌现出了很多历史名人。为传承中华优秀传统文化，加强文化遗产保护利用，坚定文化自信，我们精心编撰了《跟着历史名人读郑州》这套书。本套书根据历史文献记载及文化遗产调研，搜集、整理出在郑州重大历史节点有过重要影响，或对郑州历史文化有过开创性贡献的本籍、过化或归葬郑州的历史名人，串联其生平故事、文章巨著、历史贡献和相关遗迹，反映郑州名人文化的基础概貌，让郑州名人先贤的历史文脉世代相传，展示郑州人文魅力，提升城市影响力，让读者了解郑州地区的历史名人文化资源现状，感受郑州历史风貌。本套书共分为三册，分别是《跟着历史名人读郑州·政治名家篇》《跟着历史名人读郑州·文艺青年篇》《跟着历史名人读郑州·行

业玩家篇》。本册《跟着历史名人读郑州·文艺青年篇》选择了11位郑州历史名人，书中的大部分故事来自"二十五史"等正史。

受到史料缺失、人口流动等因素的影响，有些历史名人的地域归属存在争议。如"诗圣"杜甫，出生于河南巩义，后来辗转西安、成都、长沙等地，这些地方都建有纪念杜甫的场所，他同时被称为郑州名人、成都名人、长沙名人。因此，我们暂将郑州籍、生于郑州，非郑州籍但长时间生活在郑州或长眠于郑州的有重大影响的人都归于"郑州历史名人"，以全面地通过这些名人了解郑州地域的文化特征及文化底蕴。

作为青少年读物，本套书以浅白晓畅、通俗易懂的叙述方式，以人物生平经历为线索，用人物小传的形式表现名人与郑州密切相关的部分人生，并以此为线索，介绍相关的遗址、遗迹和纪念场所。另外，本套书还以古今结合的视角，表述人物及其事件在中华文明进程中的重要作用，深入挖掘、阐发这些人物身上所体现出来的精神内涵的时代价值。同时，为了形象、直观、全面地展现历史名人的风貌，本套书还插入了大量图片。这些图片与通俗生动的文字互为补充，相得益彰，以期给读者带去愉悦的视觉享受和广阔的想象空间。

我们希望能有更多的人通过本套书了解郑州、认识郑州、爱上郑州，共同为郑州建设国家中心城市、打造华夏历史文明传承创新中心贡献力量。

编者

2025年3月

055 李商隐　倒霉的晚唐谜语诗人

065 欧阳修　令人敬仰的革新派干将

074 『二程』先生　道德模范，伦理标杆

083 许衡　一片冰心在玉壶

094 耿介　被做官耽误的教育学家

102 名人交流会

105 阅读树

108 附录　课本中的郑州历史名人

目 录

002　许由　教师天花板

文艺青年

009　潘岳　才貌双全的艰难奋斗者

020　杜甫　命运坎坷的绝代诗圣

031　白居易　自我拉扯的『诗魔』

043　刘禹锡　大唐第一『刺头』诗人

文艺青年

在很多人心中，文学等同于浪漫，特别是文学背后那些性情各异的文人，他们仿佛时光中的一抹亮色，渲染了岁月，编织出锦绣华章。

在这片精神田园里，"王牌教师"许由犹如风，轻盈地吹拂每一片文字，给我们带来清新的思想；"桃花县令"潘岳则像雨，温柔地将每一个字句滴落到土地上，为我们带来情感的滋养；"诗圣"杜甫像是大地，坚韧而广阔，承载着生命与悲欢；"诗魔"白居易则似一泓清泉，清澈而明净，润泽人们的心田；刘禹锡是一缕阳光，温暖而明媚，照亮岁月；李商隐则是一轮明月，皎洁而神秘，引领人们探寻内心；欧阳修仿佛一道彩虹，多彩而奔放，为生活增添色彩；程颐、程颢两位先生则是一座古城，沉静而厚重，记录历史的变迁与沧桑；而许衡和耿介，是纯粹与正直的象征。

每一位文人都是一颗璀璨的星辰，照亮人们前行的路程，为人们的心灵带来宁静与美好。让我们跟随这些性情各异的文艺青年的脚步，感受他们的情感与智慧，领略他们的风采与风度，在文学的海洋里漫游，感受浪漫与诗意的魅力。

许由

教师天花板

许由 教师天花板

○ 名人档案 ○

姓　　　名：	许由
出　生　地：	登封市
时　　　代：	远古时期
称　　　号：	三代宗师
身　　　份：	隐士
同时代名人：	尧、巢父
特　　　长：	御风而飞

○ 基本概况 ○

许由，亦作许繇。相传尧帝要把君位让给许由，许由推辞不受，逃于箕山（位于今河南登封）之下，农耕而食；尧帝又让他做九州长官，他到颍水边洗耳，表示不愿听到这些世俗浊言。后世把许由和他同时代的隐士巢父，并称为"巢由"或"巢许"，用以指代隐居不仕者。许由也因此成为古代隐士中声名显赫的一位。据传，他曾做过尧、舜、禹的老师，后人因此亦称他为"三代宗师"。

许姓是一个十分古老的姓氏。历史上曾涌现出很多人们耳熟能详的许姓名人，像谋士许攸（东汉末南阳人），曹操麾下的"虎侯"许褚（许攸偏巧死在这个同姓人刀下），创建"月旦评"的许劭（他评价曹操"君清平之奸贼，乱世之英雄"），宋代理学家、政治家许衡，还有中华许姓源头、许家始祖——许由。

由于时代过于久远，史书上留给许由的篇幅十分简短，流传下来的故事也较为有限，但富有传奇色彩。

终极教师

许由的工作经历极为有限，史书中没有太多明确的记载，但是以他曾做过尧、舜、禹的老师这份履历来看，他倒是长寿得很。

许由的故事发展到后来更类似于一种民间崇拜，是封建统治者对巩固君权的一种思想性引导。

每位君主继位后，都希望有一个理想型人物辅佐自己治国理政，但又对自己没有丝毫威胁，最好是个淡泊名利的雅人隐士，没事的时候就待在山里种种地、浇浇花。许由就是这么一个人。

许由接连培养了三位为华夏民族做出杰出贡献的君王，德行过人，能力出众，说他是终极教师，丝毫不为过。

这样一位优秀的帝师，面对让位，选择拒绝，说明许由洁身自好，对政治不感兴趣。这一点就十分符合封建君主心中对臣子的要求。或许这也是史书上没有着重记载许由如何教导尧、舜、禹勤政爱民，而着重强调他怎么不慕名利的原因。可以说，许由的事迹是带有浓厚的封建政治导向的。

许由洗耳

许由洗耳是个典故，字面意思十分直白，就是许由洗耳朵。之所以说它是个典故，是因为许由洗耳这件事有一定的教育意义，也体现了许由高洁的情操和追求自由的生活态度。

尧觉得自己老了，干不动了，加上儿子不争气，怕误了国事，就想着把王位让给美名远扬的老师许由。尧想要让位，能让成吗？那肯定让不成。老板辞职不干了，把产业打包送给部下？先不提这老板怎么想的，关键是这部下接不接啊。

尧打听到许由隐居在沛泽，就开启了让贤之旅。史书上记载，尧把许由比作时雨和日月，把自己比作蜡烛与田间溪流，好听话一句接一句，翻来覆去就是一句话：我不行了，但我觉得你很行。尧把自己贬得一文不值，一心想让许由来代替自己。可许由怎么想的呢？——开什么玩笑，我许由把"一生不羁放纵爱自由"当个性签名，你却让我当老板？我可不愿意。

于是，许由和尧说："你这不是干得挺好的，让位给我干啥？我不图名不图利的。再说了，就算厨子不下厨，那也不能让搞祭祀的上伙房掌勺儿去吧？"这句话从逻辑上无懈可击，把"术业有专攻"解释得非常透彻。说罢，他一溜烟儿跑到"颍水之阳箕山之下"种地去了。

尧是很有韧劲的人，没有放弃，又去找许由，想让他做九州长（管理九州的执政官）。这一下许由可不耐烦了，觉得听到这话简直是污了自己的耳朵，立刻跑到河边，自顾自地洗起了耳朵。这种做法放到现在来看很无厘头，甚至有故意作秀的嫌疑，但在那个时候，人们大概觉得许由真的不爱权力。

许由洗耳朵，洗着洗着被樊坚瞅见了。樊坚很好奇：这人不洗澡，不刷牙，单单洗耳朵，为啥啊？他就去问许由。

樊坚："你这耳朵是沾啥脏东西了吗？"

许由："没沾啥脏东西，就是听见了不想听的话，耳朵不干净了。"

樊坚："听见了啥不好的话啊？跟咱分享分享呗，让我这耳朵也不干净一下。"

许由："咱老板尧让我做九州长。"

樊坚："这……这不是祖坟冒青烟的好事儿吗？"

许由："我不想干，我志存高远纵情山水，九州长这东西太俗了，我看不上。"

樊坚："……好吧！"

听完，实在理解不了许由的樊坚跑得远远的，牵着牛走了。

关于许由洗耳，还有另外一个版本，故事情节是一样的，不一样的是人物角色和人物对话。这里的樊坚换成了许由的朋友巢父。巢父，大概是当时唯一一个比许由更加彻底的隐士，同时也是许由的朋友。巢父牵着牛来河边，听了许由一番话，觉得很不可理喻，就说："你如果真的隐居深山之中，怎么可能会被人找到？口口声声说不追求名声，我看你分明就是沽名钓誉。"可见巢父十分瞧不上许由拒绝尧的处理方式。两个版本相比，反而是巢父的说法更能引人深思。许由究竟是真的不喜功名还是沽名钓誉，已无从考证，但丝毫不影响许由千百年来在人们心中的形象。

其实，成语"洗耳恭听"也来自这个典故，只是含义与许由洗耳无关系。洗耳恭听指的是恭敬而专心地倾听，许由洗耳更偏向表达自己志趣高洁。

历史链接

▶ 庄子《逍遥游》

尧让天下于许由，曰："日月出矣，而爝火不息，其于光也，不亦难乎！时雨降矣，而犹浸灌，其于泽也，不亦劳乎！夫子立，而天下治，而我犹尸之，吾自视缺然。请致天下。"许由曰："子治天下，天下既已治也。而我犹代子，吾将为名乎？名者实之宾也。吾将为宾乎？鹪鹩巢于深林，不过一枝；偃鼠饮河，不过满腹。归休乎君，予无所用天下为！庖人虽不治庖，尸祝不越樽俎而代之矣。"

关联遗产地

▶ 许由墓（含庙）

许由墓坐落在河南省登封市东南约20公里处的东华镇刘庄村北部，墓冢朝向西北，由各类各样的石头堆砌而成，形状为高约6米、直径约19米的圆柱。墓冢前有一个供案，墓冢下还有一个约2米高的山石砌墙。

许由庙位于箕山下西南侧，坐北朝南，史册没有记载它是什么时间创建的。现在的庙宇仅存正殿一座，东西厢房各一座，还有明代万历年间登封知县邢州傅梅刻立的"箕山"碑一座，清代刺柏一株。

图源：郑州市文物局

许由墓

潘岳

才貌双全的艰难奋斗者

名人档案

姓　　　名：	潘岳
出　生　地：	中牟
时　　　代：	西晋
称　　　号：	四大美男之首
身　　　份：	黄门侍郎
同时代名人：	石崇、陆机、贾谧
特　　　长：	写文章

基本概况

潘岳（247—300），西晋文学家。字安仁，又名潘安。仪容美丽，位居中国古代四大美男之首。潘安之名始于杜甫诗"恐是潘安县，堪留卫玠车"。

潘岳出身于儒学世家，少年时就显现出博学、聪敏、善辩的特点，人们都称他为奇童。二十余岁入仕，与好友石崇、贾谧等人经常活跃在金谷园里，为"贾谧二十四友"（"金谷二十四友"）之首。虽然文采斐然，所写的《藉田赋》闻名天下，却命途多舛，迟迟不能实现志向，最终惨遭诛灭三族。潘岳一生，貌美，才高，情重，却难逃政拙宿命。

唐朝初年，大才子王勃在一场聚会上写下"落霞与孤鹜齐飞，秋水共长天一色"的千古绝唱，文章结尾又来一句"请洒潘江，各倾陆海云尔"，邀约众人写作。这里的潘江可不是江河的名字，而是指才华如江的美男潘岳。在座的官员顿时无语，心中暗想，你这样的锦绣文章一出手，谁还敢接着写，天底下又有几个人能与潘岳这样的才子相比呢！

花样美男

中国历史上不仅有四大美女，还有四大美男，他们分别是潘安、兰陵王高长恭、宋玉和卫玠，而潘安则是公认的华夏第一美男子。南北朝诗人徐陵曾作诗夸赞潘安的美貌："绿柳三春暗，红尘百戏多。东门向金马，南陌接铜驼。华轩翼葆吹，飞盖响鸣珂。潘郎车欲满，无奈掷花何。"

出门一趟，车上就堆

掷果盈车

【释义】
比喻女子对美男子的爱慕与追捧。

满了妇人投掷的鲜花。只从这首诗来看，我们就能知道这位美男子有多么炙手可热。但他具体美成什么样子呢？史书上对潘安外貌的记载有三个字——美、姿、仪，美就是长得漂亮，姿指身姿仪态，仪就是有风度有气质。放在现在，就是说这个人颜值高、身材好、气质佳。这样看，潘安，妥妥的偶像一枚。

潘安的美，是从小美到大的。少年时的潘安随父亲一起搬到洛阳定居，他时常带着牛皮弹弓，乘车出门打鸟游乐。城中的妇人整日伺机而动，遇到潘安出来玩，就手拉手把他围起来，好好欣赏。有些妇人情难自禁，就将美味的水果往他车上丢，期望能引起他的注意。待到潘安突出重围的时候，车上已经装满了水果。虽然在古代没有娱乐圈一说，但潘安受到的这种待遇可丝毫不比现在的演员差，成语"掷果盈车"也由此而来。

成年后的潘安不仅没有长残，反而多了一抹岁月赋予的潇洒，势头更盛，也因此招到不少人嫉妒，包括当时的才子山涛①、王济②等人。他们曾被潘安公开讽刺过，早就和潘安结下了仇。于是，他们诬告潘安有欺君之罪，想除掉他。一日，山涛对皇帝说："陛下，这个潘安整天敷粉化妆，打造自己美男子的人设，但他其实一直都在欺骗您！臣有一妙计，可以揭开他的真面目。"皇帝虽然也很欣赏潘安的容貌，但不能容忍有人欺骗自己，当即准了山涛的计谋：让潘安穿貂觐见。要知道，当时可是烈日炎炎的夏天呀。

第二天，直到日上中天，汗流浃背的潘安才被宣进殿。可尽管潘安一脸狼狈，美貌依旧不减，反倒因为闷热，衬得他肤如凝脂、面若桃花。皇帝愉悦地称赞潘安是名副其实、空前绝世的美男子！

---

①山涛，字巨源，河内怀县（今河南武陟）人。三国至西晋时期大臣、名士，"竹林七贤"之一。
②王济，字武子，太原晋阳（今山西太原）人。西晋外戚大臣，曹魏司空王昶的孙子，司徒王浑第二子，晋文帝司马昭的女婿。

潘安凭美貌被捧成了当时的名流，但他可不是个一无是处的偶像，而是能力卓绝的实力派。他被派到河阳县（今河南孟州）当县令（相当于现在的县委书记兼县长）。在任期间，他多方考察，结合当地的自然环境，搞起瓜果种植业，种得最多的就是桃树。一到暮春时节，落英缤纷，煞是好看，一下子带动了当地的旅游业。潘安也因为在河阳的突出政绩，得到"河阳一县花"的美名，成了我国最早的"花样男子"。他还让那些因为口角之争来打官司的人抬着水桶去浇花，让他们在劳作过程中培养"革命友谊"，最终握手言和，这种新颖的调解方式被称为"浇花息讼"。

才华如江

潘岳能在"中华美男子"的榜单上霸榜，可不只因为长得好看。美是一种综合元素的评价，潘岳的美更离不开才情的熏染。

潘岳12岁时就因受到杨肇[①]（当时为司马昭大将军府参军）的赏识而出名，杨肇还把长女杨容姬嫁给他为妻。这分明是杨肇的押宝之举，他认为潘岳今后必定会大有作为。

后来，才情满满的潘岳确实没有辜负众人期待，被举荐为秀才，成为朝廷的新晋年轻官员，还正好赶上了一波政治福利。在古代，为鼓励百姓好好种田，晋武帝司马炎遵循旧制，参加"藉田"活动。虽然"藉田"只是作秀式地挥两下锄头，但毕竟"作秀"的人是皇帝，随行的官员便使出浑身解数，挥洒笔墨，纷纷拍起"马屁"。这下子，潘岳可找到发挥空间了，提笔写下了一篇《藉田赋》，先叙事，后议论，依次排开，有节奏，有韵律，夸耀又不

[①]杨肇，西晋宛陵（今河南长葛）人，字季初，少有才华。官至荆州刺史，封东武伯。

失真实,把晋武帝藉田场面的庄严大气渲染得淋漓尽致,算得上第一梯队文章。

其实,潘岳不仅赋写得好,写诗也是一把好手。潘岳与杨容姬成亲后,俩人共同生活二十多年,夫妻情深,十分恩爱。可惜杨容姬不幸早亡,潘岳对她念念不忘,决心不再娶妻,并作了三首有名的《悼亡诗》来怀念妻子。这一写,便开创了悼亡诗的先河。

悼亡诗(节选)

如彼游川鱼,比目中路析。
春风缘隙来,晨霤承檐滴。
寝息何时忘,沉忧日盈积。
庶几有时衰,庄缶犹可击。

此诗是潘岳一年服丧期将满时所作,情深意切,溢于言表。我们甚至能想象到,潘岳在丧期内,对任何事情都毫无兴趣的凄惨模样。妻子的香气还残留在衣服上,用过的器具还挂在墙壁上,这怎么能让人不时时刻刻陷入思念之中呢?后世同样情感细腻的李商隐品味到诗中的意蕴,说:"只有安仁能作诔,何曾宋玉[1]解招魂。"南北朝钟嵘[2]的《诗品》一书将潘岳的诗作列为上品;刘勰[3]的《文心雕龙》评"魏晋之赋首"共八家,潘岳也列在其中,可见潘岳的文学地位有多高。潘岳和陆机是魏晋时期才华一流的文学家,他们的才华,一个如江水滔滔不尽,一个如海水辽阔广博,被合称为"潘江陆海"。

---

[1] 宋玉,战国时期楚国著名辞赋家,传世作品有《九辩》等。
[2] 钟嵘,南朝梁文学批评家,颍川长社(今河南长葛)人,著有《诗品》。
[3] 刘勰,南朝梁文学理论批评家,著有《文心雕龙》。

命途多舛

潘岳因过于出众遭嫉妒被贬十年，好不容易在河阳县做出了一些政绩，但还是没有如愿得到晋升，反而被调到太尉府当保镖。此时的潘岳已经32岁了，远大的志向依然没有实现，长出白发来。

这一年，他似乎对仕途感到倦怠，写了一篇格调清新、意境深远的《秋兴赋》，表达出和庄子一样"逍遥乎山川之阿，放旷乎人间之世"的超凡愿望。

然而，"上品无寒门，下品无士族"是当时的政治规则。潘岳虽然出身官宦世家，但并不是豪门望族。他明白自己最出众的容貌对他改变现状毫无用处，要想在政治上有所作为，最简单有效的方式就是"抱大腿"。

他选中的第一条大腿是手握实权的晋惠帝的外公——太傅杨骏，费尽心思做了太傅主簿。然而当时杨骏和皇后贾南风都想通过控制皇帝把持朝政，正斗得你死我活，不巧，杨骏在这场争斗中惨败，被害夷三族，潘岳作为幕僚也在被诛之列。幸亏当时他公事在外，又有楚王的心腹、他的好友公孙弘替他求情，才保住一命，被调到长安做县令。不巧的是，潘岳的母亲在此时生病了，潘岳是个大孝子，毅然辞官回家照顾母亲。家中贫穷，他就耕田种菜卖菜，再买回母亲爱吃的食物。他还喂了一群羊，每天挤羊奶给母亲喝。在他的精心护理下，母亲渐渐痊愈。而后，他返回京城，再次踏上寻梦之旅。临走时，潘母劝他不要趋炎附势，否则终会害己。然而，蹉跎了半生的潘岳已经听不进这样的良言，虽然口头受教，实际上却没有接受母亲的劝诫。

这一次，潘岳和好友石崇①选择去抱皇后贾南风的外甥贾谧的大腿。贾谧是个有权有势的文人，很欣赏潘岳的才华。于是，潘岳凭着才能，当了最有力的"枪手"，给贾谧写了很多在朝中发言的稿子。

潘岳和贾谧身边的文人们常常在石崇的大别墅"金谷园"中聚会，他们吹笛抚琴、饮酒赋诗，个个潇洒惬意，被称为"金谷二十四友"。石崇还将聚会上众人所作的诗赋收录在一起，命名为《金谷集》。金谷园雅集是真正由文人自发组织而无政治因素在内的文人活动，后代的王羲之②效仿他们，举办过兰亭雅集，并诞生了千古名篇《兰亭集序》。

后来，贾谧帮助潘岳做了黄门侍郎，这样一来，潘岳与贾氏集团捆绑的程度也越来越深了。潘岳的前途也完全取决于贾皇后的势力发展。后来，在贾谧的指使下，潘岳趁太子醉酒，拿了一段祝祷文字让太子抄写，骗取太子手迹。而后，潘岳循着字迹修改，撰写了一篇太子图谋篡位的书文。

在贾皇后团体的操作下，太子被废，太子的生母被杀，朝政一下被搅乱了。这时候，谁也没想到太傅赵王司马伦会突然发动政变，成功上位，贾氏集团的势力霎时间成为泡沫，潘岳的前途大梦也被迫惊醒。

政变之后，司马伦的亲信孙秀当上了宰相。孙秀曾是潘岳父亲的下属，而潘岳少年时因为看不惯孙秀的狡黠鞭打过他。如今二人再次相见，身份和地位却掉了个个儿，潘岳只能尴尬地问他是否还记得当年的事。孙秀这个人也是睚眦必报，回答他"历历在目"。这下，潘岳知道自己逃不了了。随后，孙秀罗织罪名说潘岳、石崇要和某王爷一起造反。最终，潘岳和石崇等人被诛三族。潘岳的母亲、兄弟、侄子，甚至已经出嫁的闺女，无论男女老幼全部

---

①石崇，字季伦，西晋时期大臣、文学家、富豪，"金谷二十四友"之一。
②王羲之，东晋书法家，字逸少，世称王右军。代表作《兰亭集序》被誉为"天下第一行书"。

被杀，只有几个人侥幸逃脱。

一个时代造就一个人，一个人也装点一个时代。如果在《藉田赋》献上之后得到重用而不是被"雪藏"十年，那么潘岳可能就不会得出"出身和关系大于才华"的结论，可能不会沦为权势的工具。如果潘岳在河阳县做出"河阳一县花"的政绩后受到重用，他也未必会巴结权贵。俊美少年，才华盖世，至情至孝，勤于政绩，却在当时的政治大环境下走向趋炎附势、阿谀谄媚的道路，在史书上留下"岳性轻躁，趋世利"的评价，确实让人感慨万千。但无论如何，潘岳的才情美貌在历史上独一无二。

历史典故

▶ 金谷俊游

西晋贾谧喜好文学，开阁筵宾。渤海石崇、欧阳建，中牟潘岳，吴国陆机、陆云，齐国左思，中山刘舆、刘琨等皆附会于谧，号曰"金谷二十四友"，其他人不得参与。他们经常在巨富石崇的金谷园里饮宴作诗，形成了金谷俊游的文化现象。

晋惠帝元康六年（296），征西大将军祭酒王诩要前往长安，石崇与众人在河阳县金谷别墅设宴相送，这是中国历史上第一次真正意义上的文人聚会，是为"金谷宴集"，并作《金谷诗序》。"金谷宴集"中，"遂各赋诗，以叙中怀，或不能者，罚酒三斗"是酒宴上罚酒的鼻祖。

关联遗产地

▶ 潘安故里园

潘安故里园位于郑州市中牟县大潘庄，是潘氏宗亲为纪念潘安、寻根拜祖而建的，园内绿草如茵，风景宜人。当然，这里最夺人眼球的当数帅气的汉白玉潘安塑像。不过这尊塑像并非潘安原型，而是人们根据想象中的美男子的模样雕刻的。潘安墓在塑像北侧，墓旁有座小土山，是潘安坟，土山上还建了纪念碑亭。

图源：张世平 摄

潘安故里园

中牟县还修建了潘安湖公园，公园位于中牟新老县城交会处，总占地面积1100多亩，有长安桥、码头、音乐喷泉、沙滩、停车场、二级服务区、园区管理中心等。公园以生态修复为基础，以潘安文化为底蕴，将城市景观与自然生态完美融合，是一座兼有雨污分流、防洪防汛功能的都市亲水游憩生态公园。

图源：张世平 摄

潘安湖公园

杜甫

命运坎坷的绝代诗圣

名人档案

姓　　名：	杜甫
出　生　地：	巩县（今巩义）
时　　代：	唐代
称　　号：	诗圣
身　　份：	左拾遗、华州司功参军、检校工部员外郎
同时代名人：	李白、王维、李隆基
特　　长：	写诗、骑马、射箭

基本概况

杜甫（712—770），字子美，自号少陵野老，唐代伟大的现实主义诗人，与李白合称"大李杜"，被后世尊称为"诗圣"，他的诗被称为"诗史"。

杜甫少年时代曾先后游历吴越和齐赵，为官后并不得志，因目睹唐朝上层社会的奢靡与腐化而心生不满。安史之乱爆发以后，他弃官入川，在多地辗转。在一生的旅途中，他心系苍生，胸怀国事，创作了《登高》《春望》《北征》以及"三吏"（即《新安吏》《石壕吏》《潼关吏》）、"三别"（即《新婚别》《无家别》《垂老别》）等名作。

杜甫一生坎坷曲折，见证了唐朝由盛到衰的历史转折。他博览群书，融汇百家，兼听民歌，大大发展了律诗这种体裁，将其叙事性显著提高，对我国古代文学发展做出突出贡献，是我国古代文学史上的一座巍峨丰碑。其诗歌强烈的写实风格加上忧国忧民的真情流露，使得他的作品历久弥新。他生时怀才不遇，死后流芳百世，宋朝有"千家注杜"的文学奇观。如今，杜甫的作品更是被众多学者潜心研究，他的才情已经融入中华民族文化的血脉之中，至今仍彰显着不凡的生命力。

少年豪气壮游天地

公元712年，一声响亮的孩童啼哭响彻巩县上空，一代诗圣杜甫出生了。杜甫家境优渥，出自有几百年历史的京兆杜氏，这个大氏族世代为官，名人辈出，如果真要掰起指头算一算，那手脚并用都数不过来。杜甫的母亲出身清河崔氏，也是名门望族。杜甫走到哪里都能碰到族兄弟、表兄弟等。这样看来，杜甫的漂泊像是一场漫长的"走亲戚"。

杜甫一出生，就有良好的教育资源等待着他，而他也不负众望，成了人们口中"别人家的小孩儿"。

别的小孩儿还在玩泥巴的时候，聪明好学的小杜甫就已经开始写诗了。杜甫后来自恋地追忆：我7岁出口成章，9岁写的书法就像那么回事儿了，十四五岁摇身一变就成了文化名人。当时的文坛名士如魏启心[1]、崔尚[2]，都把杜甫比作汉代拥有盖世才华的大文学家班固、扬雄。杜甫受到一波赞美，更加努力了。果然，好孩子都是夸出来的。

---

[1] 魏启心，唐朝人。中宗神龙二年（706）才膺管乐科登第。官至祠部郎中、豫州刺史。
[2] 崔尚，唐朝人。武周久视元年（700）登进士第。官至祠部郎中。有文名，能诗。

杜甫的学习成绩好，体育锻炼也没落下，他爬上树摘起果子来比猴子都灵活。"忆年十五心尚孩，健如黄犊走复来。庭前八月梨枣熟，一日上树能千回"，15岁的杜甫健壮得像头小牛犊，一天到晚都活蹦乱跳的。在种着梨树和枣树的院子里，他摘梨打枣、上蹿下跳，好不快活，真是一位别致的文化小名人。

随着在书本上学到的知识越来越多，家乡以外的广阔天地就愈发吸引杜甫。他心中多了一个仗剑走天涯的梦想，打算亲眼看一看书中的地方，去结交名人达士，见识盛世大唐的万里河山。

19岁时，杜甫辞别家人，踏上了"读万卷书，行万里路"的研学之旅。此时的杜甫性情豪放，酷爱饮酒，喝多了就觉得自己耸立在宇宙高处而俯视天地，人间万物俗不可耐。他这份居高临下的傲气果然势不可当，这气势不是盛唐养不出，不是天才做不成，不是年少不可为，不是杜甫还有谁？

在外游历几年之后，杜甫觉得是时候像老爹一样考个公务员，也是时候把自己一身知识和实践相结合的才能贡献给国家了。于是，杜甫向剡溪山水挥手告别，离开吴越，踏上了回乡考试的船只。回到老家巩县，他满怀壮志参加乡贡考试。第二年，他赶赴洛阳参加进士考试，结果却不如人意。古代的科举考试可是非常难的，"三十老明经，五十少进士"更是科举中的常态。

而杜甫向来高傲，曾把自己与屈原、贾谊相比，如今却考不中，心里郁闷极了。但他到底年轻，觉得机会尚多。何况，在那时，要博取功名，并不只有科举考试一条道路。边塞立功，结交权贵，甚至隐居终南山，都有机会得到朝廷青睐，而后出将入相，实现政治抱负。所以，年轻的杜甫并不太着急。此时，杜甫的父亲杜闲在兖州（今山东省西部、河南省东北部、河北省东南部一带）任司马，杜甫便从洛阳北上，来到齐赵之地（泛指今天山东、山西、河北一带）。

看着平原间突起的泰山，浩荡奔流的黄河，杜甫迫不及待地展开了齐赵研学。在这里，天地宽广而高大，长风穿行在林木之间，可以登高疾呼，也能慷慨悲歌。杜甫随即喜欢上了齐赵大地的风土人情，结交了苏预、高适和张玠，过着快意的骑猎生活。

杜甫和朋友刚到山脚，就被眼前突兀的泰山深深震撼。看着汇聚大自然秀丽的山峦将天地一劈为二，一半沐浴在太阳下，一半遮蔽在阴影中，杜甫激动得无以复加，胸中起了慷慨激昂之意，久久望着天际飞鸟，了悟孔子"登泰山而小天下"的真意，于是，欣然写下千古名篇《望岳》。

这一时期，杜甫的人生进入盛夏，炽热而爽朗，自在又张狂，朋友们的欢声笑语陪伴着他。他不缺酒肉，不减豪情，驯鹰捕鸟，纵马逐兽，搭弓射箭，畅快地活在天地之间。

春天，他登临当年赵王兴建的丛台放声歌唱。冬天，他跑到齐景公狩猎过的青丘附近打猎。天地不语，四季就像旋转木马一样轮回。时间竟又流逝了八九年之久。

杜甫决意西行。天宝三年（744）四月，一次偶然的相遇让整个唐朝诗界为之一振：杜甫在大街上看到了迎面走来的偶像李白。这还了得？！偶像就在眼前，激动的杜甫强装镇定，立刻迎了上去，向偶像介绍自己并邀请同游。李白看了看面前的小子，淡定地说道："我认识你。"原来，李白早就听说过杜甫的才名，尤其是那首《望岳》。

就这样，杜甫和自己的偶像成了朋友，他们一起游遍汴京（今河南开封）和商丘，建立了深厚的友谊。而快乐的时间总是很短暂，刚认识没多久，他们就分开了。但不知是命运眷顾，还是有缘之人终会相遇，回家看望老父亲的杜甫，在兖州大街又遇见了李白。他们就像以前一样，一起作诗唱歌，一起喝酒论道，一起游历名山大川。在此期间，他们创作了非常多的优秀诗文，结下了"醉眠秋共被，携手日同行"的深厚友谊。

仕途坎坷遭流离

与偶像分别后,杜甫又重新燃起了对科举考试的热情,誓要将自己的才情与抱负回报给国家。巧合的是,唐玄宗也在此时发布了一条招贤令,号召天下有才能的人到长安(今陕西西安)参加考试。如此机遇,当真是可遇不可求。于是,杜甫快马加鞭来到长安,参加这次招贤考试。

但悲惨的是,当时的宰相李林甫为了拍皇帝的马屁,竟然擅自对所有参加考试的考生不予录取,并向皇帝禀告:这世上的贤才都已经在朝堂上了,皇帝真是知人善用啊。这场"野无遗贤"的闹剧不仅使参与考试的人才全部落选，也彻底斩断了杜甫科举入仕的想法。

因为没钱没人脉，杜甫"京漂"长安，过了近十年的贫苦生活。他的身体和心灵备受打击，看到贫苦百姓的悲惨生活，不禁发出"朱门酒肉臭，路有冻死骨"的感叹。但他还是没有放弃，依然憧憬着"致君尧舜上，再使风俗淳"的政治理想。天宝九年（750），杜甫打听到唐玄宗准备于天宝十年（751）正月在太庙举行盛大祭典，以此来祭祀天地保佑万民。要祭祀总要准备祭文吧？杜甫意识到这是自己的机遇，便马不停蹄、慎之又慎地献给皇帝《大礼赋》。皇帝打开一看，连饭都吃不下去了，当即把杜甫喊过来，表示要任他为官。而后杜甫进入集贤院，等待分配官职，感叹苦日子终于到头了。

命运总是喜欢捉弄人，进入集贤院的杜甫一看，主考官竟然是致使他科举落选的李林甫。不出意料，这次他依旧没有成功任职。又过了几年，杜甫终于迎来了人生的第一个官职——河西尉，但这种小官，怎么能满足他伟大的政治抱负？于是他写下"不作河西尉，凄凉为折腰"的诗句。

朝廷一看，你嫌河西尉的官职小不肯做？那我就再给你安排个更小的，随即又改任他为右卫率府兵曹参军。参军说得好听，其实就只是个负责看大门的。杜甫一听，本来还要拒绝，但这就更加得罪朝廷了。况且，他只身来到长安已经十多年了，巨大的生活压力再也无法支撑他的雄心壮志了。于是，他接受了这份大不如意的工作。

平静的生活没过多久，一场巨大的战乱爆发了。安史叛军直逼长安，以皇帝为首的众人纷纷西逃避祸，杜甫也不例外。当肃宗皇帝继位的消息传来时，杜甫心中的爱国热情和政治抱负再次被激发出来，他不顾战乱，毅然选择投奔新皇，为光复大唐出谋划策。然而，理想很丰满，现实又给了他重重一击，他不但没见到肃宗，自己也被抓入大牢，成了叛军的俘虏。大约在这段时间，他写下脍炙人口的《春望》，一声"国破山河在，城春草木深"把时局生动地描绘出来。花因感时而溅泪，鸟因恨别而惊心，一时忧愁过度，头发大把大把掉落，竟然连簪子都插不上了。

后来，叛军看杜甫实在不像是大官，就把他给放了。他的政治热情并没有被苦难浇灭，他仍然时刻关注着局势变化，关注百姓安危。在此期间，他积极为剿灭安史叛军献计献策，在投奔肃宗后，立刻就被任命为左拾遗。左拾遗是劝谏皇帝的官职，名义上是专门负责指出皇帝决策的失误之处，但具体能不能劝谏，还要看皇帝的脾气。杜甫觉得，身为左拾遗，就该就事论事指正皇帝的错误。没承想，皇帝并不喜欢有人跟他唱反调，一怒之下把杜甫贬往华州（今陕西渭南市华州区境内及周边地区）。后来，杜甫听闻官军收复了河南河北，高兴得鼻涕眼泪一块流下来，写下"白日放歌须纵酒，青春作伴好还乡。即从巴峡穿巫峡，便下襄阳向洛阳"的快意诗句，踏上回乡路。杜甫最大的快乐就是国家安宁，这首诗被称为杜甫的"生平第一快诗"。

但战争很快又蔓延到杜甫的老家河南，他不得不再次踏上逃亡之旅。在逃回华州途中，杜甫目睹了战乱给百姓造成的深重灾难，内心激愤，创作出了他诗人生涯的代表作——"三吏""三别"。这些作品平实地表现出战乱背景下平民百姓遭受的痛苦，惨烈却饱含真情的现实主义文风，奠定了杜甫诗作的"诗史"地位。

最终，颠沛流离的杜甫几经辗转定居成都。在成都，他得到世交好友严武[①]的帮助，建了一座草堂，过上了种花养草的老年生活，这大概也是他人生中难得的安定时光。哪知"靠山山倒，依墙墙塌"，好友严武忽然去世，一时间，没人再能接济杜甫了，他的生活质量直线下降。而秋风又将草堂吹破，屋漏偏逢连夜雨，一家人被冷雨淋得透心凉。他内心痛苦极了，写下了千古名篇——《茅屋为秋风所破歌》。想到那些境遇更差的黎民百姓，杜甫超脱小我，抵达大我，发自肺腑地呼喊："安得广厦千万间，大庇天下寒士俱欢颜，风雨不动安如山。"这一吼惊天地泣鬼神，好一个忧国忧民、心系天下苍生的杜工部啊！

[①]严武，字季鹰。唐朝名将、诗人，与杜甫友善，常以诗歌唱和。曾出任剑南节度使，数次击破吐蕃，拓地数百里。

千古绝唱留人间

好友严武去世后，杜甫在成都没了牵挂，带着家眷来到奉节（今重庆市奉节县）种田写诗，这一时期也是他文学创作的高峰期。在这里，他写下了"好雨知时节，当春乃发生"的润物无声，更写下千古第一律诗《登高》"风急天高猿啸哀，渚清沙白鸟飞回。无边落木萧萧下，不尽长江滚滚来……"的萧瑟悲怆。

事实证明，悲伤确实不能一击致命，但可以对人造成持续的伤害。安定的种田生活并没有留住杜甫，他无时无刻不受精神内耗的干扰。或许家乡能治愈他，或许他又想起了童年时期在家乡度过的欢快岁月，于是他再次踏上回家的路。路上，杜甫的心灵曳动不止，一只耳朵也聋了，身体每况愈下，于是叹息"官应老病休"。

日子还要过，大历四年（769）三月，杜甫离开岳阳到潭州（今湖南长沙），居留到第二年春天，没想到，竟在街头看到李龟年[①]在卖唱。这场相逢实在惊喜，惊喜之余却生出物是人非之感。李龟年从前是在豪门中演唱的"乐圣"，如今却沦落到街头卖艺谋生，真是让人唏嘘不已。江南的春天快要结束了，花落花飞花满天。繁花中，杜甫是否也会错愕，当初那个意气风发的研学少年终究败给了荏苒时光，那个写出"会当凌绝顶，一览众山小"的豪侠终究败给了现实。

人如花，花凋零，仿佛预言着人的生命将走到尽头。大历五年（770）冬，杜甫带着一家八口，从潭州乘船往岳阳，经过洞庭湖时，半身偏枯，卧床不起，又心生百感，最后写下一首寄呈给湖南亲友的书信。信中仍在牵挂江山社稷，"战血流依旧，军声动至今"，论起

---

①李龟年，唐代乐师。和兄弟李彭年、李鹤年创作的《渭州曲》受到唐玄宗赏识。

家事，他愁心满满，再无力支撑，泪如雨下。不久，杜甫与世长辞，终年59岁。一代诗圣终没能活着回到他心心念念的故乡——今河南巩义。

杜甫的一生和郑州联系密切，在这里，他度过了无忧无虑的孩童时光，青年数次归乡，又数次离乡。年老时，故乡是他魂牵梦绕的家园。

后人为了纪念他，在他的童年居所建造了杜甫故里。漫步在杜甫故里，了解杜甫故事的人会不禁唏嘘感叹，暗自垂泪。

杜甫给我们留下的不仅仅是数不胜数的诗作，还有他忧国忧民的人生态度。在他的诗里，不仅有"好雨知时节，当春乃发生"的"喜"，也有"会当凌绝顶，一览众山小"的"豪"，更有"何时眼前突兀见此屋，吾庐独破受冻死亦足"的"忧"。隔着历史的长河，我们总能望见他伟岸的身影。他的作品与品格，滋养着一代又一代华夏儿女的心田。

历史典故

▶ 愤斥皇亲

唐玄宗执政期间，唐朝是当时世界上首屈一指的大帝国。可如此大国，竟然只是从外边看起来不错，内部却因朝政腐败、节度使权力过重等问题羸弱不堪。安史之乱后，唐朝迅速由盛转衰。经过深入调查，杜甫觉得当权者根本不顾百姓生活，只管自己过得开心，长此以往，国家必然走向灭亡。本着忧国忧民的品质，他大笔一挥写下《丽人行》。这首诗被后人辑录在《唐诗三百首》里，引起有识之士的强烈反响。这首诗流传出一个成语，就是"炙手可热"，用来表明气焰很盛、权势很大的人。

关联遗产地

▶ 杜甫故里

河南郑州巩义南瑶湾村西边有一处清净雅致的小院，背靠笔架山，面朝东泗河，杜甫就出生在这个小院的某间砖砌窑洞里。小院西边有三间房屋，展览各类版本的杜甫诗篇以及诗意画，里边还挂着名家蒋兆和绘的杜甫画像。院子北墙立着"唐杜工部讳甫位"的碑刻。1962年，杜甫故居建设为"杜甫故里纪念馆"，著名学者郭沫若为它题匾。文化名人赵朴初在参观后题诗："我问杜甫里，山形有笔研。倘使甫复生，刮目桑梓变。笔歌与舞墨，喜作巩县赞。"可见文化学者对杜甫的敬仰与倾慕。

图源：美丽巩义（微信公众号）

杜甫故里

白居易

自我拉扯的『诗魔』

名人档案

姓　　　　名：	白居易
出　生　地：	新郑
时　　　　代：	唐代
称　　　　号：	诗魔
身　　　　份：	左拾遗、杭州刺史、刑部尚书
同时代名人：	元稹、李商隐、刘禹锡、韩愈
特　　　　长：	讽谏、水利工程、酿造美酒

基本概况

　　白居易（772—846），字乐天，号香山居士，又号醉吟先生。生于河南新郑，唐代现实主义诗人，与李白、杜甫合称为唐朝三大诗人。白居易少年时经历藩镇战乱，立志苦读，而后一举进士及第。在仕途上，他早期积极上谏，遭贬以后明哲保身，最终以刑部尚书全身而退，死后被追赠尚书右仆射。诗歌创作上，他大大发展了乐府诗，提倡"美刺"理论并付诸实践。他的诗歌通俗易懂，不仅在中国广受欢迎，其影响力还远播海外，尤其在日本受到极大尊崇。

如果给唐朝诗人排个位次，白居易肯定不是首位。他不是天才诗人，没有李白飘逸的神思，也不如杜甫精于格律。他朴实简单，像一棵种在房前屋后的树，一株田间的禾苗，一方静谧的水塘，挨着院墙篱笆，听鸟鸣犬吠，看烟火人间。一个没有超凡天资的人是如何在浮世波涛中走出一条属于自己的道路，并成为中唐时期风靡天下的"国际名人"的？他用精彩的人生给了答案。诗坛的成功不能掩盖仕途的坎坷。作为一个胸怀天下的有志之士，白居易在当时浑浊的政治环境中被排挤出权力中心。而后，他形成了自洽的人生观念，在地方做官时执政为民，在生活中乐天不忧，在爱好上笔耕不辍，令后人对他的智慧赞叹不已。他豁达的性情、奋斗的态度、实干的精神、超然的心态值得我们一次次翻卷学习。

少年长安客

白居易出生在河南新郑的一个官宦之家，是个名副其实的"官三代"。受安史之乱的影响，全国各地战乱频发，白居易的河南老家更是战乱重灾区。他11岁时就离别故乡，一家人随父迁至徐州符离（今安徽省宿州市），后又迁居衢州（今浙江省衢州市）。

一路上，白居易目睹残酷的战乱给百姓造成的困苦，再想到自己也是因为战乱才与家人分居各地，缕缕伤感绕成心头一枚解不开的结。他立下志向：以手中笔写下百姓疾苦之事，为天子所知。而在唐代想要参与朝政，科举考试是重要途径。

公元787年，白居易初次来到长安（今陕西省西安市）参加科举考试。当时的考试，考生的答题成绩只占一部分，更重要的是考生平日所作诗文及声望。因此，许多考生会将自己的得意之作呈送给当时在社会上有影响力的人，请求他们向主考官推荐。白居易也将自己的诗集投给名士顾况。顾况这个人很有才气，但性格高傲，他家的门被戏称为"铁门关、金锁匙"。

白居易到顾况府中呈上自己的诗作。顾况看了看少年，又看了看诗稿的封皮，封皮上工工整整地写着三个字——白居易。"居易？"顾况撇撇嘴，心想一个十几岁的毛头小子能写出什么花样来，便冷着脸说："别看你名叫'居易'，京城的物价很高，你想留下来可没那么容易。"他捧着诗稿，漫不经心地翻开第一页，一首小诗扑面而来：

赋得古原草送别

离离原上草，一岁一枯荣。野火烧不尽，春风吹又生。

远芳侵古道，晴翠接荒城。又送王孙去，萋萋满别情。

读完此诗，顾况不耐烦的神情一扫而光，他走到白居易面前，慈祥地说："能写出这样的句子，不要说是长安，就是整个天下，你也可以'居之甚易'了！"于是顾况到处赞扬白居易，白居易也在他的推举下名震京城诗坛。

一夜成名的白居易并没有膨胀，"兼济天下"的理想仍在时刻鞭策他。他离开京城，回到家后每日研读诗书、学习作赋，又因写字、吟诗过多，手肘生出茧子，口舌长疮，头发花白，20多岁的小伙子看着像五六十岁的老年人，还因此得了一个"诗魔"的称号。

努力就会有回报。公元800年，白居易一举拿下新科进士。唐代每次科举考试后，中选的进士不仅要佩红花、骑骏马遍游长安街，还要登上大雁塔，留诗题名。骄傲的白居易跨步上前，大笔一挥，在墙上留下名句"慈恩塔下题名处，十七人中最少年"，何等意气风发。

公元802年冬天，白居易又顺利通过了吏部的官员考试，被授予秘书省校书郎一职，开启了他一生的仕途生涯。

从"兼济天下"到"独善其身"

白居易出任校书郎后，上班时读的是诸子百家的鸿篇巨著，下班后看到的是流离失所的百姓与破败的山河，便将所见所闻所感写进诗中。渐渐地，白居易的名声传到了皇帝耳中，被授予翰林学士一职，成为天子的"贴身秘书"，又做了"奉旨挑刺"的左拾遗。

白居易终于走进大唐的政治中心。这时的他以为自己会有光明的未来，心中兼济天下的伟大理想即将实现。

白居易担任谏官，除了手中的笔，还比别人多了一件武器——诗。奏折上不方便写的但有益于国家的话，就写进诗中，慢慢让皇帝知道。这三年的谏官生活不仅是他政治上的辉煌时期，也是他诗歌创作的黄金时代。

中唐政坛最大的毒瘤，莫过于藩镇割据和宦官专权。白居易在诗中对这些祸乱朝纲的权贵重臣连环扫射，战斗力相当凶猛。他的集火对象不仅有朝臣，还有皇帝。这些表达拳拳之心的诗歌，就像一把把锋利的小刀插向皇帝心间。皇帝对白居易的不满日渐累积，对宰相李绛说："这个白居易，是朕一手提拔上来的，但他总是出言不逊，真是令朕头大！"好在李绛是个高情商的人，他回答道："白居易之所以敢冒着死罪，大事小事都直言进谏，就是因为想要感谢皇上您提携的恩情，绝不是轻率进言啊！"皇帝深思过后，觉得事实确实如此，便将此事轻拿轻放了，只是在白居易左拾遗任期满后，还是将他调离了自己的核心团队。这番操作是不是似曾相识？我们不禁想到上一篇故事的主角杜甫，也是在这个位置因为直言劝谏而惨遭贬职的。不得不说,唐朝这几任皇帝在虚心纳谏方面可比唐太宗差得远哪。

公元815年,朝中宰相武元衡和御史中丞(相当于今天的最高检察院副检察长)裴度在早朝路上被人刺杀,一死一伤,震惊朝野。其实朝臣们明白这是一场政治谋杀,但都不想做出头鸟,纷纷保持沉默。耿直的白居易看不下去了,立刻上书,请求彻查凶手。

没想到,这封奏章成了那些厌恶他的权贵攻击他的武器。白居易此时是太子宫内没有实权的闲散人士,朝廷谏官都没有说话呢,白居易就上书,这属于僭越。他们还诬陷说,白居易的母亲赏花时不小心坠井而亡,他却还在写赏花、观景的诗,"甚伤名教"①。他们奏请皇帝将白居易贬出京去。本来皇帝是想让白居易到江州(今江西九江)当市长,但又有人落井下石,说白居易难当重任,于是又官降数级,贬为江州司马。

到达江州后,这里优美的自然、生活环境和上司给予的宽容理解,舒缓了白居易仕途的不快。他也用佛教、道教所主张的无为、闲适等思想调适自己,并在赏游山水、读书作诗中寻求内心的宁静。江州天高皇帝远,白居易不用每日面对尔虞我诈的朝臣,也不需要向皇帝进谏忠言,失去了创作讽喻诗的肥沃土壤,而每日所见的美景与生活琐事自然成了他笔下的主角。

一个萧瑟的秋夜,白居易正与友人在浔阳江边喝着离别的酒,忽然听到了一阵熟悉的京城琵琶音,循声找到了另一条船上的琵琶女。白居易与她交谈后,发现两人的经历如此相似。且看此时的氛围。秋天、夜晚、离别、凉风、江河、游船,几大要素齐聚,又遇上了同病相怜的琵琶女,白居易再也抑制不住心里的悲伤,听着琵琶曲哭湿了官袍,挥笔写下千古名作《琵琶行》,一句"同是天涯沦落人,相逢何必曾相识"更是古今传唱,引起人们深

---

① 名教,儒家以正名定分的封建礼教。先秦孔子提出"正名",规定君、臣、父、子等名位,要求遵守君君、臣臣、父父、子子的职分。

深共情。

公元820年，唐穆宗继位，这位新皇帝很喜欢白居易的诗文，将他召回长安。但数年贬谪的生活扑灭了白居易心中救国救苍生的火苗，看着"病症"未改的朝廷，他选择自我和解，"独善其身"，隐于朝堂，自请外放。

上有天堂，下有苏杭。白居易"流放"的第一站就是杭州、苏州。在担任杭州刺史时，他虽然消极，但还是为老百姓做了许多实事，修堤①蓄水，以利灌溉。后来到了苏州，他也是积极搞基建、开凿河道、修建街道。等到他离开时，百姓都十分不舍，自发为他送行。

后来每一个新皇帝上任，都要把白居易调出来折腾一下，好像不任用他就不尊重人才一样。于是，白居易又接连出任了秘书监、刑部侍郎、河南尹、太子少傅等高职、高薪的职位。而已经对仕途失去兴趣的打工人老白，常常以岁高体弱为由"请病假"。公元842年，白居易终于熬到了唐代的法定退休年龄70岁，以刑部尚书一职致仕②。退休后的白居易来到洛阳，在几十亩的大宅子中和好友、美酒、家人度过了人生中安静、闲适、浪漫的最后时光。

---

①白居易修建的这条堤并不是今天的"白堤"。白堤原名"白沙堤"，白居易曾在诗中对其进行描写："最爱湖东行不足，绿杨阴里白沙堤。"后人为纪念他，称为白堤。
②致仕，辞去官职。一般致仕的年龄为70岁，有疾患则提前。

我16岁凭借一首《赋得古原草送别》红遍京城。
我是京城里少年成名的琵琶乐伎。
我想为朝廷百姓效力，却被贬谪到江州。
我嫁给了一个商人，他却将我留在这江口的空船上。
每日陪伴我的是难听的乡音。
每日陪伴我的是寒冷的江水。

风靡大唐的"现象级偶像"

在那个没有新媒体的时代，仅依靠民众口口相传，白居易便火遍大江南北。寺院、客栈的墙上都写着他的诗作，上至王公贵族，下至少儿老妇，都能背上一两句。荆州甚至还有一个"狂热追星粉"——葛清，这位奇人不仅在身上图文并茂地刺下30多首白居易的诗歌，还经常脱下衣服向行人展示，成了"行走的白居易诗歌展板"。

白居易的诗能在百姓中流行，主要是因为情感充沛、语言通俗。每每写出新作，他总会先念给老妇人听。老妇人说理解了，他才定稿抄录出去；老妇人说不理解，他就改到老妇人理解了方才罢休。

白居易不仅在国内人气高，在国外更是超越李白、杜甫的人气。中唐时期，安史之乱的余波平息，社会逐渐安定，日本、韩国、越南等地的商人、留学生重新拥入中国，学习中国文化。这些人士大多会挑选最流行的东西作为伴手礼带回国，白居易的诗歌就这样传遍东亚各国，他本人则成了当时的"现象级偶像"。

白居易一生有受到皇帝赏识的高光时刻，也有贬谪在外的落寞低谷期，而陪伴在他身旁的，始终有诗。白居易在诗歌创作上花了很多心思，有补察时政、反映人民生活的讽喻诗，也有远离朝政、自娱心情的闲适诗，还有有感而发的感伤诗。同时，他在诗歌理论上也颇有见地。他认为，诗歌是反映社会现实的镜子，诗歌创作不能脱离现实生活，并且要在诗歌中倾注情感。他还和好友元稹发起了诗歌革新运动——新乐府运动，要求诗歌要"为君、为臣、为民、为物、为事而作，不为文而作"。这场运动对后世诗歌的发展产生了深远的影响。

公元846年，白居易病逝于洛阳。家人遵遗嘱，将他葬于香山琵琶峰，现已成为龙门的游览胜地之一。传说当时凡经过龙门的人，都会到白居易的墓前洒酒诵诗，以示怀念。唐宣宗也遣使祭奠，并亲自作诗以悼念。

"少年经不得顺境，中年经不得闲境，晚年经不得逆境。"白居易的一生可以说完美映照了曾国藩的这句话。纵观一生，白居易可以说是大唐顶有福的诗人：作诗好，在世时就名扬中外；仕途顺，致仕时官至正三品；寿命长，一生历经8位皇帝。白居易懂得变通，贬谪江州是人生的一个转折点，被贬后没有长久地一蹶不振、自怨自艾，而是将人生信条从"兼济天下"转为"独善其身"。

白居易如此，今人亦然。人生不如意事十之八九，不如发挥"乐天"精神，转换一下心态，或许会偶遇不一样的"山寺桃花"。

历史典故

▶ 诗传朝鲜

唐代新罗（今朝鲜南部）商人来唐贸易时，会在做生意的空隙想方设法收购白居易的诗篇。商人这么做，是因为他们国家的宰相愿意出百金来换取一篇白居易的诗歌，如果有人造假，宰相也能通过品鉴分别开来。元稹感叹道："自从有诗歌以来，还从来没有出现过流传这么广的现象呢。"

▶ 居易酿酒

白居易除了写诗，酿酒技术也十分高超，他酿的酒的品质高出一般大众，他还为自家的酒打广告："开坛泻尊中，玉液黄金脂。持玩已可悦，欢尝有余滋。一酌发好客，再酌开愁眉。连延四五酌，酣畅入四肢。"时至今日，渭北一代还流传着"白居易造酒除夕赏乡邻"的故事。

关联遗产地

▶ 白居易文化园

公元772年，"诗魔"白居易出生于河南新郑，11岁就离开了新郑。故乡成为他心中难忘的"明月"。公元827年，他再度路过郑州，写下《宿荥阳》《经溱洧》等诗作，抒发自己对家乡的思念。唐时新郑属于荥阳郡管辖，"宿荥阳"实指诗人宿新郑。溱水河、洧水河是新郑的两条河。

宿荥阳

生长在荥阳，少小辞乡曲。迢迢四十载，复向荥阳宿。
去时十一二，今年五十六。追思儿戏时，宛然犹在目。
旧居失处所，故里无宗族。岂唯变市朝，兼亦迁陵谷。
独有溱洧水，无情依旧绿。

为了更好地传承和弘扬传统文化,让白居易和他的诗篇真正活在人们心中,新郑市在白居易故里打造了沉浸式大唐风华体验园——白居易文化园。

在园内,我们不仅能看到利用现代技术复原的白居易形象,还能在白居易纪念馆、白居易家风家训馆、琵琶湖、乐天广场和文化街等景点了解白居易的生平事迹。另外,新郑市还根据白居易在诗歌中描绘的场景,打造了白堤、琵琶亭等美妙的景观,湖光山色,如同一幅山水画,清爽宁静,妙丽无比。

漫步白居易文化园,不仅可以享受亭台楼阁的古朴精美,还可以观赏韵味浓厚的诗碑石刻,看着古风古韵的建筑和诗句,我们仿佛跨越时空,和香山居士在此相遇。

图源:新郑市文化广电旅游体育局

白居易文化园

刘禹锡

大唐第一『刺头』诗人

名人档案

姓　　　名：	刘禹锡
出　生　地：	荥阳（一说浙江嘉兴，自言系出河北定州）
时　　　代：	唐代
称　　　号：	诗豪
身　　　份：	太子校书、监察御史、连州刺史、夔州刺史
同时代名人：	白居易、柳宗元、韩愈
特　　　长：	写诗、当官

基本概况

刘禹锡（772—842），字梦得，西汉中山靖王刘胜的后人。性格刚毅，喜欢民间生活，诗风豪爽明朗，被称为"诗豪"，与好友白居易合称为"刘白"。

刘禹锡年少时就知识渊博，文采斐然，21岁与柳宗元同榜进士及第。担任太子校书，后来成为节度使杜佑的幕府一员，深得杜佑的信任与器重。参与"永贞革新"，惨遭失败，屡屡被贬。晚年担任太子宾客，卒于洛阳，葬于荥阳，留下《陋室铭》《竹枝词》《枝词》《乌衣巷》等名篇。

"我乃汉景帝之子中山靖王刘胜之后！"

别误会，这次我们的主角可不是刘备刘玄德，而是刘梦得，我们唐朝的大诗豪刘禹锡。

禹锡麟儿，才华满腹三登科

"禹"的本义是一种虫子，但更为大家熟知的，是远古时期那位叫大禹的治水圣人。"锡"字呢，是"赐"的通假字，有赏赐的意思。"梦得"的意思是梦中所得。在中国古代，男子成年后会请亲近的长辈或者老师给自己赐字。一般来说，取的字要么寄予长辈对孩子的期望，要么就是作为名字的补充。这样来看，刘禹锡的"梦得"，很可能就是后一种情况。我们可以大胆猜测，刘禹锡的母亲怀孕时梦见大禹赐给她一个婴儿，于是给孩子取名为"禹锡"。

在中国古代，人们通常认为，有大才能的人都是感天应地而生的。刘禹锡出生前的这段经历被长辈以取名字的方式横见侧出，足以看出他们对刘禹锡的殷殷厚望。

刘禹锡出生于官宦世家，他的七代祖刘亮曾追随北魏孝文帝，后来家族世世代代都有人在朝廷做官。所以，他小时候就被父亲耳提面命，必须"好好学习，光耀门楣"。四书五经是基础课，名家讲学是课外课。在父亲的督促下，小刘禹锡从开始识字，就没停过学习的脚步，还跟着当时有名的诗僧灵澈、皎然学习作诗，不仅学识渊博，还气质超群，谦逊有礼，不负众望，长成了书香门第里的"别人家的孩子"。

渐渐长大的刘禹锡已经不是那个只会听从父辈安排的小学究了，他身怀文才武艺，还有凌云壮志。他19岁拜别父老，离开家乡一路北上，准备参加科举考试。

当时的试卷并不遮挡考生信息，阅卷老师要是想给谁"放水"是非常容易的事儿，所以当时流行一种"行卷"风气，也就是考生在考试之前将自己的得意之作投递给达官贵人、社会名流，如果幸运地得到某个大人物的认可，那就可以分分钟登上大唐热搜，成为文坛新星。等评卷时，阅卷老师看到这个人的名字，说不定会"放放水"，往上提一个名次。

刘禹锡却展现出"作死"的一面，不知道是对这种风气的嘲讽，还是自恃清高，他直接向当时的皇帝唐德宗投了文稿，皇帝怎么会理会他这个无名之卒？刘禹锡自然没有得到自己期待的回信。

贞元九年（793），刘禹锡顺利考中进士，被授予太子校书一职，同年又考中了选拔能文之才的博学宏辞科。刘禹锡取得考试三登科大满贯，成功进入朝廷官员行列，开启了波涛汹涌的政治生涯。

初入官场，过山车式大改革

初入官场的刘禹锡热情洋溢，是个社交牛人，虽然他只是太子的书童，但凭着才能和学识，很快就与当时声名卓著的柳宗元、韩愈、王叔文、王伾等人成为朋友。刘禹锡的能力是实打实的，所以，他一刻不停地忙国家大事。

公元805年，已经当了25年太子的李诵终于在45岁时继承大统，史称唐顺宗。一朝天子一朝臣，新领导上任，朝廷肯定要动荡一番。顺宗在还是太子的时候，亲身经历了中央朝廷权力渐弱、藩镇叛乱，目睹了宦官专权、朝臣结党争斗，所以他深知李唐王朝的官场弊端，早早就立下了改革决心。甫一继位，唐顺宗就开始了大刀阔斧的改革，出台了罢免宫市、取消各地进奉、严惩贪官污吏等政策和措施，因顺宗的年号是"永贞"，所以这场改革也被称为"永贞革新"。这一年，刘禹锡擢屯员外郎，判度支盐铁，参与革新。

唐顺宗的改革如同一颗"原子弹"，仅仅两个月的时间，就取得喜人的政绩。可以预想，如果继续下去，假以时日，朝廷一定能够消除毒瘤，创立盛世。可惜，在历史的词典里，没有"如果"二字。这颗"原子弹"既炸出了一片新的天地，也炸出了以宦官、藩镇和朋党为代表的三大政治顽固分子的反击。

当时，宦官、藩镇和朋党是朝廷里最大的三大政治团体，势力遍布朝野。可以说，唐顺宗这场改革把当时能招惹的人全都惹了一遍。雪上加霜的是，就在改革派和这三股势力斗得你死我活的时候，他们最大的靠山唐顺宗却突发中风，口不能言，卧病在床。太子李纯抓住机会，联合反对派逼迫顺宗传位于自己。

这下，改革派要支持没支持，要势力没势力，势头正猛的改革只能无奈画上失败的句号。而李纯上位后，也就是唐宪宗，参与改革的"二王八司马"[①]全都被贬为远州司马，刘禹锡被迫来到朗州（今湖南常德）。

文人出身的改革派被贬后大都觉得大志不得伸，时常郁闷，有人搞起了哲学，有人抑郁而终。只有刘禹锡心大，先是写了很多寓言诗骂当朝权贵，又写了许多赋劝解自己不要沉沦，心情好了之后，就该吃吃该喝喝，啥事儿都不往心里搁。有山有水，有人有歌，他每天跟着当地人唱唱跳跳，过得可开心了。没多久，刘禹锡就吸收到了民歌的精髓。在创作欲的推动下，他结合风土人情，创作出11首（现存）《竹枝词》，让百姓传唱。同时，他还写了多篇哲学论文，最重要的便是与柳宗元《天说》相呼应的《天论》3篇。

在朗州这10年，刘禹锡化身创作狂魔，创作近200首传世诗歌。

[①] "二王"指王叔文、王伾，"八司马"指韦执谊、韩泰、陈谏、柳宗元、刘禹锡、韩晔、凌准、程异，他们在改革失败后，俱被贬为州司马。

浪子情怀，一路被贬一路歌

公元815年，朝廷终于想起了那些"被流放的人"，把当年参与"永贞革新"的人都召回京，打算看看他们都改得怎么样了，要是表现好，就继续留用。同志们回京时正是桃花绽放的春天。看到这充满浪漫色彩的美景，他们怎么会不欣喜？于是大家相约去当时的网红打卡地——玄都观踏青。刘禹锡看着枝头粉蕊，创作欲上头，掏出纸笔奋然写下：

紫陌红尘拂面来，无人不道看花回。
玄都观里桃千树，尽是刘郎去后栽。

景是美景，诗是好诗，刘禹锡写它也没什么乱七八糟的想法，只是感叹时光匆匆、物是人非罢了。但诗一传出去，那些在刘禹锡被贬后崛起的新贵都觉得这是在内涵自己，于是他们立刻把诗抄送给皇帝，弹劾刘禹锡心怀不满。皇帝看完后一生气，就又把这群板凳还没坐热的"前司马"踢出了京城，刘禹锡这次被贬到了播州（今贵州遵义）。

播州当时还只是个不到500户人家的小州，且地处西南，异常荒凉。我们今日乘坐时速350千米的高铁从西安到遵义还需要5个小时左右，更不用说交通落后的古代了。刘禹锡自己一个人走就罢了，但他80岁的老母亲也要一起去。身体不好的老人哪能经得住这一路上的折腾？这不得要人命嘛！

刘禹锡的好朋友柳宗元坐不住了，火急火燎地写了篇辩护状递给皇帝。皇帝也是人，人心都是肉长的，他也不忍心刘禹锡的老母亲跟着受苦受难。于是，他把刘禹锡改贬到了连州（今广州清远），但心里的气又没处发了。为友求情的柳宗元成了出气筒，被贬到播州去了。

后来，刘禹锡又接连调任到夔州（今重庆）、和州（今安徽和县）。

和州知县是个喜欢看菜下碟的小人，看刘禹锡是个没钱没势的贬官，就处处为难他。按照规定，刘禹锡应该在县衙里住三间三厢的房子。知县却将他安排在偏僻嘈杂的县城南门，给了他三间破房子住。刘禹锡不但无怨言，看到院门外的江景反而很高兴，还写了一副对联贴在门上："面对大江观白帆，身在和州思争辩。"也就是说，刘禹锡虽然身在和州县，但心依旧牵挂着朝廷的革新。

知县气坏了，又将刘禹锡赶到"五环外"的城北门，房子变成了一间半，大江也变成了小河。刘禹锡却觉得，新院子在德胜河边，垂柳依依，环境清新，也还不错，于是又写下对联"杨柳青青江水边，人在历阳心在京"：我住在有青青杨柳的江水边，虽然身在和州，心却仍在京城。

知县知道刘禹锡的新作后，气得牙根痒。悠然自得是吧？美景可心是吧？这次，我给你找个没景色的地方。于是，知县在城中心找了间"老破小"供刘禹锡居住，想看看他什么反应。

半年内搬了三次家，房子还越来越小。如知县所愿，刘禹锡看着仅能容纳一床一桌一椅的房间，终于发怒了。不过他没有去找知县争执，而是提笔写下了千古名篇《陋室铭》，请书法家刻录在石碑上，立在门前，广而告之。"山不在高，有仙则名。水不在深，有龙则灵。斯是陋室，惟吾德馨……"他安贫乐道、不慕荣利的精神品质给了知县这些人重重一击。

自此，刘禹锡的住所才算安定下来。知县还是会偶尔给刘禹锡添添堵，然后生一顿闷气，和刘禹锡成了互相不痛快的冤家。

公元828年，刘禹锡受到身为宰相的好友裴度的推荐，又被召回长安。此时距离他初次被贬已经过了23年。他在回京途中遇到了白居易，两个同样遭遇贬谪、同样精于诗文的人一见如故。推杯换盏后，刘禹锡潇洒地写下了《酬乐天扬州初逢席上见赠》，"沉舟侧畔千帆过，病树前头万木春"，成为后世很多人的精神寄托。

刘禹锡回到长安时又是春天，他想到上次因为看花作诗被贬的无奈，便又去了玄都观，想要缅怀一番。14年过去，皇帝换了4个，朝中已物是人非。刘禹锡感从中来，又作诗一首《再游玄都观》："百亩庭中半是苔，桃花净尽菜花开。种桃道士归何处？前度刘郎今又来。"

这首诗以桃花比改革，以种桃道士比权贵，表达自己不改初衷、不怕打击、坚持斗争的意愿。毫无悬念，刘禹锡的政敌看到这首诗，又觉得刘禹锡在嘲讽和蔑视他们，立刻出手了。于是，刘禹锡再度迎来外放之旅。

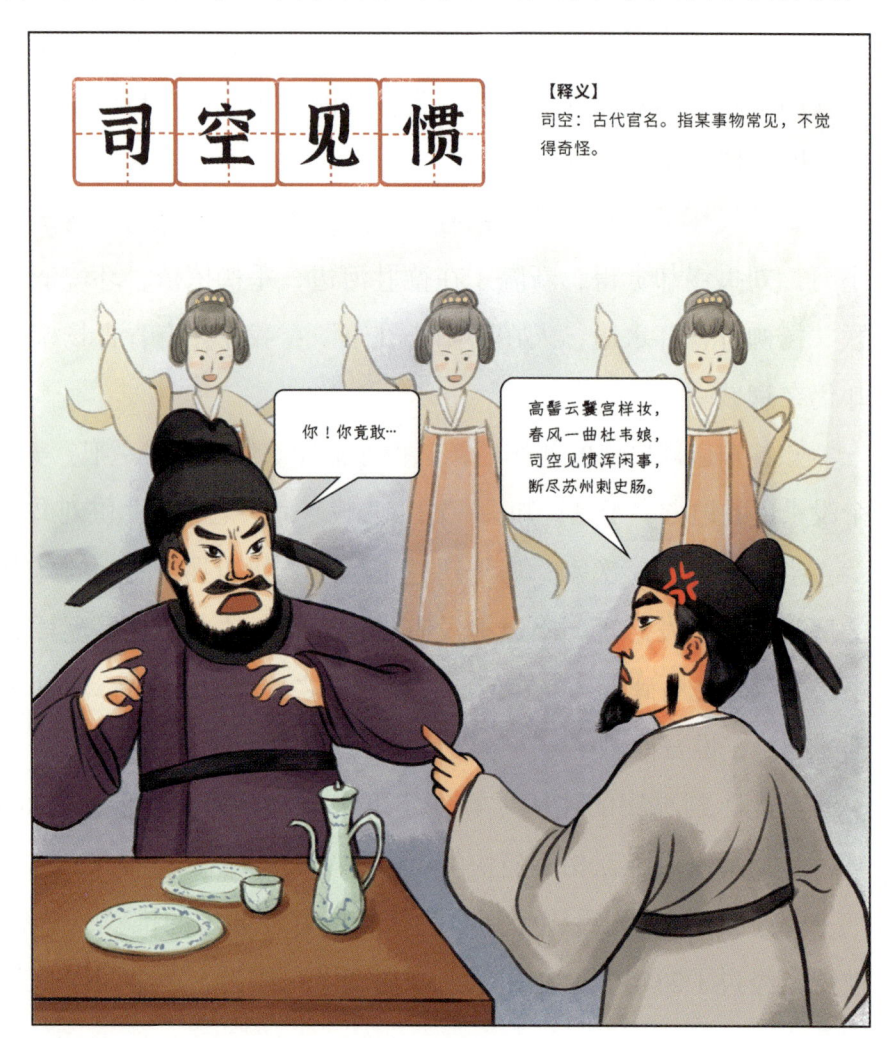

司 空 见 惯

【释义】
司空：古代官名。指某事物常见，不觉得奇怪。

你！你竟敢……

高髻云鬟宫样妆，春风一曲杜韦娘，司空见惯浑闲事，断尽苏州刺史肠。

但好在这次去的地方是繁华的苏州。刘禹锡在苏州一边赈灾救民，一边寻访古迹作诗，还结识了南下赴职的李绅。李绅就是我们小时候都学过的《悯农》的作者。但这时的李绅可不是那个心怀百姓艰苦的"悯农诗人"了，当了司空的他已经被奢侈腐蚀，变成了人民的蛀虫。见到刘禹锡之后，他精心准备了超豪华的宴席。可耿直的刘禹锡哪里忍得了这个，当即作诗一首加以嘲讽，由此还诞生了一个成语，叫"司空见惯"。

归葬荥阳，年华消尽诗永存

刘禹锡后半辈子的仕途十分坎坷，没有什么起色。他晚年拖着病体，回忆过往，写下了《子刘子自传》。他在开篇提到自己的祖先们原本葬在洛阳北邙山，但因为地方太过狭小没有依凭，于是在曾祖父刘凯时迁葬至荥阳。他又在结尾写道，自己正躺在窗子下，已经预见了终期，但如果能葬进祖坟，停靠在祖辈身旁，那就像还活着一样。

公元842年，刘禹锡于洛阳病逝，他的后人也遵其遗愿将他归葬荥阳。听闻刘禹锡去世，白居易十分难过，洒泪作下一首悼亡诗《哭刘尚书梦得》，表达悲切之情。

纵观刘禹锡这一生，近50年的工作履历中有一半飘零在外。那些看不惯他的人利用权术将他一贬再贬，妄图摧毁他的意志，但他始终坚持着斗士精神，将所有的失意化作《陋室铭》《竹枝词》《酬乐天扬州初逢席上见赠》等脍炙人口的诗文，留下"自古逢秋多寂寥，我言秋日胜春朝""千淘万漉虽辛苦，吹尽狂沙始到金"这样生机勃勃的诗句，用这种不服输的劲头告诉我们：你们的诗豪刘郎又回来啦！

历史典故

▶ 久病成医

刘禹锡为官多年，仕途不顺，屡屡被贬，久而久之身体羸弱，病痛缠身。所幸刘禹锡乐观豁达，闲暇自学医术，久病成医。亲友生了病，他基本上都能治。

刘禹锡曾被派到岭南当连州刺史，当地荒凉偏僻，疾病流行，他为民心忧，遂向在广西的柳宗元寻求良方。柳宗元把在柳州搜集的良方寄给他，他推而广之，帮许多百姓摆脱病痛困扰。此后，刘禹锡搜集各地良方，编撰了药方书《传信方述》，书中收录的药方都经过实践检验，疗效可靠，值得信赖，比如用槐枝丸治痔疮，用大豆、生姜治腹胀等。

由于所录药方药材易得、用法简单、疗效显著，《传信方述》备受历代医家推崇，在朝鲜、日本等国也广为流传。元代后，此书逐渐失传，所幸部分药方被其他医学典籍引用，流传至今。

关联遗产地

▶ 刘禹锡公园（禹锡园）

刘禹锡公园是荥阳市以刘禹锡墓为基础，结合刘禹锡诗词文化建起的一座集休闲、娱乐、健身和文化教育于一体的文化主题公园。园内景观设计独具匠心，分设了刘禹锡墓、文化广场、刘禹锡文化纪念馆、廉苑、园林科普馆、十二牌坊、诗词文赋亭阁、东方巨龙广场、湖体与溪流、书法石刻等景点，生动地展现了刘禹锡的生平事迹和文化成就，让人们在欣赏景致的同时，也能了解到这位文学大师更多的故事。

刘禹锡公园通过景观的设计，将文学、历史、自然融为一体，为游客呈现了一处富有文化底蕴的风景胜地，寄托了人们对文学艺术的热爱和追忆。

图源：荥阳发布（微信公众号）

刘禹锡公园（禹锡园）一角

▶ 刘禹锡墓

刘禹锡墓在1987年被列为第一批郑州市重点文物保护单位。墓冢由夯土分层筑成，坐北朝南，高约5米，周长约50米，墓前立有石碑，上书"唐故检校礼部尚书太子宾客赠兵部尚书刘公讳禹锡之墓"。

刘禹锡墓宛如一座古老的文化庙堂，墓地周围树木葱茏，绿草如茵，给人庄重神秘之感。墓碑巍峨屹立，古老的石雕在岁月的洗礼中更显深沉，仿佛在述说遥远的故事。

图源：郑州市文物局

刘禹锡墓

李商隐

倒霉的晚唐谜语诗人

名人档案

姓　　　名：	李商隐
出　生　地：	荥阳
时　　　代：	唐代
称　　　号：	诗魂
身　　　份：	诗人
同时代名人：	白居易、杜牧
特　　　长：	写诗

基本概况

李商隐（约813—约858），字义山，号玉谿生，又号樊南生，与杜牧合称"小李杜"。原籍怀州河内（今河南沁阳市）。16岁时，因擅长古文，名声渐广，得到令狐楚等前辈的赏识。开成二年（837），考中进士，逐渐陷入"牛李党争"旋涡，往后十几年漂泊各地，无法安定。约大中十二年（858），因病去世。

盛唐时期，最不缺的就是诗人，浪漫主义、现实主义、边塞、田园……各派诗人遍地开花。中唐的白居易、元稹等人开创了另一座名为"新乐府"诗体的高峰。晚唐时期，人们望着前人的巍峨高山，以为唐诗不会再有什么新的发展了，但是李商隐这只"孤独的秋蝉"却在嘶鸣中创造了唐诗的又一座高峰。

悲情开局，种下忧郁之因

约公元813年，李商隐出生于荥阳一个小官宦家庭。李商隐祖籍怀州河内（今河南沁阳），相传是李唐皇室的远房宗亲，祖父李甫迁居荥阳，并葬于荥阳檀山。李商隐在《祭仲姊文》中写道："檀山荥水，实为我家。"

李商隐3岁时，父亲李嗣受聘浙江东、西两道观察使幕僚，于是他随父一起迁居浙江。在父亲的启蒙教导下，李商隐"五年读经书，七年弄笔砚"，堪称小神童。10岁左右，父亲突然离世，李商隐无忧无虑的童年生活也画上了休止符。

身处异地，李商隐孤儿寡母生活实在无依无靠，于是他和母亲带着父亲的灵柩回了老家荥阳。但归乡后他才发现，这里也没有强大的亲族可以依靠，自己还是像狼狈的外乡人一样格格不入，真是"四海无可归之地，九族无可倚之亲"。不幸中的万幸，他还有一位曾在太学学习、恪守儒家忠孝之道的族叔。这位族叔是一位高洁的隐士，满腹经纶，擅长书法，很照顾李商隐。

在族叔的教育下，李商隐明白了自己撑持门户的责任，不再和同龄的朋友上树掏鸟、调皮捣蛋，仅有的空闲时光全用来抄书赚钱、春谷卖米，补贴家用。这种生活使得李商隐逐渐变得内向、敏感、忧郁，也深刻影响着他日后的人生道路和写作风格。

求学之路，得遇师友相护

守孝期满后，李商隐一家来到洛阳定居。

李商隐明白考科举做官是唯一能改变命运的办法。考生将自己的文章呈给公卿权贵，获得提携，是唐代的普遍现象。得益于族叔的教导，16岁的李商隐已经写出《才论》《圣论》这些精彩绝伦的文章，并迅速获得洛阳文坛大佬的关注。

第一位大佬便是白居易。白居易老年闲居洛阳时，偶然读到李商隐的文章，完全被他的才华所吸引，主动和他成了忘年交。白居易不仅请李商隐为自己撰写墓志铭，还在临终前对他情真意切地说："我希望死后能转世投生成你的儿子。"仅从此句，便能窥见白居易对李商隐的惺惺相惜。

白居易死后几年，李商隐与妻子还真的生了一个儿子，李商隐满怀期待地给他取名"白老"，真诚希望白居易真的投生到自己家里，和自己继续往日情谊。但遗憾的是，白老没有什么诗词细胞。好友温庭筠得知此事后打趣道："要是把他当成白侍郎的转世，那多少带点侮辱了。"后来李商隐又生了一个儿子，起名"衮师"，反而聪敏过人。众人都说，小儿子比大儿子更像白侍郎的转世，由此留下典故，叫作乐天投儿。

第二位则是李商隐生命中的大贵人——令狐楚。令狐楚不仅是六朝元老重臣，还是中晚唐的文坛大腕。当时，令狐楚的骈文、杜甫的诗歌、韩愈的古文被称为"三绝"。李商隐能得到他的垂青，可谓极大的幸运。

令狐楚很看重李商隐的才华，聘为幕僚，处处照顾。学习上，他将自己擅长的骈文倾囊相授，极大影响了李商隐后来的写作手法；生活中，他出资给李商隐购买衣装，准备进京考试的路费；仕途上，他四处夸赞李商隐，给他造势，并利用朝中关系让他在开成二年（837）进士及第。令狐楚细致入微的照顾，让年少失怙的李商隐获得了极大安慰，并将这份情谊珍重地深藏心中。他中进士后第一件事就是向恩师令狐楚报告，兴奋与感恩溢满字里行间。

令狐楚也很高兴，此时他正出任山南西道节度使，多次邀请李商隐来兴元（今陕西汉中）任职。但是新科进士一系列的应酬活动与去济源看望老母亲的事情绊住了李商隐，导致二人再次相见已是令狐楚临终前。

身陷党争，夹缝之中艰难生活

唐代后期，官吏分为门阀士族出身和科举进士出身。科举进士们关系密切，代表着新兴士族的声音。门阀士族们虽已没落，但看不起身份低下的庶族。于是这两种出身的官员们形成了立场分明的以牛僧孺、李宗闵等为领袖的牛党与以李德裕、郑覃等为领袖的李党，两者之间的争斗将朝廷搞得乌烟瘴气。

李商隐的恩师令狐楚是以牛僧孺、李宗闵为领袖的牛党，所以李商隐也被视为牛党中人。料理完恩师丧事后不久，李商隐接到了泾原节度使王茂元的书信，聘他去泾州当幕僚，还想把女儿嫁给他。

按说，这个意料之外的安排，对李商隐来说是件事业爱情双丰收的好事，可唯一让他担忧的是，王茂元是李党代表李德裕的好友。投靠王茂元，肯定会被视为对牛党的背叛。

不知道李商隐出于什么考虑，最后还是选择了动身出发，在王府收获了一段美好的婚姻，也就此卷入党争旋涡。

权势正盛的牛党人士不满李商隐忘恩负义、背叛师门，不断对李商隐打击报复。他们先是将李商隐从授官考试复试中除名，后来又将他发配到远离权力中心的地方当基层公务员。李党的一部分人也觉得他是个"二五仔"，不信任他，嘲笑辱骂他。在这些人的打压下，李商隐没过过一天好日子。

唐武宗继位后，李党把握朝政，李商隐才终于有望回到权力中心。他期待着大展拳脚，一飞冲天，但母亲突然离世，他只能放下工作回家守孝。待到守孝期满，李党却惨遭清洗，势力不再。不久，李商隐的岳父也病故身亡。

这下李商隐彻底失去了朝中依凭，开启了漂泊的后半生。李党的郑亚邀请待业在家的李商隐来桂林，做自己的助手。结果不到一年，郑业被贬，李商隐再次失去工作。

武宁军节度使卢弘正邀请李商隐前往徐州任职，但仅仅一年，卢弘正病故，李商隐不得不再次另谋生路。还在归家途中的李商隐接到了妻子离世的信息，再也没有人能与自己赌书泼茶，倾听自己的心声了。

后来，李商隐应西川节度使柳仲郢的邀请在四川待了近5年，这段时间，他的政治抱负仍旧没有实现，但可以说是他后半生难得的安宁时光了。

无题，晚唐谜语诗人的思想世界

李商隐虽然在官场上未有建树，但他也用自己擅长的方式表达了对国家政治的关心——写诗。要知道，他留下来的诗中近100首都是咏史诗。他针对某一黑暗的社会现象发表自己的观点时，不是开门见山，而是借古讽今、绵里藏针，将历史事件与现实结合，虚构出一片想象空间，在其中进行评说。总之，他的咏史诗结构巧妙，意义深刻，极具艺术性。

李商隐最为人所传诵的是他的无题诗，这些无题诗中蕴含了他丰沛热烈的情感。可能是性格使然，他从不直接言明，而是营造出一种深情缠绵、凄迷朦胧的氛围，借用另一种事物做象征，含蓄内敛地一一道来。这份情感就像弦外之音，需要细细品，才能品出味儿。

不难发现，运用典故是李商隐诗文的一大特色。他年少时跟着族叔读了大量古文，还曾在玉阳山学道，后来又出任校书郎，这些经历使他积累了深厚的文化素养。但他不仅用典，还会个性化定制典故，使本就朦胧的诗更加晦涩难懂。当时有人嘲讽李商隐是"獭祭鱼"，写作时要把典籍堆满自己的书案，方便从中选取典故，就像水獭捕鱼时会将鱼排在岸边，仿佛在陈列贡品祭祀。不过，李商隐学识的厚度也能从这个并不有趣的外号中让人明了。

虽然李商隐的诗隐晦迷离，难于解读，但不妨碍人们为他诗中的情动容，不妨碍人们体悟他的情。梁启超先生在一篇讲稿中写道："义山集中近体的《锦瑟》……他讲的什么事，我理会不着；拆开一句一句的叫我解释，我连文义也解不出来。但我觉得他美，读起来令我精神上得一种新鲜的愉快。须知，美是多方面的，美是含有神秘性的。"

公元858年，李商隐辞官，抱病回到荥阳老家。就在这年冬天，李商隐怀着遗憾离开了人世。李商隐一生都在竭尽全力振翅，却被时代的旋涡裹挟，在悲剧中沉沦了一辈子。但金子不会被沙土掩埋，李商隐毫无疑问是晚唐最杰出的诗人之一。他与杜牧合称"小李杜"，与温庭筠合称"温李"，他的七言律诗是继杜甫之后的又一座里程碑，他是晚唐艺术史上一道亮丽的风景线。

历史典故

▶ 闻诗识李

宋朝有位叫姚宽的作者，他的《西溪丛语》中记载了一个唐末流传的故事，说是有一群文人在洞庭湖中泛舟游玩,有人提议以木兰为题作诗。于是众人一边饮酒一边轮流赋诗。这时突然出现了一位贫穷的书生,他随口诵出一首新诗:"洞庭波冷晓侵云,日日征帆送远人。几度木兰舟上望,不知元是此花身。"吟罢,这位书生便隐身而去。众人都感到惊奇,纷纷猜测这人是李商隐的鬼魂。

关联遗产地

▶ 李商隐墓(公园)

李商隐墓位于荥阳市豫龙镇二十里铺苜蓿洼东南约500米处,被列为郑州市重点文物保

图源:郑州市文物局

李商隐墓

护单位。墓冢高约4米，呈棺木状，东西长约10米，南北宽约10米，周长约45米。在墓冢西南部，有一条狭小的隧洞，看似是墓道，实则是20世纪时当地百姓为躲避战乱而挖的庇护所，为历史增添了一抹神秘色彩。墓冢西南曾有李商隐族叔的一座小坟茔，然而，时光流逝，这座坟茔已被夷平，变成一片农田，只留下一丝历史的痕迹。

李商隐公园以李商隐墓为基础，将诗人的诗歌文化融入园林景观中，展现了独特的中国园林特色。游客可以漫步于文化长廊，品味李商隐的经典作品，感受诗歌的魅力和艺术的韵味。

图源：张世平 摄

李商隐公园

欧阳修

令人敬仰的革新派干将

名人档案

姓　　　名:	欧阳修
出　生　地:	江西吉安（一说四川绵州）
时　　　代:	北宋
称　　　号:	醉翁先生、六一居士
身　　　份:	政治家、文学家、史学家
同时代名人:	范仲淹、王安石、苏洵、苏轼
特　　　长:	写作

基本概况

欧阳修（1007—1072），北宋吉州庐陵（今江西吉安）人。字永叔，号醉翁，晚号六一居士，北宋政治家、文学家、史学家。宋仁宗天圣八年（1030）进士及第，后来一直在官场沉浮，直至熙宁四年（1071）以太子少师致仕。北宋诗文革新运动的领袖，名列"唐宋八大家"和"千古文章四大家"。

天资聪颖才华盛，科举失意遇贵人

公元1007年，欧阳修出生了。

欧阳修的父亲乐善好施，在欧阳修幼时就一直教导他要助人为乐，可惜欧阳修4岁时，父亲去世了，不过父亲的教导已经镌刻在欧阳修心里，他始终以"不忘先世之清风"自存。

欧阳修的母亲出身江南名门望族，知礼仪，有教养，明白教育对孩子的重要性，她本着再穷不能穷教育的理念，每日教欧阳修读书认字。但笔墨纸砚样样都是花销，没了顶梁柱的欧阳家根本负担不起。母亲只好带着欧阳修在河边以荻秆为笔，在沙地上练字，这也是成语"画荻教子"的由来。后人将欧阳修的母亲与孟母、岳母、陶母并列，称为"四大贤母"。

后来，欧阳修跟随母亲前往湖北投奔做官的叔叔欧阳晔，正式踏上学习之路。偶然一次机会，欧阳修在一户人家看见了大文豪韩愈的《昌黎先生文集》。此书平易自然的文风让欧阳修眼前一亮，仿佛发现了通往新世界的大门。他将书借回家中，反复抄写吟诵，从此倾心于古文，也为日后的诗文革新运动埋下了一粒种子。

欧阳修因此触发了第一个人生任务：少年啊！努力学成文武艺，货与帝王家。完成即可获得"政坛新星"称号。

但饱读诗书的欧阳修的求仕之路并不顺畅。当时骈文[①]盛行，而他擅长的是古文，因此他前两次参加科举考试均以落榜告终。欧阳修在回乡途中看着北雁南飞，不由得感叹自己20岁还碌碌无为，但并没有气馁，而是选择适应社会，学习骈文。同时，他也遇到了人生中的

---

①骈文，文体名。起源于汉、魏，形成于南北朝。全篇以双句（即俪句、偶句）为主，讲究对偶、声律和藻饰。因其常用四字句、六字句，故也称"四六文"或"骈四俪六"。

贵人、未来的岳父胥偃。胥偃亲自出面保举他到最高学府国子监参加考试。欧阳修在此后的三场考试中如同开挂一般，连中"小三元"①，自信满满地认为状元也是囊中之物。结果主考官晏殊觉得他有些锋芒毕露，需要挫挫锐气，于是给他批了个第十四名。或许这也为欧阳修看淡功名、寄情山水埋下了种子。

进士及第入政坛，文风革新名流传

寒门出身的学子终于拿到了官场的入场券。欧阳修没有唯唯诺诺、卑躬屈膝，反而一派新人肃清官场的作风，先是"上访"中央，说他们官员工作做得不到位，后又指责太学生文章写得不行。

可能正是这种大无畏的勇者之姿，让他触发了第二项人生任务：人民需要你，赵宋王朝需要你，请已经步入政坛的你用最擅长的方式尽力改变朝中乱象吧！完成即可获得"文坛领袖"称号。

当时社会的祥和之象被撕破，矛盾逐渐显露。范仲淹正大力呼吁改革，而作为好朋友兼迷弟的欧阳修自然也加入其中。他们认为这一切正是朝廷官职设置冗杂、官员庞多且多贪污腐败导致的，因此列出了种种解决措施，但这些举措在既得利益者的雷区来回横跳。于是，以宰相为首的官员们给范仲淹、欧阳修二人扣上僭越、结党营私、离间君臣的帽子，并将他们赶出京城。欧阳修得知后，立刻写下《朋党论》予以回击，这让皇帝仁宗看到了欧阳修的赤诚与勇气，对他的态度迅速转变，将其召回京城。

多年后，欧阳修成为皇帝近臣，继续与范仲淹等人推行新政，但依旧遭受到守旧派的打

---

① 小三元，指一人连得三案首。古代科举制度中童生参加县试、府试、院试，凡名列第一者，称为案首。

压。后来，欧阳修因"文字狱"①被贬滁州。

阅尽千帆的欧阳修此时已是满身疲惫，对政治没有任何希冀。幸好滁州多情的山水、淳朴的民风暂时抚平了他内心的焦躁。他在琅琊山中修建了醉翁亭，还写下了千古名篇《醉翁亭记》。这篇文章一问世就奠定了他"文坛领袖"的地位，也成为他推行诗文革新的助力。

政治上的冗杂一定程度上反映在当时流行的骈文中。写骈文就像现代某些说唱歌手写歌词一样，为了强压韵脚，将一堆词语堆砌在一起，实则空洞无物。欧阳修看不惯这种形式，要求自己的文章平易近人，言之有物。传说他就算写寥寥数字的便条都要先打草稿，骑马、休息、上厕所时也都在琢磨文章。他晚年还经常把自己年轻时写的文章拿出来重新修改，笑言"不怕先生骂，却怕后生笑"。

后来，欧阳修也确实聚集起一群志同道合的人进行诗文革新运动，打破南北朝以来主流的骈文文风，创立了一种清新洒脱、平易近人的新型文风，欧阳修也因此成为一代文章宗师。

千里马常有，而伯乐不常有

已经获得"文坛领袖"的欧阳修触发了新的人生任务——担任礼部科举考试主考官，帮助北宋王朝选拔优秀的实干人才，完成即可获得"人生伯乐"称号。

嘉祐元年（1056），48岁的苏洵带着两个儿子进京赶考，他将自己的文章呈给文坛领袖欧阳修。欧阳修看后大加赞赏，并极力向皇帝推荐。一时之间，苏洵在汴京（今河南开封）

---

①文字狱，旧时统治者在文人作品中断章取义地摘取字句罗织罪名所造成的冤狱，历代皆有，尤以明太祖和清圣祖、世宗、高宗三帝为甚，刑罚残酷，株连众多。

的士大夫朋友圈火了。

嘉祐二年（1057），欧阳修被任命为礼部科举考试主考官。作为本次科举评判的老大，欧阳修发觉考场是推行诗文革新的好地方。于是，他摒弃了辞藻堆砌、空有形式美的文风，将文章能够言之有物、反映社会现实作为评判标准。

一位考生开头就写："天地轧，万物茁，圣人发。"阅卷的欧阳修看着这"矫揉造作"的试卷浑身难受，想着任凭你文字游戏玩得再好，言之无物，我也照样把你刷下来，于是他挥笔留言："秀才剌，试官刷！"

主考官突然改变评判标准，往年真题没用了，因此一大批考生落榜。这些落榜考生恨不得用笔杆子、唾沫星子"喷死"欧阳修。但欧阳修早已锻炼出强大的心脏，你狂任你狂，我自岿然不动。

欧阳修在经受了长时间低质量答卷的精神折磨后，突然被一份语言流畅、简洁有力、说理透彻的答卷治愈了。这份答卷在各方面都完美拿到了得分点，立刻被他评为心中第一名，

他还猜测这是自己的宝贝学生曾巩所作。但当时科举为了防止考官舞弊，阅卷时都会盖住考生姓名，所以他也无法确定。出于避嫌的考虑，他点了这份答卷为第二名。结果却发现闹了个大乌龙，这个第二名答卷是苏洵的大儿子——苏轼的。

嘉祐二年的这场科举考试，可以说是科举史上最星光熠熠的一场。这一年，在欧阳修的主持下，选拔出了唐宋八大家的苏轼、苏辙、曾巩，程朱理学的代表程颐、程颢，写出"为天地立心，为生民立命"的张载，一位当朝名将，多位北宋宰相。

始知锁向金笼听，不及林间自在啼

再次回京的欧阳修，仍不改心中抱负、仗义执言，所以他常受到政敌攻击，但几十年的阅历已经能让他面不改色地处理这些事情了。但这一次有些不同，因为背刺他的是自己一手举荐的门生，而且那人言语之恶毒令他如鲠在喉。他连续给皇帝写了十三封奏折，请求还自己清白。

虽然事情后来顺利解决，但欧阳修也失望透顶，反复以年纪大了、身体不好为由，向皇帝请求退休。刚开始皇帝还极力挽留，但经不住欧阳修的软磨硬泡，最终无奈同意。

得偿所愿的欧阳修选择了他喜爱的颍州（今安徽阜阳）作为养老地。欧阳修还给自己取了一个十分雅致的称号"六一居士"，意思是说家中有藏书一万卷，记录三代青铜石刻的《集古录》一千卷，琴一张，棋一局，酒一壶，一位老人，这"六一"充分展现了欧阳修的风骨。看尽世间繁华，将心归于平静，回归自然的他沉醉于内心的世界，成为彻底的"醉翁"。

熙宁五年（1072），仅享受了一年悠闲退休生活的欧阳修安详地离开了人世。他去世的消息传回朝中，皇帝十分悲痛，赐"文忠"作谥号。因为宋代有朝中臣子死后要葬在京城五百里范围内的规定，皇帝就将欧阳修赐葬于新郑。后来欧阳修的妻子、儿孙也葬在这里，渐渐形成了欧阳修家族墓。

欧阳修墓前曾经建有寺院——欧阳寺，寺庙建有内外照壁、大门、东西厢房、大殿等建筑，碑碣林立，古柏参天，十分壮观。雨后初晴，阳光普照，寺内还会升腾如烟似雨的雾气，被称为"欧坟烟雨"。可惜后来欧阳寺遭到破坏，这个郑州古代八大景之一的美景也不复存在。

回顾欧阳修的一生，他曾两次科举落榜，也曾高官厚禄，引领后世文坛，却也政坛失意，致力于国家改革却遭多方阻力。但他从未怨天尤人，被贬后兢兢业业，恪尽职守，为官一处便能造福一方，归隐后乐观积极，潜心学问，怡然自得。在他的影响下，北宋文坛为后世留下了宝贵的财富。

历史典故

▶ 三上作文

欧阳修曾对谢绛说："我平生所作的文章，多半在'三上'，即马上、枕上、厕上。因为只有这样，才可以好好构思啊。"

关联遗产地

▶ 欧阳修陵园

　　河南省新郑市西13公里处的辛店镇欧阳寺村，北依山冈，南临沟壑，丘陵起伏，溪流淙淙，山水秀丽，风景优美。这个得天独厚的地方，先后葬入了欧阳修的第三任夫人薛氏、他的4个儿子（欧阳发、欧阳奕、欧阳棐、欧阳辩）和2个孙子（欧阳愬、欧阳愬），渐渐形成欧阳氏家族墓群园。相传，每当陵园出现烟雾升腾的景象，不出三天就会下起绵绵细雨，景色非常壮观，故有"欧坟烟雨"之美称，清乾隆十八年被公布为"新郑八景"之一。不过，随着时代变革，欧阳修陵园的建筑遭到破坏，近几年，欧阳修陵园又修复了外照壁、大门、内照壁、东西两庑、大殿、墓冢等，四周建有围墙，十分气派。

图源：郑州市文物局

欧阳修陵园

「二程」先生

道德模范，伦理标杆

名人档案

姓　　　名:	程颢、程颐
出　生　地:	湖北武汉黄陂区
时　　　代:	北宋
身　　　份:	学者
同时代名人:	王安石、周敦颐、司马光
特　　　长:	著书、讲学

基本概况

"二程"并非一个人名,而是指程颢、程颐两兄弟。程颢字伯淳,又称明道先生。程颐字正叔,又称伊川先生,曾任国子监教授和崇政殿说书等职。二人都曾拜当世学者周敦颐为师,共同为宋明理学的发展奠定了基础。二者的理学思想形成了《遗书》《文集》和《经说》等著作,对后世影响较大,南宋朱熹继承和发展了他们的学说。

提到二程先生，大多数人的第一印象就是两位白胡子垂到胸前的老先生，精神气质更是典型的老学究。为什么我们会形成这样的想法呢？这就要提到美国心理学家洛钦斯提出的首因效应，即"先入为主"。二程先生的名声飘到世人耳中时，他们已经是老学究的做派了。

长兄官路很坎坷：还是教书适合我

或许是因为家庭教育的缘故，程颢、程颐两兄弟虽然年纪相差一岁，性格爱好却非常一致，爱读书，爱写书。父亲程珦很高兴自家孩子对文学的偏爱，越发注重对孩子的教育。后来，父亲没空再管他们，就给兄弟俩找了个老师。于是，十四五岁的程颢、程颐收拾行囊去了洛阳，拜在周敦颐门下学习。周敦颐，何许人也？理学学派创始人，《爱莲说》的作者，当世名儒。

在周敦颐的多年教诲下，两兄弟养成了洁身自好的品格。学成之后，他们相继步入仕途，哥哥程颢进士出身，在官场上一步一个脚印向前走。弟弟程颐则在考试失利后进军教育行业。因为程颢性格和气，在政治方面也有些能力，官职一直在稳步提升，直到他的政治死敌出现才开始走下坡路。这个政治死敌是谁呢？说出来大家一定不陌生，他就是王安石。

王安石可不是个酸秀才，他高中进士，走南闯北多年，积累了极其丰富的政治阅历和改革经验，加上才华横溢，很快就身居高位，还在皇帝的支持下开展了轰动一时的"熙宁变法"[1]。然而二程却并不认同王安石变法，一直上书阻止，还公开发表声明反对。要知道王安石变法背后的人是皇帝。程颢大张旗鼓唱反调，肯定会惹天子不满。没多久，程颢就被贬到洛阳当京西路提点刑狱去了。这一下子给程颢搞得心灰意冷，他暗自感叹，罢了罢了，这

---

[1] 熙宁变法，自熙宁二年（1069）开始，至元丰八年（1085）宋神宗去世结束，亦称熙宁变法、熙丰变法。

"二程"先生 道德模范，伦理标杆

官场不是我能玩得转的，还是找弟弟去吧。于是，他便潜下心搞学术研究，和弟弟程颐在崇福宫相邻的嵩阳书院专注讲学。

渐渐地，二程在这里有了极高的人气，各地学者慕名而来，多的时候甚至有几百人。因为两个人都是洛阳人，所以他们的学术流派也被称为"洛学"。

在嵩阳书院讲学十多年，二程的教学内容主要以"四书""五经"为主。朱熹曾说："伊川先生之学，以《大学》《论语》《孟子》《中庸》为标指，而达六经，使人读书通礼。"在讲学的同时，二程还重视培养学生的怀疑精神，特别反对学生死读经书。这些教育

理念在当时少有，甚至深刻影响了现代的教育理念。

除了讲学，二程还为嵩阳书院制订了学制以及学习考察的详细条例规则。他们渊博的学术知识、高尚的人格吸引了全国各地的学者，出现了"崇堂讲遗文，宝楼藏赐书，赏田逾千亩，负笈者云趋"的鼎盛景象。

二程在嵩阳书院讲学，不但传播自己的学术思想，还培养了大批人才，如杨时、游酢、范纯仁等，为理学的发展做出了巨大的贡献。在众多优秀的学生中，杨时对于二程思想的传播起了重要的作用。

杨时曾求学于程颢，学成归闽时，程颢送他远去，说道："吾道南矣。"从这里就能看出程颢对杨时传播理学寄予厚望。多年以后，杨时再次北上求学，拜在程颐门下，发生了"程门立雪"的故事。后来，杨时南归，积极传播二程思想，将理学传于罗从彦，罗从彦又传于李侗，李侗传于朱熹，朱熹集百家之长，最终完成了对理学的改造，后人称之为"程朱理学"。

1085年，也就是王安石变法失败的那一年，宋哲宗即位，程颢被召任职，但他还没等到起行就病逝了，享年54岁。

二弟官路也不行：帝王之师拜拜了

没了王安石一派的压迫，再加上讲学之名传扬朝堂，司马光、吕公著等人很快注意到了"博学好古，安于贫贱，恪守节操，言必忠信，动遵礼义"的程颐，对程颐委以重任，推荐他当汝州团练推官、国子监教授等职。可是教育事业才是程颐心尖尖上的肉，他拒绝了。

第二年，程颐又被任命为崇政殿说书[①]。当时刚继位的宋哲宗年幼，司马光担心宋哲宗

[①] 崇政殿说书，宋代官名，职能是为皇帝讲说书史，解释经义。

会继续奉行宋神宗的改革政策。程颐作为反对王安石变法的冲锋战士，又是会讲课、有思想的大儒，当即进入司马光的视线，被他拉到皇帝眼前，职务就是教皇帝读书。

程颐当了"帝王之师"后，将自己的能力发挥得淋漓尽致，他经常以向皇帝讲书为由，借题发挥，议论时事，敢于"议论褒贬，无所顾避"，名声越来越大，吸引了许多读书人。不过，程颐对于皇帝执政的影响很快引起朝堂部分大臣的不满，他们纷纷上书弹劾，要将他赶回乡下。不得已，程颐主动辞职，继续教书去了。此后他也曾返回朝堂，但都是待不久就被拉下台来。

就这样，1102年，75岁的程颐走完了波折跌宕、毁誉参半的人生。

建树很伟大，后世诟病多？

为什么说程颐、程颢皆毁誉参半？这不是对他们政治生涯的评判，毕竟他俩的政治水平还没能对王安石的变法造成什么影响。毁誉参半指的是他们的学术主张。

两兄弟结合周敦颐所授知识并加以发展形成了理学，理学的哲学意向很明确，但同时在很多人看来也比较枯燥，其中广受诟病的是"存天理，灭人欲"。好多人从字面上理解为"只能遵循万物的天理，要去掉人类的七情六欲"，但其实这样理解是不全面的。二程对于人欲的看法是"超出人基本欲望的要去除"。什么是超出人基本欲望的呢？简单举个例子，娶妻生子是人的基本欲望，但三妻四妾就是超出基本欲望了，要灭的不是"娶妻生子"，而是"三妻四妾"。这样一看，二程的学术主张肯定不是大家印象中的腐儒作派。

在现代，有人认为"三纲五常"是封建糟粕，但这是二程所大力宣扬的。三纲五常分别是什么呢？先说五常，指的是中华传统文化中五种优良的品质——仁、义、礼、智、信。这些品质无论是在古代还是在现代，都是难得的优良品质。问题出在三纲上。三纲指君为臣纲、父为子纲、夫为妻纲，即要求君王、父亲、丈夫做出表率，臣子、儿子、妻子必须服从他们。但后世曲解了三纲五常的意思，只保留了后边的要服从，却不提前面的做表率，直接搞成封建糟粕。时代在发展，世界在变化，三纲五常可能是封建时代人们对社会秩序规律的普遍认识，这也就要求我们对待传统文化要"取其精华，弃其糟粕"。

从上面看，二程的理念虽然不能说是那个时代的先锋理念，但也绝对不是荼毒百姓的邪教歪说。那二程理念受到后世诟病的原因何在呢？归根到底是受到时代的限制。

中国古代是封建帝制，社会发展的过程其实就是君主集权不断加强的过程，封建君主需要将权力集中在自己可控制的范围内，以保证天下在自己掌控之中。北宋时期，二程理念并未受到重视，也就是说，程颢、程颐两兄弟活着的时候根本就没有参与到荼毒百姓的队伍，两个人对于某些时政的见解反而对百姓是有利的，甚至到朱熹进一步发展成"程朱理学"的时候，该思想也并没有十分违反人道主义。直到明清时期，封建君主为了加强集权，将"程朱理学"里的主张拿出来大加修改，大肆强调父子、君臣、夫妻之间的从属关系，并将其扭曲，让它们符合封建统治者的管理需求。由于明清的长时间统治，这种已经变质了的思想才会在中华大地上生根发芽，直到今日还没能完全摒除。

如此来看，我们不能武断地说二程的思想是好的，或者说是坏的，断章取义并不可取。我们在学习的过程中，应培养对知识自我净化的能力，扬清抑浊、推陈出新。

历史典故

▶ 程门立雪

程门立雪是一则成语，出自《二程全书·遗书十二》，比喻尊师重教，虔诚求学。程颐与哥哥程颢晚年在伊川（今河南洛阳）办起书院，教导出许多弟子，其中最出名的是吕大临、杨时、谢良佐、游酢，四人被称为"程门四先生"。

一个下雪的冬日，杨时和游酢来拜见程颐，却从窗中看见老师正在休息，二人不想打扰老师，也不想放弃拜访求教的机会，就一直站在门前等待。等到程颐醒来的时候，门前积雪已经有一尺深了。后来杨时也成了名扬天下的学者，这件事就成了尊师重教的典范。

关联遗产地

▶ 嵩阳书院

嵩阳书院是中国古代的高等学府，建在河南省嵩山峻极峰下，原身是修建于北魏太和八年（484）的嵩阳寺。那时佛教盛行，嵩阳寺是个佛教寺院，后来陆续变为道观、皇帝的行宫、书院，直到宋景祐二年（1035），才定名为嵩阳书院。此后掀起火热的讲学热潮。

虽然书院教育制度已于清朝末年被废止，但嵩阳书院作为古代高等学府的重要见证，为我们研究中国古代书院建筑、教育制度以及儒家文化提供了"标本"，教育意义重大。

图源：天地之中中岳嵩山（微信公众号）

嵩阳书院

许衡

一片冰心在玉壶

名人档案

姓　　　名：	许衡
出　生　地：	新郑
时　　　代：	金末元初
称　　　号：	鲁斋先生
身　　　份：	百科书式的人物
同时代名人：	忽必烈、郭守敬
特　　　长：	教书、天文、历算

基本概况

　　许衡（1209—1281），河内（今河南沁阳）人。宋元之际理学家。早年师从大儒姚枢及窦默，学习程朱理学。元宪宗四年（1254），忽必烈（元世祖）征召他出任京兆府提学。中统二年（1261）改任国子祭酒。提出"行汉法"的政治主张，帮助元世祖建立治道，推进国家统一；倡导程朱理学，是继朱熹之后，在元代传播理学的第一人；创立国子学，形成教育体系，培养大批人才；领导编定《授时历》，具有国际先进水平。

少时好学：学霸少年

宋朝末年，世道纷乱。老许家本是老实本分的一户农民，祖籍在怀州河内，但为了躲避战祸，不得已举家搬迁到新郑。

所幸新家日子安稳，在宋宁宗嘉定二年（1209）四月，许家媳妇生下一个白白胖胖的男娃娃，家里人费尽心思给他取了个名——许衡。

许衡从小就好奇心满满，看到什么都要问一句，简直是"十万个为什么"的化身。这可让没什么文化的许家夫妇有些招架不住，因此生出了送他去上学的心思。在许衡7岁那年，许家夫妇用尽积蓄，将儿子送进了当地学堂。

上学之后，许衡继续发挥他勤学好问的技能特长。他问老师："您为什么要读书？"老师回答："为了参加科举考试。"他继续问："仅仅是这个原因吗？"他的问题让老师大为惊异，不知如何回答。不仅如此，老师每次讲课，他总要提出一些奇奇怪怪令人费解的问题。后来老师实在是不知道怎么回答了，就对许衡的父母说："你们的孩子实在是太聪明了，我能力不足，实在是教不了他，你们还是给他换个老师吧。"随后，老师就辞去了这份工作。许衡的聪明好问一连让三位老师辞职，这可愁坏了父母。

许衡长大后更加聪明好学，但因为家里穷，没有多余的钱用来购买书籍。为了读书，他常常徒步到百里外的有钱人家借书抄书。虽然当时正处于宋末元初的乱世中，但许衡仍然坚持每天读书和思考。

后来，蒙古兵南下占领了新郑，许衡一家再次被迫辗转异乡。虽然流亡生活很苦，但带给许衡的不仅仅是苦难，还有绝佳的学习机会。在柳州生活期间，他不仅暂时躲避了战火，结识了好友姚枢，并在那里见到了程颐、程颢及朱熹的著作，沉淀了很多重要的知识。他开始认真钻研程朱理学，从中获益巨大。再后来，许衡又迁到辉县附近的苏门山居住，常常与姚枢、窦默等人讨论学问，涉及经传、子史、礼乐、名物、星历、兵刑、食货、水利等众多话题，系统地吸收了众多庞杂的知识，极大地丰富了知识储备。

中年坎坷：起起落落

在积累了一定的知识后，许衡决定远赴河北大名府讲学，由于他教风严谨公正，吸引很多人前来求学。这些人很尊敬许衡，一起出资送给他一块牌匾，上边写有"鲁斋"二字，许衡从此被称为"鲁斋先生"。

许衡的名声传到了刚刚受封为王的忽必烈耳中，他立刻召许衡进京，并任命许衡为京兆提学。这个地方刚经历战火，学生们想要学习却没有老师。听闻许衡就职，大家纷纷就学。后来许衡在京兆的郡县广建学校发展教育，使民众受到很大教化。直到忽必烈南征时，许衡才辞职重返怀庆。

几年后，忽必烈成为天子，许衡和好朋友又一同被召入京师。可这次入京却没有那么顺利。当时王文统担任平章政事，认为治国应以利益为重，而许衡等人则认为治国必须以义为本，主张重义轻利。因意见不合，产生矛盾，许衡遭到王文统的忌恨。和许衡一派的窦默也在忽必烈面前说王文统学术不正，王文统就此认定许衡、姚枢、窦默三人与自己作对，于是奏请忽必烈委任许衡为太子太保、姚枢为太子太师、窦默为太子太傅。

其实王文统这样做，表面上是尊敬重用他们，但实际上是不让他们接近忽必烈，从而远离权力中心,想等他们在忽必烈面前不那么"红"了之后再对付他们。果然,不久后,王文统又改命许衡为国子祭酒、姚枢为大司农、窦默为翰林侍讲学士,均为没有实权的官职。许衡不能接受,加上生病,最终选择辞官返乡。

可忽必烈就认准了许衡。许衡在老家还没待多久,又被忽必烈急召入京。

许衡再次进入权力核心后,先是向忽必烈提出了治国理政的建议,条理清晰,字字切中要害。忽必烈看后大为称赞,并一一采纳。随后,许衡又提出了许多方针政策,很多都被忽必烈认可并实施。但许衡上奏时一般不留底稿,除了刚上位时提出的五项建议,其他奏议大多都没有留存。得知许衡身体有恙,忽必烈还允许他五天到中书省讨论一次政务,并赐给他很多名贵药材供他调养。由此,我们也能想到许衡和忽必烈之间惺惺相惜的情谊有多深厚。

在政坛发光发热了一段时间后,许衡旧病复发,不得已再次申请回老家养病。忽必烈一再挽留,但许衡的身体实在不好,就是再不情愿也不得不放他离开了。好不容易过了一年,忽必烈听说许衡身体有所好转,便再次请他入京。许衡本想拒绝,但想了又想,实在舍不下皇帝和自己的情谊,于是揣着小包袱又入京了。这一次又干了两年。按照惯例,他的奏疏仍秘而不传。

至元六年(1269),皇帝命令许衡与徐世隆制定朝廷的礼仪制度,与刘秉忠、张文谦立定官制。许衡参考了历朝历代的官制体系,删减一些临时增设的机构和旁设机构,制定出一套适合元朝的官制体系,并在第二年上奏给皇帝。因为这套官制触及一些权贵的利益,遭到他们嫉恨。虽然有人曾劝许衡不要随意变更旧制,但深受儒家思想影响的许衡又怎么会向这些贵族屈服?"我所论的是国家的体制,与个人无关。"幸好许衡的新官制得到了皇帝的赞同。但许衡和某些权贵之间的矛盾也因此加深。

不久之后，阿合马担任中书平章政事，统领尚书省及六部，权势很大，许多大臣都不敢顶撞他。许衡在与阿合马争论时，依然坚持原则，从不因权势而让步。后来，忽必烈想要任命阿合马的儿子为枢密金院官，众人都不敢反对，唯独许衡站出来，严肃地跟忽必烈分析："国家大权在于兵、民、财三个方面，如今阿合马掌管民、财，你又让他的儿子掌管兵权，这不就是让他们一家来管理国家吗？以后我们国家不都是他一家人说了算？这怎么能行？"可惜，阿合马势力大，竟然拦截了许衡向皇帝列举的阿合马专权欺上、损国害民的证据。因为无法面圣，又被阿合马这些人压迫，许衡非常灰心，无奈向皇帝称病，请求不再参与国家机务大事。

史料留名：光辉岁月

还没过两年清闲日子，许衡就又被皇帝叫回去了。原来皇帝早就有了设立太学的打算，但苦于缺少一名对儒家文化十分精通的人主持大局，才一直没有实施。现在刚好许衡闲在家里，皇帝就任命他为集贤大学士兼国子祭酒，并亲自挑选一些资质优秀的蒙古子弟交于许衡教育。

其实这份工作也十分符合许衡的理想，在接到任命后他高兴地说："这才是我应当做的事啊。"

他请求征调其弟子王梓等十二人为伴读，一心做起教育工作，坚持以"乐育英才，面教胄子"为宗旨，不遗余力地教导学生。虽然当时所选的弟子都还幼小，但是许衡从不拿他们当小孩子看,对待他们如同成人,爱护他们就像自己的孩子,严格要求他们学习礼节,教会他们遵守君臣关系。

其实这份教育工作也不好做,当时权臣当道,动不动就破坏汉法,致使学生缺粮。许衡只能用辞职来威胁皇帝认真对待教育,但他忽略了此时自己的声望和人脉已经对皇帝产生了威胁。于是,皇帝顺水推舟同意了他辞职的请求。但许衡制定的教学规矩,一直延续下来。

至元十三年(1276),元世祖忽必烈下令让王恂等人制定新历。他们原来推行的《大明历》①已经不太准确,跟不上人们的生产生活规律了。可在王恂看来,颁行新历可不是一件小事,一般历家只知道历数而不知历理,他不敢轻易用人,这个任务需要懂得多人品又正的人做。他想起了许衡。于是王恂当即奏请元世祖,要求请许衡回京,让他以集贤大学士兼国子祭酒的身份来主持太史院事,其实是让他回来与太史令郭守敬等合作编制新历。

许衡又回来了,和郭守敬合作,在登封观星台观察星象,推演历法,还研制出了新的观象仪。他们参照旧有的历法,经过细密的观测,终于在至元十七年(1280),制成新历。忽必烈非常高兴,亲自为新历赐名,宣布立刻颁行天下,这就是历史上大名鼎鼎的《授时历》。

《授时历》完成后,许衡已经70多岁了,他再次回乡养老,正式结束了他的政治生涯。因常年患病,许衡仅仅回乡清闲了不到三年就与世长辞。他下葬时,怀庆人无论贵贱长幼都哭得很伤心,各地学者听到他的死讯也都相聚哀哭,更有人不远千里前来凭吊。这也间接肯定了许衡对于读书人以及元朝的贡献。

此后的元朝历代君主都对许衡大加赞赏,并进行多次追封。大德元年(1297),元成宗铁穆耳追赠许衡为荣禄大夫、司徒,谥号"文正"。至大二年(1309),加赠正学垂宪佐运

---

① 《大明历》,一种阴阳历。由南北朝时期中国著名数学家、科学家祖冲之创制,成历于南朝宋大明六年(462),故名。施行达80年。

功臣、太傅、开府仪同三司,追封魏国公。皇庆二年(1313),朝廷下诏以许衡从祭孔庙。延祐初年,又诏立书院于京兆,以祭祀许衡,并赐田做祭祀的经费,书院名"鲁斋书院"。许衡的品德言行被人们大加推崇,被后人誉为"元朝一人"。

历史典故

▶ 许衡不食梨

许衡尝暑中过河阳,渴甚,道有梨,众争取啖之,衡独危坐树下自若。或问之,曰:"非其有而取之,不可也。"人曰:"世乱,此无主。"曰:"梨无主,吾心独无主乎?"

有一天许衡路过河阳,口干舌燥,正巧道路旁边有棵梨树,大家都争着摘梨吃,唯独许衡在树下正身独坐,神情自若。有人问他嘴巴都那么干了,为什么不摘梨吃。他回答:"不是自己的拿来吃,是不可以的。"那人笑着说:"世道这么乱,这棵树早就没有主人了。"许衡回答:"梨树无主,难道我的心也无主吗?"路人一听,顿时羞愧得无地自容。从这则小故事就能看出来,许衡是位恪守礼法、内心正直的人。

许衡家境贫穷,从小就下田耕作,如果家里有熟了的谷物就吃谷物,如果谷物不熟就吃糠咽菜。如果家里财产有余,许衡就把它分给同族人以及贫困的学生。如果人们送给他东西,只要有一丝一毫不符合礼义,他就不会接受。许衡曾说:"纲常伦理国家一日不可废,如果在上者不履行,我们一般人也要履行。"他在实际生活中也是这样做的。

许衡　一片冰心在玉壶

关联遗产地

▶ 观星台

　　观星台位于河南省登封市告成镇，由天文学家郭守敬于至元十三年至至元十七年（1276—1280）主持建造。观星台由盘旋踏道环绕的台体和自台北壁凹槽内向北平铺的石圭两个部分组成，四壁用水磨砖砌成。北侧石圭用来度量日影长短，又称"量天尺"。观星台是科学、宗教与政治相互作用的产物，因其独特的设计而成为元代天文学高度发达的历史见证。1961年3月4日，观星台被国务院公布为第一批全国重点文物保护单位。2010年8月1日，包含观星台在内的登封"天地之中"历史建筑群被列为世界文化遗产。

图源：郑州市文物局

观星台

许衡 一片冰心在玉壶

▶ 许衡园

许衡园位于新郑市玉前路国税局东侧，面积约1500平方米。园内设计截取了许衡与郭守敬等共同编订《授时历》中对每年十二个月中节气的解析，以石刻铭牌的方式从"正月"到"腊月"有序展示，语言朴实，简单明了。

图源：新郑市文化广电旅游体育局

许衡园

093

耿介

被做官耽误的教育学家

名人档案

姓　　名：	耿介
出 生 地：	登封
时　　代：	清朝
称　　号：	嵩阳先生
身　　份：	嵩阳书院院长
同时代名人：	康熙、汤斌
特　　长：	做官、教学、写书

基本概况

耿介（1622—1693），原名冲璧，字介石，号逸庵。明崇祯九年（1636）三月，李自成进入登封，八月与明军大战。冲璧停学，在家自学，改名"耿介"。清顺治八年（1651）八月，赴汴京应试，中举人，次年奔赴京城应试，举为进士，授翰林院庶吉士，翰林院检讨。参与编修《明史》《大清会典》等多部著作。虽然一生为仕途奔波，但从未忘记复兴教育事业。康熙二十六年（1687），辞去少詹事（教授皇太子允礽书法）职务，再次回到嵩阳书院讲学。康熙三十二年（1693），病卒，终年71岁。

耿介一生著述甚丰，有《孝经易知》《嵩阳书院志》《理学要旨》《中州道学编》《敬恕堂存稿》《弃余文草》《松风草阁诗》等。

嵩阳书院和应天府书院、岳麓书院、白鹿洞书院并称为中国四大书院，其可谓是汲嵩山之毓秀，纳峻极之灵气。从后周显德二年（955）建成后的繁盛蕃昌，到明末的残陇草败，又至清朝人文蔚起，嵩阳书院历经沧桑。而它之所以能在今天仍以其雅致不俗的人文气质滋润养育着中原大地，有一个人功不可没。他，就是清朝儒士耿介。

年少立鸿鹄之志

耿介，原名冲璧，1622年出生于河南登封，从小就喜欢读书。10岁时，冲璧怀着激动的心情跟随家人来到历史上声名远扬的嵩阳书院，想要瞻仰书中记载的范仲淹、司马光、程颢、程颐、朱熹等儒学大师在此讲授儒家经典时的盛况。然而，当他真正站到这里时，嵩阳书院只有一片萧条。

这般衰败的景象令他深受触动。原来，嵩阳书院在明末战乱中被破坏，再也没有昔日名儒名士聚集讲学的风光。眼见文坛圣地变成如此模样，内心悲痛不已的冲璧暗下决心，一定要复兴嵩阳书院。回家后，冲璧一头扎进经史典籍中，不断汲取儒家经典的精神养料使自己成长。

此后，冲璧时常独自一人来到破败的嵩阳书院，似乎看到了槐树下程颐、程颢两位先生讲学的模样，似乎看到了莘莘学子在探讨文章……复兴嵩阳书院已经成为他心中的启明灯。

在对儒门文教遗风的追随中，冲璧也在不断锤炼品格，寻找人生的方向。当读到孔稚珪先生的《北山移文》时，他被文中所写"以耿介拔俗之标，萧洒出尘之想，度白雪以方洁，干青云而直上"的风度气概所浸染，果断改名为"耿介"，以此表明自己的志向。

1639年，登封遭遇旱、蝗双重灾害，民生困苦，很多学堂也关了门。这时，17岁的耿介跟随先贤之路，自己开私塾，教授了一批家乡学子，希望能振兴地方教育。一时之间，八方学子闻讯而来，登封县学风大振。

然而，当了老师之后，耿介越来越觉得自己"才疏学浅"，他担忧自己学问浅薄会误人子弟，于是决定前往洛阳读书深造，顺便也开启自己的应试科举之路。从24岁到30岁，耿介一路苦读，相继考上了贡生、举人、进士，被授予翰林院庶吉士、翰林院检讨等职，参与编修《明史》《大清会典》等著作。仕途的成功并未阻止他探寻知识的脚步。正是这种孜孜不倦的求学品格，一步一步促使耿介成为人们敬仰的嵩阳书院的院长。

1655年，耿介被封为福建巡海道按察副使，之后屡有变迁。从福建、江西到河南，耿介去了很多地方，所任地方皆境平民安，被百姓称道。但随着年纪增长，他越来越疲于官场上的往来应付，一心想着嵩阳书院，上书请求回归故里。

至此，耿介的年少之志终于有了新的开始。

兴复嵩阳书院大业

1667年，耿介来到大梁书院[①]和嵩阳书院讲学，颇受学生们尊重，被称为"嵩阳先生"。1674年，登封知县叶封被调走，耿介继承他重建嵩阳书院的大业，开始主持修建嵩阳书院诸贤祠，并将崇福宫内的宋代先贤牌位搬入其中。两年后，他又带头向书院捐了300多亩地，省、府、县的官员和县内外的士绅见此，也一同向书院捐了1500多亩地。嵩山书院的

[①] 大梁书院，又名丽泽书院，原址在河南开封。明天顺五年（1461），河南提学副使刘昌创建于原蔡河北岸。

规模一下子大了很多，也为四方学子提供了充足的物质条件。

修建好嵩阳书院后，耿介自任院长，一边继续修筑房舍、扩建书院、制定校规，一边对外聘请名师。"非籍同人切磋砥砺之益，恐不能相与有成"，因此，除自己讲学外，耿介还延请各地学者前来讲学。例如河南一带的知名学者窦克勤、李来章、冉觐祖，还有河南府知府汪楫，中州督学使者吴子云、林尧英。除此之外，他还邀请持不同学术观点的学者张沐讲学，相互争辩，求证学术。

耿介在一首诗中描述了他们共同探讨学问的情景："有时坐川上，清风披绿筠。有时到叠石，幽壑郁长林。谈道而讲德，荏苒经十旬。"如此清雅繁盛之景，颇有古贤遗风。

为了延续书院的"会讲"制，耿介取儒家先贤曾子所说"以文会友，以友辅仁"中的"辅仁"二字，订立"辅仁会约"，规定每月初三和十八，要在嵩阳书院相会探讨，会讲时来人不用请柬，只需要遵守时间，在早晨聚齐，按照序列排坐在一起就可以交流学术。这种开放门户、延请师儒的做法，使学院里的学生开阔了视野、增长了知识。对于当时嵩阳书院的兴盛之景，很多史料都有描绘。例如《耿嵩阳先生传》中的"抚军学使者往往亲临其地，四方闻风慕义之士接踵而来，弦诵之声响彻山谷，书院由是大盛"，再如郭文华《嵩阳书院程朱祠记》中的"以故来学者日益众，书院日益显，而程朱之学日益昌"。嵩阳书院也因此名声大振，吸引了全国各地无数学子到此求学，中州一带呈现出文风昌盛、教学复兴的景象。

在耿介主持嵩阳书院期间，中原之地的文化辐射四方，为社会培养了不少人才。同时，也有很多文人士族和官员效仿耿介，创建、复兴当地书院，为教育事业做出极大贡献。比如康熙二十九年（1690），窦克勤创建朱阳书院；康熙三十年（1691），南阳知府朱璘建立南阳书院，后来朱璘又回到家乡复兴主持紫云书院。

从10岁见到一派衰败的嵩阳书院，到52岁真正投身复兴书院的事业，耿介足足走了40

年。这40年，他沉迷经籍积蓄力量，投身官场蕴养资历，然后毅然决然地回到嵩阳书院，兢兢业业发展嵩阳书院的教育事业，最终成为最强追梦人，为后世敬仰。1693年，耿介病卒，终年71岁。

不得不说，耿介的一生正如他的名字，以耿介拔俗之标，潇洒出尘之想，度白雪以方洁，干青云而直上。他当过学生，也当过老师，是书生，也是官员。在无数人被欲望蒙蔽的时候，他清清白白地站在梦想之上，不沉迷权势，不去争利，反而毅然回乡，为教育忙碌了一生。正如他诗中所言，"人生恰似笔一支，善谋良管驾颜色"，耿介用他这支笔，在承载先贤遗风、教书育人的人生中书写了浓墨重彩的一章。

他是真正的教育家！

历史链接

耿嵩阳先生邀同刘子维郭渭石耿孝标游龙潭

窦克勤

携手中林去，潭看第几重。
悬崖流日影，飞瀑润嵩峰。
雷雨时交至，烟霞忽半封。
山中多变化，疑是护潜龙。

关联遗产地

▶ 嵩阳书院

经历过宋代讲学的热潮，嵩阳书院在金、元至明代中期逐渐转入低谷，甚至在明代时，政府为了发展官学，四次禁毁书院。后来受战火破坏，嵩阳书院基本被损毁，成为一片废墟。

清朝康熙年间，在知县叶封和名儒耿介的主持下，新的嵩阳书院拔地而起，因此院内的建筑布局都是清代的建筑布局。耿介还遵循孔子杏坛讲学的旧事，在书院种植了一株杏树，给它修建了树坛，郁郁葱葱十分繁茂。目前，嵩阳书院有500多间殿堂廊房，一共占地10000多平方米，有先圣殿、讲堂、道统祠、藏书楼、程朱祠、丽泽堂、博约斋、碑廊等。

图源：郑州市华象历史文化传播研究院 摄

杏坛讲学之地

名人交流会

思想者沙龙

许由
大家好,今天我们来谈谈怎么更好地写诗吧。

潘岳
我最近在思考如何将平凡的生活场景与诗歌结合,创作出更富有情感的作品。

许由
就像是做菜一样,用独特的调味品才能搭配出美味佳肴。

潘岳
先生说得有趣,如果将写诗当作烹饪,那么各种情感和辞藻就是香料,要好好配合才能烹调出一碟美味的诗作。

杜甫
对!对!还得像认识食材一样,积累丰富的生活经验和广博的文学知识,勇于探索新的表现方式和主题,才能不断进步。

白居易

创作诗歌需要有一颗敏感的心,这样才可以捕捉到生活中的细节,从而赋予诗歌更深的内涵。

李商隐

我同意。对我来说,写诗就像是在玩解谜,时而悬念迭起,时而情感波澜,将生活中的谜团用诗歌的形式展现出来,最有趣了。

刘禹锡

我认为啊,写诗不仅味道要好,颜色也要好。近来,我在琢磨如何利用富有节奏感的词语和句式,创作出更具韵律美的诗篇。掌握好词汇和音律的搭配,朗朗上口,写出来的诗篇定然更出彩。

欧阳修

我认为诗歌需要有一种跳脱常规的创意,让读者在诗的世界里感受到意想不到的惊喜。写诗就像是打游戏,要有创意和冒险精神,每一次创作都是一场冒险之旅。

欧阳修

还得像是织布工,精心编织每一个词语,使其交织成一幅美丽的文学画卷。

许衡

总之,写诗需要有灵感、技巧和创意的结合,也需要不断地反思和修正,需要综合技能。

耿介

其实我认为写诗更像是在与自己的内心对话,深沉的情感和思考才能写出触动人心的诗作。

程颐

正是如此,写诗是一种审视生活、思考人生的过程,如果没有足够的耐心和坚持,怎么能持之以恒地创作下去呢?

程颢

是的,写诗是一种对内心深处情感和思想的表达,需要持续地探索和发现,才能丰富创作。

许由

大家说得都太好了!今天又是受益匪浅的一天!要想当好文学大厨,不仅要有独特的烹饪秘方,还要有热爱厨艺的进取心,这样才能创造出更多的文学美味。

阅读树

- 《琵琶行》
- 《无题》
- 《陋室铭》
- 《长恨歌》
- 《卖油翁》
- 《竹枝词二首·其一》
- 《不吃无主梨》
- 《卖炭翁》
- 《浪淘沙·九曲黄河万里沙》
- 《醉翁亭记》
- 《望洞庭》
- 《夜雨寄北》
- 《观刈麦》
- 《赋得古原草送别》
- 《世说新语·容止》
- 《酬乐天扬州初逢席上见赠》

课本链接

跟着历史名人读郑州·文艺青年篇

- 《河南历史文化博览》
- 《傲骨铮铮——刘禹锡》
- 《跟着唐诗去旅行》
- 《跟着书本去旅行》
- 《河之南》
- 《杜甫：中国最伟大的诗人》
- 《千古风流人物》

纪录片

阅读树

《半小时漫画唐诗》

《半小时漫画宋词》

《唐诗背后那些有趣的灵魂》

《宋词背后那些有趣的灵魂》

《唐才子传》

《中华典故》

《全唐诗》　《旧唐书》

课外读物

107

附录　课本中的郑州历史名人

课本中的郑州历史名人			
人物	科目	年级	内容
黄帝	历史	七年级	《中华文明起源·远古的传说》
禹	语文	二年级	《大禹治水》
禹	历史	七年级	《中华文明起源·远古的传说》《夏商西周王朝的更替》
商汤	历史	七年级	《夏商西周王朝的更替》
郑氏三公	历史	七年级	《动荡变化中的春秋时期》
烛之武	语文	高中	《烛之武退秦师》
列子	语文	六年级	《两小儿辩日》（《列子》）
列子	语文	七年级	《杞人忧天》（《列子》）
列子	语文	八年级	《愚公移山》（《列子·汤问》）
韩非	历史	七年级	《百家争鸣》

（续表）

人物	科目	年级	内容
陈胜	历史	七年级	《秦末农民大起义》
张良	语文	高中	《鸿门宴》
嵇含	科学	一年级	《我们认识的植物》
		六年级	《生物的多样性》
杜甫	语文	二年级	《绝句》
		五年级	《闻官军收河南河北》
		六年级	《春夜喜雨》
		七年级	《江南逢李龟年》《望岳》
		八年级	《春望》《石壕吏》《茅屋为秋风所破歌》
		九年级	《月夜忆舍弟》
	历史	七年级	《隋唐时期的科技与文化》
刘禹锡	语文	三年级	《望洞庭》
		七年级	《秋词（其一）》《陋室铭》
		九年级	《酬乐天扬州初逢席上见赠》

（续表）

人物	科目	年级	内容
白居易	语文	一年级	《池上》
		二年级	《赋得古原草送别》（节选）
		三年级	《忆江南》
		八年级	《钱塘湖春行》《卖炭翁》
	历史	七年级	《隋唐时期的科技与文化》
李商隐	语文	四年级	《嫦娥》
		七年级	《夜雨寄北》《贾生》
		九年级	《无题》
北宋九帝	历史	七年级	《北宋的政治》
欧阳修	语文	七年级	《卖油翁》
		八年级	《采桑子》
		九年级	《醉翁亭记》
"二程"（程颢、程颐）	历史	高中	《辽宋夏金元的经济、社会与文化》

跟着历史名人读郑州

名家政治篇

郑州商代都城遗址博物院　郑州嵩山文明研究院
郑州市华象历史文化传播研究院　◎编著

文心出版社
·郑州·

图书在版编目（CIP）数据

　　跟着历史名人读郑州·政治名家篇 / 郑州商代都城遗址博物院，郑州嵩山文明研究院，郑州市华象历史文化传播研究院编著． -- 郑州：文心出版社，2025.3
　　ISBN 978-7-5510-3114-1
　　I．K820.861.1；K928.726.11
　　中国国家版本馆 CIP 数据核字第 2024JU9708 号

编委名单

主　　编　郭　磊
副 主 编　张建华　张贺君　屈紫阳
编委名单　汪　翔　李泓燕　黄黎明　金彩玉　沈　倩
　　　　　　柴小雨　张思若　胡　晶　范雨琪　赵　雅
　　　　　　朱佳佳　任付立　赵　莹　闫子涵　杨　周
　　　　　　刘锡嘉　张亚杰　马　欣　李雅楠　盖　珊
　　　　　　张　鑫　南宫梦洁

| 黄帝 | 许由 | 禹 | 商汤 | 郑桓公 | 郑武公 |

| 传说 | 夏 | 商 | 西周 |

| 永泰公主 | 菩提达摩 | 寇谦之 | 嵇含 | 潘岳 |

魏晋南北朝时期

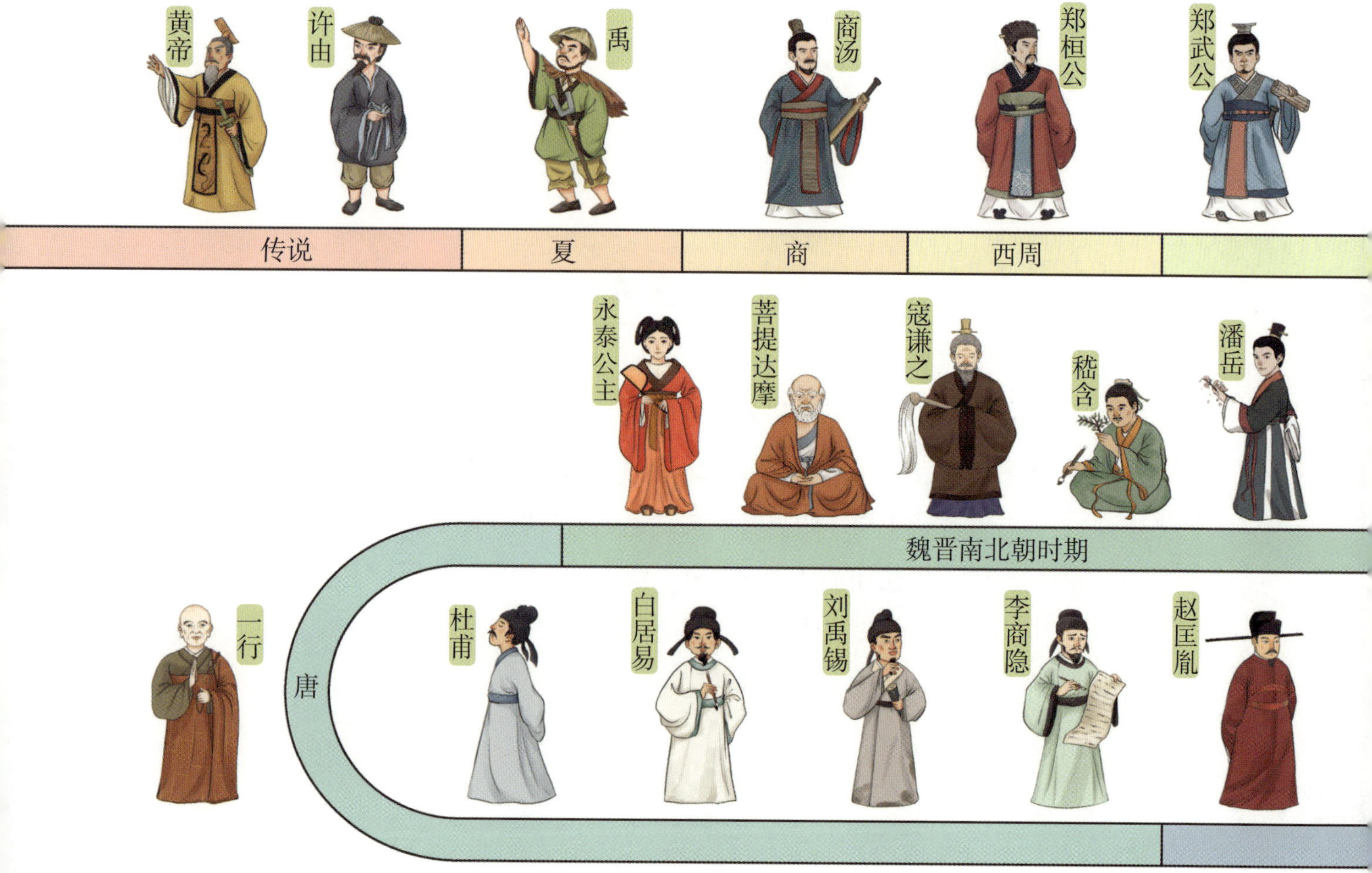

| 一行 | 唐 | 杜甫 | 白居易 | 刘禹锡 | 李商隐 | 赵匡胤 |

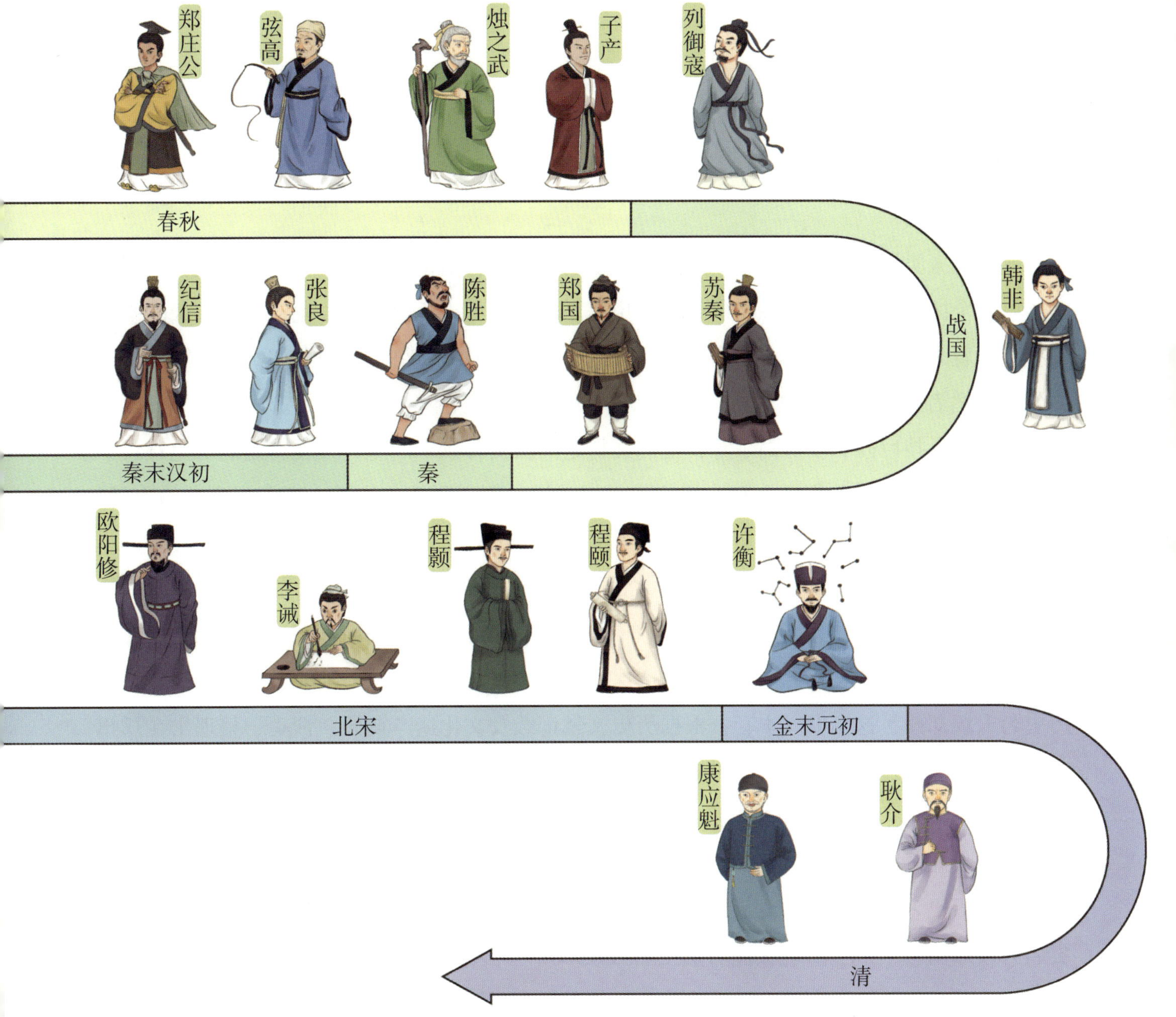

春秋：郑庄公　弦高　烛之武　子产　列御寇

战国：韩非　苏秦　郑国　陈胜　张良　纪信

秦末汉初　秦

北宋：欧阳修　李诫　程颢　程颐　许衡

金末元初

清：康应魁　耿介

前 言

　　文化是人类历史实践过程中所创造的物质财富与精神财富的总和。可以说，文化是一个民族、一个区域、一个时代独特的符号，也是滋养人们精神长流不息、生命欣欣向荣的基础养料。随着时间的流转，文化逐渐内化为人们灵魂深处坚不可摧的思想根基。历史的引路人、文化的传播者被称为"历史名人"，包括人文始祖、皇帝王侯、政治巨擘、民族英雄，以及文化巨人、科技巨匠、岐黄高手等，他们在特定的历史背景下产生，又在特定的历史背景下升华为时代的记忆。他们留下精彩绝伦的思想学说、创意巨作，给予人们源源不断的力量。与这些历史名人相关的遗迹、文化景观成为宝贵的文化资源，在历史的长河中滋养后世。

　　历史文化名城——郑州，地处黄河之滨，位居"天地之中"，是五千多年中华文明的核心区域。郑州作为历史古都、文化名城和著名商埠，在发展进程中涌现出了很多历史名人。为传承中华优秀传统文化，加强文化遗产保护利用，坚定文化自信，我们精心编撰了《跟着历史名人读郑州》这套书。本套书根据历史文献记载及文化遗产调研，搜集、整理出在郑州重大历史节点有过重要影响，或对郑州历史文化有过开创性贡献的本籍、过化或归葬郑州的历史名人，串联其生平故事、文章巨著、历史贡献和相关遗迹，反映郑州名人文化的基础概貌，让郑州名人先贤的历史文脉世代相传，展示郑州人文魅力，提升城市影响力，让读者了解郑州地区的历史名人文化资源现状，感受郑州历史风貌。本套书共分为三册，分别是《跟着历史名人读郑州·政治名家篇》《跟着历史名人读郑州·文艺青年篇》《跟着历史名人读郑州·行

业玩家篇》。本册《跟着历史名人读郑州·政治名家篇》选择了 13 位郑州历史名人，书中的大部分故事来自"二十五史"等正史。

受到史料缺失、人口流动等因素的影响，有些历史名人的地域归属存在争议。如"诗圣"杜甫，出生于河南巩义，后来辗转西安、成都、长沙等地，这些地方都建有纪念杜甫的场所，他同时被称为郑州名人、成都名人、长沙名人。因此，我们暂将郑州籍、生于郑州，非郑州籍但长时间生活在郑州或长眠于郑州的有重大影响的人都归于"郑州历史名人"，以通过这些名人全面地了解郑州地域的文化特征及文化底蕴。

作为青少年读物，本套书以浅白晓畅、通俗易懂的叙述方式，以人物生平经历为线索，用人物小传的形式表现名人与郑州密切相关的部分人生，并以此为线索，介绍相关的遗址、遗迹和纪念场所。另外，本套书还以古今结合的视角，表述人物及其事件在中华文明进程中的重要作用，深入挖掘、阐发这些人物身上所体现出来的精神内涵的时代价值。同时，为了形象、直观、全面地展现历史名人的风貌，本套书还插入了大量图片。这些图片与通俗生动的文字互为补充，相得益彰，以期给读者带去愉悦的视觉享受和广阔的想象空间。

我们希望能有更多的人通过本套书了解郑州、认识郑州、爱上郑州，共同为郑州建设国家中心城市、打造华夏历史文明传承创新中心贡献力量。

编者

2025 年 3 月

治世能臣

090 烛之武 弦高 被低估的『小人物』

099 子产 反乌托邦式的革新典范

110 苏秦 六国相印佩于一身的超级政治家

120 张良 运筹帷幄之中，决胜千里之外

131 纪信 火烧龙车里的殉国英雄

144 附录 课本中的郑州历史名人

目 录

政治领袖

002 黄帝　是人文始祖，也是大发明家

020 禹　中华第一水利工程师

034 商汤　打破王朝永定的革命者

047 郑氏三公　天下霸业徐徐图之

062 陈胜　中国农民起义的伟大先驱

072 赵匡胤　杯酒释兵权的传奇缔造者

政治领袖

中华文明绵延五千余载,滋生并养育了世界上唯一一个历史没有出现断层的文明,而中华文明的发轫点之一就在河南郑州。

郑州曾涌现出许多虚怀若谷、雄才大略的政治领袖,其中有传说中的帝王黄帝,有依靠治水功绩名垂千古的英雄禹,有为国为民的商朝开国君主商汤,还有留下很多传说的郑国三代君主"郑氏三公"(郑桓公、郑武公和郑庄公),掀起农民起义狂潮的陈胜,富有传奇色彩的赵匡胤……他们或为一国之君,或为起义领袖,皆身先士卒,率马以骥,以可歌可泣的事迹为人类文明指明前进的方向,以昂扬不息的精神引领着时人披荆斩棘,一路向前!

在这一部分,我们将穿越时空,跟随这些卓越的政治领袖行走于郑州这片古老的土地,通过深入的研究和生动的叙述,还原他们的生平事迹,展现他们对政治演变的影响,领略古代中国政治的精彩面貌。

黄帝

是人文始祖，也是大发明家

名人档案

姓　　名：	公孙轩辕
出 生 地：	新郑
时　　代：	远古时代
称　　号：	人文初祖
身　　份：	有熊部落首领
时代名人：	炎帝、蚩尤
特　　长：	医药、手工、打仗、种地、治理天下

基本概况

黄帝是中国神话体系中的五帝之首，由于年代久远，又无明确可考的历史文献资料记载，其真实的生平事迹早已不得而知，如今文献记载和民间流传下来的有关他的故事大多是一些带有神话性质的传说。

据说，黄帝播百谷草木，制衣冠、建舟车、制音律，大力发展生产，带动臣民进行发明创造，还与岐伯一起讨论病理，其医学理论由后世托名黄帝著成《黄帝内经》。最后黄帝乘龙登天，成为中央天帝。

"岁在癸卯，三月初三，具茨山①下，溱洧②（zhēn wěi）河畔，有颂齐鸣……望嵩岳之崔嵬兮，颂吾祖之荣光。沐雨露之宏润兮，思恩泽之泱泱……"③深沉的吟诵声伴随着温和沁人的檀香在空中飘荡，很快弥漫于轩辕之地。灰白的香烬后，是一缕缕恭敬虔诚的热望。

拜中华始祖，祭轩辕黄帝，是世界瞩目的一道风景线，更是中华儿女于血脉中绵延几千年的根亲之情。中国人对炎黄二帝的崇拜，早在遥远的新石器时期就流传于黄河沿岸。

炎黄结盟

传说的开始，源于一颗星星的坠落。

那日夜晚，星光漫天。一位叫作附宝④的女子缓步行走在虫鸣风声里，目之所及，触之所感，都让她由内而外地感到丰盈和愉悦。她感念上天赐予人们如此美好的事物，更感激上天赐予人们能感触这些美好事物的思想。就在她沉醉在大自然的风景之中时，一道闪电突然从远方袭来，迅如银蛇，囚住天上明亮的北斗枢星。附宝看见这个画面，吓得走不了路，正当她准备呼喊部落里的其他人时，那颗星猝然坠落，降到了她身上。

附宝吓呆了，她没想到，和华胥氏踩着巨人的足迹受孕生下伏羲、少典的正妃女登感神龙而孕生下炎帝一样，她的肚子里也悄无声息地孕育着一个小生命。经过足足24个月的

---

①具茨山现在名为始祖山，位于新郑市区西南15公里处的辛店镇。
②溱洧，指溱水与洧水，古河流名，在今河南省。
③2023年新郑黄帝故里拜祖大典拜祖文。
④附宝为黄帝的母亲，有蟜氏之女。

辛劳养育，附宝生下了一个相貌奇特的男孩儿，因为出生地为轩辕谷①，所以附宝夫妇给他取名为轩辕。轩辕长着高耸宽大的额头和平正而长的眼睛，额头上有一块高高隆起的骨头，看起来好像龙角一样。更奇怪的是，轩辕的头可以随意转动，不仅能随时随地眼观四面，还能耳听八方，获取附近所有信息。司马迁在《史记》中说轩辕"生而神灵，弱而能言，幼而徇齐，长而敦敏，成而聪明"，意思是轩辕出生几个月就能说话，等长到七八岁，就有了大人风度，十二三岁就有大智慧，跟普通人完全不一样。种种迹象表明，轩辕绝不是一位普通人。

附宝夫妇十分喜爱这个奇异的孩子，在生活中非常尊重他，并给他提供了很多支持。当长大后的轩辕提出想独自一人外出游历时，附宝和少典并没有阻拦。

就这样，无论冬夏，日生日落，轩辕一直奔涉在田间大川。他不仅记录各部落的文化和生活习惯，还四处寻访有益于人们的农作物和药草。每每遇到不熟悉的药物，他都亲自品尝，因此吃了很多毒果子和毒草，有好几次都差一点儿死掉。但他毫不在乎，只要对部族有好处，他都奋不顾身，无畏无惧。有熊部落的人看到了轩辕的大义，看到了轩辕的贡献，都很信服他、敬仰他。

当时的天下共主神农氏处于执政中后期，势力式微，各大部落的首领撕开和平友善的外衣，经常因为争地盘打仗。轩辕所在的有熊部落，定居在姬水②一带。这里水土丰茂、资源丰富，相对来说比较富庶。因此，很多部落都盯着这里，经常偷袭和攻打有熊部落。接连不

---

① 《水经注·渭水》记载："黄帝生于天水，在上邽城东七十里轩辕谷。"
② 《国语·晋语四》记载："黄帝以姬水成，炎帝以姜水成；成而异德，故黄帝为姬，炎帝为姜。二帝用师以相济也，异德之故也。"

断的战乱使得有熊部落的百姓叫苦连天,他们迫切地需要一位学识丰富、对人和善、处事公平的人带领他们捍卫自己的权益。于是,轩辕在二十二岁的时候被拥立为部落首领,用肩扛起了部落族人的安危和未来。

成为首领后,轩辕的第一个难题源于他同父异母的哥哥——姜姓部落的首领炎帝①。当时,土地和水等资源对人们来说尤为重要,有熊部落和姜姓部落相邻,生活需要的资源大部分共用,而这些资源的归属问题成为他们最大的矛盾。不久,炎帝和轩辕就在阪泉②打了起来。

炎帝趁轩辕毫无防范,先发制人,以火围攻。战场上顿时浓烟滚滚,遮天蔽日。有熊部落的大臣用水扑灭火焰,将炎帝赶回河谷中。在河谷内,轩辕竖起七面大旗,摆开星斗七旗战法。炎帝火战失利,面对星斗七旗战法无计可施,自知已无力支撑全局,就宣布归顺轩辕。阪泉一战,轩辕收编了炎帝的部落。

后来,炎帝率领军队按约定时间渡过黄河,归顺有熊部落。轩辕知道消息后,立即乘车出都城,到黄河南岸迎接炎帝,态度十分恭谨和善,两人的兄弟情谊被后世传颂。如今,黄河南岸的郑州黄河风景名胜区内,立有总高达100余米的炎黄二帝塑像。当地人传说,这里就是炎黄二帝结盟的地方,但尚无确凿史料佐证。

炎黄两大部落的融合,象征着中华民族的雏形已成。

---

①姜姓部落的首领由于懂得用火而得到王位,所以被称为炎帝。
②阪泉所在地历来存疑,主要有三说:一说在山西省阳曲县东北,旧名汉山;二说在今河北省涿鹿县东南;三说在今山西省运城市南。

政治领袖

图源：张世平 摄

炎黄二帝塑像

平定蚩尤

经过一番征战,炎黄部落越来越壮大,天下开始出现大一统的形势,但南方的蚩尤部落是炎黄部落一直解决不掉的头号难题。

蚩尤部落居于东方海边,不仅凶狠强悍,还装备了稀有的金属盔甲,经常仗着武力强大劫掠其他部落,炎黄部落也经常遭受他们的袭击。炎帝虽带领族人与蚩尤部落交战多次,但屡战屡败,损失惨重。

后来,轩辕亲率部族与蚩尤部落展开斗争。两个部落打得天昏地暗、日月无光,交战九次,九次都以轩辕部落战败告终。频发的战乱严重影响了炎黄部落百姓们的生活,轩辕十分愧疚。为了解决大家的温饱问题,轩辕在继承神农氏农业生产经验的基础上,日夜观察日月运行的规律,研究春夏秋冬的节气变化,最终总结出一些天气规律,指导百姓们在合适的时机种植各类作物[1],保障了百姓们的粮食安全。

炎黄部落与蚩尤部落的终极大战在涿鹿[2]展开。轩辕命人制作战车,设局布阵,还请了天上的神仙风伯和雨师协助。一时间狂风大作、雷雨交加,蚩尤部落无法抵抗,被炎黄部落打得如同落汤鸡。

涿鹿之战后,中原各个部落领略了炎黄部落的实力,纷纷称臣,并推举轩辕取代神农氏,成为新的天下共主,轩辕也因此成为一统天下的人文初祖。

---

[1]《史记·五帝本纪》记载:"轩辕乃修德振兵:治五气,艺五种,抚万民,度四方,教熊罴貔貅䝙虎,以与炎帝战于阪泉之野。"
[2] 涿鹿之战距今大约4 700年,交战地点位于今河北涿鹿县、怀来县交界区域。

天下安定后，轩辕带领群臣登泰山，举行封禅大典。在轩辕告祭天地时，天上云端突然出现了许多条土黄色的蛟龙，腾飞翻转，气势十分壮观。各个部落的首领看到此景，都认为这是一种祥瑞。又因为这些龙都是土黄色，所以天下百姓尊称轩辕为"黄帝"[1]。

---

[1]《史记》记载："有土德之瑞，故号曰黄帝。"

至此，黄帝完成了统一中华的不朽伟业，部落的势力范围从有熊变为天下。

为了团结各个部落，黄帝放弃了有熊部落旧有的熊图腾，采集各部落的图腾特征组成了一个新图腾——由狮头、鹿角、蛇身、鱼鳞、鹰爪、鱼尾组成的龙。从此，龙就成为中华民族世代敬仰的始祖图腾。几千年来，中国人始终把龙作为自己的象征，自称为"龙的传人"。

发明创造

统一各个部落之后，黄帝率领部族荣归故里，定都有熊（今新郑市）。

各部落之间不再发生征战，在黄帝的带领下，人民安居乐业。黄帝建立起一整套适合部落联盟的管理制度，并根据需求设立了各项官职，从各地推选人才，选贤任能。除此之外，他还制定了明确的典章制度，确保所有政令都能有条不紊地运行。

另外，黄帝还带领民众制作劳作工具、驯养畜禽、缝制衣服、兴建宫室，开发利用石、金、玉等矿石。无论是在农耕方面，还是在文化艺术方面，人们都有了长足的进步。

黄帝手下有一批才臣巧将，他们的发明创造在中华文明发展的进程中起了重大作用。宰相风后创造了八阵图，制作指南车；大将力牧发明车轮；常先发明了战鼓，还发明了很多打猎的工具。

在黄帝的要求下，史官仓颉把流传于先民中的文字加以搜集、整理，并仔细观察各种事物的特征，譬如日、月、星、云、山、河、湖、海，以及各种飞禽走兽、应用器物，按其特征画出图形，造出许多象形字，被后人尊为"造字圣人"。传说，黄帝还命令大挠氏制定天干地支，计算年月日，从此中国有了年月日的计算方式，后世称其为"黄帝历"。

黄帝与医学家岐伯讨论医学中的问题，其讨论内容被后人整理为传世名著《黄帝内经》，以黄帝问、岐伯答的形式阐述医学理论。后人感念岐伯在医学方面的贡献，将他的名字放在黄帝的名字前面，称中医之术为"岐黄之术"。

在传说中，黄帝的四个妃子也都是大发明家：元妃嫘祖探索出种桑树养蚕的方法；次妃嫫（mó）母发明了缫丝、织布技术；彤鱼氏发明了烹饪调味，还改进了陶器炊具；方雷氏发明了梳子。

黄帝和其后妃、大臣发明创造的器具，极大地影响了当时和后来人们的生产生活，帮助人们告别了茹毛饮血的生活。

后世认为中华文明始自黄帝时期，黄帝也被后世尊为人文始祖，同时，对于美好生活的追求深深刻入勤劳、智慧又勇敢的中华民族的基因中。后世将黄帝诞辰附会于农历三月初三（上巳节），拜轩辕的习俗流传至今。

统一天下，肇造文明，惜民爱物，无畏艰辛，开启中华文明初始篇章的黄帝，是凝聚亿万华人力量的精神密码。

如今，在新郑黄帝故里举办的拜祖大典引得无数海内外华人归来寻根，他们在这里找到了人生和精神的归处。正如2023年黄帝故里拜祖大典中的拜祖文所说："生民尔瞻以奋发兮，国运高扬！"

图源：郑州市文物局

黄帝拜祖大典现场图

历史典故

▶ 黄帝战蚩尤

传说，在远古时代，东夷部落首领蚩尤抢占了炎帝部落居住的九隅，炎帝向黄帝求援，黄帝率军与炎帝会合共同对抗蚩尤。经历九战九败后，黄帝寻求九天玄女、风后、力牧、应龙和自己的小女儿女魃的帮助，最终在涿鹿决战中打败蚩尤。

▶ 黄帝传经

黄帝在崆峒山上修道时常与精通医术的岐伯论医，帮助岐伯著成《黄帝内经》。后世为了纪念黄帝在医药学上的贡献，在"岐"之后加上"黄"字，称医药之术为"岐黄之术"。

历史链接

《史记·五帝本纪》记载："轩辕之时，神农氏世衰，诸侯相侵伐，暴虐百姓，而神农氏弗能征。于是轩辕乃习用干戈，以征不享，诸侯咸来宾从……炎帝欲侵陵诸侯，诸侯咸归轩辕。轩辕乃修德振兵：治五气，艺五种，抚万民，度四方，教熊罴貔貅䝙虎，以与炎帝战于阪泉之野。三战然后得其志。"

关联遗产地

▶ 黄河风景名胜区——炎黄广场

黄河风景名胜区位于河南省郑州市，又被称为郑州黄河水利风景区，是一个风景优美的国家AAAA级旅游景区，至今建成了五龙峰、岳山寺、骆驼岭、炎黄二帝雕塑、星海湖等五大景区40多个景点，开放面积达20多平方千米。

炎黄二帝雕塑依山而建，坐南朝北，以山为体，以82米高的向阳山作为像身，再在山顶塑造18米高的头像，总高达到106米。雕塑面对黄河，气势恢宏。巨大的雕塑前是一个开阔的广场，中间建筑为祭坛，祭坛至塑像的轴线上建有长200米的神道，两侧各列四座铸铜大鼎，连同山前一座大鼎，共九鼎，寓意九州四方江山永固。广场东西两端摆放大型编钟、铜鼓各一个。黄河风景名胜区的建造历时20年，于2007年建成。

五龙峰景区位于黄河风景名胜区的中心地带，五道逶迤的山岭像五条巨龙拱卫黄河。在景区山麓平台梅花池中央，坐落着用汉白玉雕刻而成的"黄河母亲"哺育婴儿的塑像。母亲神情端庄贤惠，怀中抱有婴儿，形象生动地展现了黄河与中华民族的血肉联系和母爱亲情。此外，景区内还分布着邙山提灌站、极目阁、依山亭、畅怀亭、开襟亭、引鹭轩、黄河儿女塑像等景点，其中极目阁是登高观赏黄河的最佳去处。

岳山寺的主要游览点有紫金阁、铁索桥、牡丹园、月季园、植物园等，紫金阁分三层，高33米。每逢节日，紫金阁顶的一口洪钟应和着黄河的波涛发出浑厚的声响，声闻数里。在岳山寺的悬崖峭壁之间架有一座铁索桥，桥长40米，地势险峻，令人叹为观止。

值得一提的是，景区内建有郑州黄河国家地质博物馆，它是一座以黄土窑洞为主要厅

政治领袖

图源：张世平 摄

炎黄广场

室，集科普教育、科学研究、标本收藏、观赏娱乐于一体的综合性地质博物馆。馆内利用声、光、电等高科技展示了黄河、黄土的地质地貌、历史变迁及民俗文化。

1952年10月，伟大领袖毛主席视察黄河，信步登上小顶山，坐在土坎上凝神良久，发出了"要把黄河的事情办好"的伟大号召。如今，人们在毛主席当时登山途经的一所农家小院建起了"光荣洞"；在小顶山上也建起了毛主席视察黄河的大型纪念铜像，供人们观瞻缅怀。2019年9月，习近平主席来到郑州黄河风景名胜区，就黄河流域生态保护和治理进行调研。

郑州黄河风景名胜区如同一首壮丽而动人的交响乐，将大自然的恩赐与人类的智慧完美融合。在这里，人们可以尽情欣赏壮丽的山水风光，体验大自然的奇妙与无限魅力。人们畅游于此，犹如画中人，沉浸于这片美丽的土地，感受自然与人文的和谐交融。

▶ 黄帝宫

黄帝宫又名云岩宫，相传是当年黄帝指挥练兵、演练阵法的地方，被誉为"中华人文始祖圣地""天下第一宫"。

2008年3月14日，人们在对新密市黄帝宫景区进行植树绿化时，意外发掘出很多绳纹黑陶、蛋壳陶、鼎足等残片。经考察发现，这些出土的陶片属于龙山文化早期遗物，距今约有4 700年。此前，文物工作者也曾先后在黄帝宫内的三座古城址上发现了仰韶文化和龙山文化时期的遗物，为探源中华文明、研究中华人文始祖轩辕黄帝在中原的活动提供了实物和考古学依据。

黄帝宫是一处集山水、文化于一体的绝美景点。它以山为底蕴，以水为灵魂，傲然矗立在大地之上，优雅而宁静。大殿内香烟缭绕，祈祷声回荡，众多虔诚的游子在先祖黄帝面前祈祷平安与幸福。轩辕洞内，黄帝与风后的塑像静静地矗立着，一派静好。讲武场、祖师殿、议事亭、御园和嫘祖草堂层次分明，格外庄重。走出黄帝宫，湖泊清澈莹润，四周绿树成荫，鸟鸣啁啾，让人心情愉悦，不禁陶醉其中。这里作为人们朝圣拜祖、旅游度假的胜地，吸引了历代众多文人骚客前来游览。比如明代诗人张于阶写的赞美黄帝宫八阵的诗：

图源：郑州市文物局

黄帝宫

"徘徊风后阵，八面列高嵩。马走烟霞外，人行日月中。流泉寒小鹭，碛石引长虹。远望龙蛇蚰，图旋十二宫。"清代著名诗人钱青简亦留诗句颂之："战败蚩尤犒旅徒，云岩深涧葬兵符。千秋永罢干戈事，蔓草寒烟锁阵图。"在这里，人们不仅可以感受到建筑的神圣与庄严，更能领略到历史的厚重。游客款款而行，心灵逐渐平静。让我们从喧嚣的尘世中抽身，来这里，沉浸于自然与人文共生的安然之中。

▶ 黄帝故里景区

黄帝故里景区位于新郑市轩辕路北，景区面积达7万多平方米，从北至南分别为拜祖广场、故里祠、中华姓氏广场区，三个景点和"天、地、人"照应，突出了"中华民族之根"的主题。

漫步黄帝故里，拜祖广场宽阔，隔绝了尘嚣与纷扰，令人心旷神怡。每年的三月初三，各方人士齐聚于此，举办声势浩大的拜祖大典。百家姓方阵中的群众身着带有姓氏标志的服装，虔诚地向先祖黄帝致敬，将血脉相连、世代相传的情感传承下去。踏入故里祠，浓郁的历史氛围扑面而来。静静屹立的古朴建筑，仿佛把我们带回那个遥远的古代，与先祖的心灵相沟通。中华姓氏广场是为百姓而建的空间。刻有姓氏的石碑矗立其中，每一个石碑都展示着一个家族的辉煌历程。站在这里，我们能感受到中华民族的多元和伟大：每一个姓氏都是传承与发扬中华文明的载体，它们如同星星般点缀着我们伟大的民族家谱。

这是一片浸润在历史和文化中的土地，是我们心中最厚重的故乡。

图源：黄帝故里（微信公众号）

黄帝故里景区

禹

中华第一水利工程师

名人档案

姓　　名：	禹
出 生 地：	禹州
时　　代：	夏
称　　号：	治水英雄
身　　份：	夏后氏首领、夏朝开国君主
时代名人：	尧、鲧、舜
特　　长：	治理洪水、测绘、划分九州

基本概况

禹，姓姒，名文命，上古时期夏后氏首领，黄帝的玄孙、颛顼的后代。父亲叫作鲧，母亲是有莘氏之女修己。相传禹治理洪水有功，接受了帝舜禅让，以阳城为都城，建立了夏朝。他是夏朝的第一位君王，是上古时代与伏羲、黄帝比肩的贤圣帝王，历史上称他为大禹、夏禹、帝禹、神禹。

上古时期，领导中华先民的有三位贤君——尧、舜和禹，他们均以德服人。如果尧、舜是"文科智慧全书"，大禹则是理工科方面的泰斗。大禹是如何凭借高超的测量技术成为贤君的呢？或许我们能在登封王城岗一探究竟。

洪水芒芒，忧思难断

王城岗遗址是龙山时代（约公元前2500—前1900年）的文化城址，位于河南省登封市告成镇，是中华文明探源工程首批重点六大都邑之一。考古学家在发掘遗址的过程中，发现了一大一小两座城址。研究发现，大城是河南境内龙山文化晚期规模最大的城址，可能与禹都阳城有关，小城即史料所载的"鲧作城"。

在中国的传说故事中，鲧治水失败后，禹受命接替治水，由此开启了其圣贤之路。

传说尧在位时，一场大水忽然横扫天下。浊浪滔天，淹没了山丘，淹没了良田，水中漂浮着无数具尸首，百姓日夜处于恐慌之中。

尧帝[①]愁坏了，眼看治理多年的天下要被这一场洪水冲毁，这怎么行？他急忙发布求贤令，寻找治水贤臣。这时，四岳[②]推举鲧去治水，尧帝却并不满意，认为鲧以前违背过教化命令，毁败同族，难堪大任，四岳却表示找不到其他更合适的人了。由于事情紧急，尧帝只能放下成见，任命鲧去治水。

---

① 尧帝，又称唐尧，为传说中父系氏族社会后期部落联盟领袖。
② 四岳，分掌四方的部落首领或官名。

鲧接受治水大任之后，纵观全局，思考了很久，认为要想治水，就要堵塞河道，修筑堤坝。于是，他将泥土和石块推入水中堰塞（yàn sè）河道，希望可以阻挡洪水，但这些泥土、石块对凶猛的洪水来说毫无用处。他带人加固的堤坝，在洪水面前犹如螳臂当车，只要遇到奔袭而来的洪水，顷刻间就土崩瓦解。

治水工作毫无进展，百姓的悲鸣让鲧焦头烂额。他费尽心思修筑的堤坝遇到洪水就坍塌，这可怎么办呢？鲧想不出好的方法，只好哪里发洪水就堵哪里。但是这样根本不能根治洪水，浪费了很多人力和物力。没过多久，鲧就疲于应对，工作中出现了很多疏漏。

九年的时间过去了，鲧的治水工作却没有取得一点儿进展。这时，尧正在寻找能继承帝位的人，发现了贤能孝顺的舜[①]，就让舜代替他管理天下政事。舜受到任命，到全国各地巡回视察，在视察途中，舜看到鲧把治水工作做得一塌糊涂，就把他流放到羽山赎罪。

大禹治水，功盖九州

鲧走了，谁来治水呢？舜在重点考察了鲧的儿子禹的品德和能力之后，就让禹子承父业，继续治理洪水。

禹的治水理念完全不同于他的父亲，比起堵塞洪水，他更喜欢疏堵结合，也就是根据地形地势，因地制宜，顺势而为。在一些地方疏通堵塞的河道，导河入海；在一些地方筑堤建防，稳定河道，减少洪水泛滥。

[①] 舜，名重华，传说中父系氏族社会后期部落联盟领袖。

禹的做法完全颠覆了以往治水中只堵不疏的理念。禹是怎么知道哪些地方该疏导水，哪些地方该筑堤建防呢？他是怎么治理天下洪水的呢？这就不得不提及禹治水的宝藏工具了。

传说，禹在考察水况的时候，无意中获得了一部有关治水的宝书，但关于这部宝书的来历，有很多种说法。

传说，禹在一次治水考察途中进入一处岩洞，洞内漆黑一片，无法行走。正当禹疑惑无奈时，岩洞的尽头竟然出现了一头猪和一条黑狗，猪的嘴里噙着一颗夜明珠，夜明珠照亮了岩洞中的道路。禹便紧紧跟着那一头猪和一条黑狗向前走去，走了整整一天一夜才走出岩洞，这时天已经蒙蒙亮了。刚出岩洞，禹忽然发现那头猪和那条黑狗变成了穿黑衣服的人，旁边还出现了一个人首龙身的仙人——伏羲。伏羲赐予禹一张八卦图，让禹根据八卦图度量大地，治理水灾。

也有传说，禹手中治水的宝书是黄帝留下的。禹根据《黄帝中经》的指引来到衡山，寻找金简玉字的治水宝书，但从这座山翻到那座山，却始终一无所获。一天夜里，他走累了，就趴在地上睡着了，没想到在梦中竟遇到了一位自称是玄夷苍水使者的神人。神人对禹说："你想找到金简玉字的治水宝书，就要先到黄帝岩的山顶上，那里有一块磐石，你把磐石凿开，就可得到治水宝书。"禹醒来后非常高兴，就按照神人的指引登上了黄帝岩，凿开了山顶的磐石，得到了治水宝书。治水宝书指出，治理洪水的正确方法应该是疏堵结合，于是禹根据地形地势，该疏则疏，该堵则堵，果真制伏了洪水。

关于治水宝书，在郑州民间还流传着"河伯授图"的传说。相传有一位名叫冯夷的人，四处寻找可以让人成仙的宝物，他东奔西走，常常与黄河打交道。一日，冯夷在涉水过黄河

政治领袖

时,河水忽然上涨,他跌倒在河中,被河水淹死了。死后的冯夷对黄河满腔怨恨,便到天帝那里控诉黄河的罪状。天帝听闻黄河肆意妄为,到处横流撒野,祸害人间,也很恼火,便封冯夷为黄河水神,称为河伯,让他治理黄河。

河伯根据天帝的指示,跋山涉水,察看水情,绘制黄河水情图,寻求治水良方。等到河伯终于把水情图绘制明白时,却已年老体弱,无力治水了。自此,河伯便在黄河中安享晚年,等待着有缘人前来,再把河图交给他。一日,禹在黄河边观察水势,忽见一位人面鱼身、皮肤惨白的老人从水中探出身来,这位老人正是河伯。河伯赠送给禹一块椭圆形、有光泽的青色大石(一说为玉简),青石上有密密麻麻的纹路,曲折蜿蜒,组成了一幅复杂的图案。禹一眼便看出这是一张治水地图,将黄河哪里深、哪里浅,哪里易建堤、哪里易决口,哪里该挖、哪里该堵,哪里能阻断水、哪里可排洪,画得一清二楚。待禹正要表达谢意的时候,河伯却忽然潜入水中不见了踪影。禹根据这张地图疏通水道,治理黄河,大获成功。这张地图后来被称为《河图》。

治水宝书的由来虽然有浓郁的神话色彩,但也从侧面看出,禹正是在总结前人治水经验的基础上,根据地形地势,因地制宜,顺势而为,改变了以往治水只堵不疏的做法。禹在治水期间表现出了超人般的毅力与奉献精神。他节衣缩食,居住在简陋的居室,把资产都用于河川治理,从不假公济私。治水十三年间,禹亲自挥镐,不怕吃苦,排除千难万险,三次从家门前路过都未曾入家门一步,全心全意为天下苍生服务。

要知道,禹当初赶赴治水一线的时候才结婚三天。

《淮南子》记载,禹曾在今辕辕山(今河南登封境内)疏水开山。禹的妻子涂山氏来此处给正在劳作的禹送饭,恰好碰见禹变作一头熊,亲自开山搬石。涂山氏看到禹变作一头熊，羞愤难当，就放下饭跑开了。涂山氏奔至太室山（今登封境内）化作巨石，后巨石崩裂，生出了禹的儿子启，崩裂的巨石即启母石，现存于启母阙北190米处。汉武帝游嵩山时，曾立启母祠。东汉延光二年（123），颖川太守朱宠于启母庙前建阙，即如今的启母阙（属登封"汉三阙"之一）。

大禹塑像

定黄河，开九州

禹继承父亲遗志，怀着励精图治的决心，在掌握治水方法后，一心扑在治理洪水上，将一生都奉献给了治水事业。

相传，三门峡就是禹治水时开凿的。三门峡原是一座大山，挡住了自西向东流经的黄河水。大山中仅有一个小小的天然缺口，黄河便从此处缓慢流过。每到雨季时，洪水就席卷而来，巨大的洪流被大山挡在西侧，形成旋涡和湖泊，危害周围百姓的安全。禹追寻水源来到三门峡时，看见黄河在大山中艰难流淌，便抡起斧头，对着大山连劈三下，砍出三条峡谷来。三条峡谷就像三道闸门，分别名为鬼门、神门、人门，三门峡也因此而得名。禹开凿三门峡后，黄河水得以滔滔东去，黄河中游的百姓终于过上了没有水灾的生活。

禹不辞辛苦地到处勘探地形地势，在制伏洪水之后，他把天下划分为九州。此后，九州也用来代指中国。墨子在评价禹的功德时曾说，大禹治水，疏通江河，沟通九州，远达四夷。名山三百，江河三千，溪流无数。禹身穿粗布衣，脚踩草鞋，亲自挥镐，不怕吃苦，排除千难万险，汇集天下河川，其治水足迹遍布九州大地。

因为禹治水有功，所以舜年老以后，大家都推选禹作为继承人。舜死后，禹继任部落联盟首领。禹上任之后，不仅考察各地的土物特产，规定各地应缴纳的贡品赋税，还绘制了各地朝贡的方便路径，深受部族民众爱戴。如今，郑州的大禹山景区主峰上矗立着高10米、重150吨的治水英雄大禹的塑像，塑像目光深邃，神色坚毅，右手执耒，让人敬仰。在风光秀丽的景色中，有很多展现大禹故事的浮雕，比如共工怒触不周山、天帝赠吴刀斩鲧、禹借息壤、撒息壤治水、伏羲赠玉简、禹锁无支祁、禹斩龙台、河伯赠图、禹娶涂山女、鱼跃龙门,禹开三门,禹化熊惊妻,禹三过家门而不入,舜让禹位,禹铸九鼎等。

浩然天地间,大禹治水所折射出的公而忘私的精神品质,依旧照耀着每一个中国人。

图源:张世平 摄

大禹治水浮雕

历史典故

▶ 禹凿龙门

传说在洪水泛滥时期,洛水(洛河)和伊水(伊河)积水成泽,形成大片泛滥区,特别难疏通。禹冥思苦想,决定先疏通洛水,让它注入黄河;后疏通伊水,因伊水受阻于龙门山,禹就带人凿龙门山,开辟了一条河道,最终让伊水和洛水一起注入黄河,解决了水患。

▶ 过门不入

传说,禹有三次带人治水路过自己的家门而不入的经历。有一次,他的妻子涂山氏刚好生下了儿子启,启在哇哇大哭时,禹正好从门外经过。禹听见哭声,却没进去探望。至今,乡间还流传着民谣:"一过家门听骂声,二过家门听笑声,三过家门闻儿啼,治平洪水转家中。"这四句民谣体现了大禹强烈的事业心和责任感。大禹三过家门不入的故事传遍了各地,人们很受感动。后来,人们用"过门不入"形容人恪尽职守、公而忘私。

关联遗产地

▶ 大禹山景区

大禹山景区位于郑州市黄河风景名胜区,为纪念大禹治水的伟大功绩而建,其自然景观以险峻壮美著称。山峦起伏,峭壁陡立,景区内有许多险峰怪石,山势雄浑壮观,山间花草繁茂，其间有展现大禹故事的雕塑群，如五音听政、"三过家门而不入"、化熊惊妻、河伯献图等。登上山巅，可以俯瞰群峰环绕、云雾缭绕的壮丽景色，令人心旷神怡。尤其是在日出和日落时分，景区的美景更令人心驰神往。

图源：张世平 摄

大禹山景区

▶ 启母阙

启母阙，又名开母阙，位于河南省郑州登封市太室山南麓启母石旁，是启母庙前的神道阙，为东汉延光二年（123）颍川太守朱宠所建，与太室阙、少室阙并称为"中岳汉三阙"。启母阙由石块雕琢砌筑而成，分东、西两阙，现存高3.17米。阙身雕刻马技、骑马出行、杂技、幻术、驯象、郭巨埋儿、夏禹化熊、果下马、狩猎、虎逐鹿、双蛟、月宫图、女子蹴鞠图等。其中的女子蹴鞠图，是足球起源于中国的重要实物证据。阙顶雕刻有瓦垄、瓦当、板瓦、垂脊等建筑构件。启母阙的雕刻艺术具有很高的历史、艺术、科学价值，在世界金石雕刻史上占有重要地位。阙顶上雕刻的建筑构件的外形为研究汉代建筑提供了实物依据。

图源：天地之中中岳嵩山（微信公众号）

启母阙

▶ 王城岗遗址

　　王城岗遗址是龙山时代的文化城址，位于河南省登封市告成镇，是中华文明探源工程首批重点六大都邑之一。遗址现存大城面积30多万平方米（已发掘面积超过1万平方米），小城可能为史料记载的"鲧作城"的遗迹之一。大城兴建的时间略晚于小城，部分学者认为大城或为"禹都阳城"。王城岗遗址的考古发现对于夏文化研究工作的推进有重要意义。

图源：郑州市文物局

大禹之碑

商汤

打破王朝永定的革命者

名人档案

姓　　名：	商汤
出 生 地：	商丘
时　　代：	商朝初期
称　　号：	商汤王、成汤
身　　份：	商朝开国君主
时代名人：	仲虺、伊尹
特　　长：	善用兵

基本概况

商汤原来是夏朝方国商（今河南商丘）的君主，在贤臣伊尹、仲虺等人的辅助下迅速崛起，后来与夏桀决战于鸣条（今河南封丘东），最终灭夏建商。诸侯拥戴汤为天子，定都于亳（学术界普遍认为亳即今天的郑州商城）。

夏朝是中国第一个世袭制王朝，禹的儿子启废除了传统的部落禅让制，变"公天下"为"家天下"，确立王位世袭制。后来是谁打破了夏的世袭规则呢？

要回答这个问题，我们就得从中国第二个王朝商的开创者——汤开始讲。汤，姓子，名履，又称武汤、天乙、成汤，据说他是帝喾①的后代，大概在公元前1670年出生，是商部落的首领。

商汤伐夏

商部落兴起于黄河下游的商丘，约在现在的河南、山东一带。这个部落的历史可以追溯到母系氏族社会时期，始祖叫作契。传说契的母亲简狄洗澡时发现燕子下了一个蛋，吃了以后便怀孕生下了契，因此有"天命玄鸟，降而生商"的说法。

当时，统领天下的是夏朝的第十四任君主——孔甲。他整日不理朝政，信奉鬼神，除了喜欢唱歌、跳舞、听曲儿，还喜欢带着文武百官打猎。在他统治期间，百姓生活得苦不堪言。诸侯暗中积攒实力，想取而代之。慢慢地，夏朝王室在孔甲的放纵下势力逐渐式微。

而与夏不同，小部落商的势力一直在发展壮大，农业和畜牧业得到了较大的发展。生产力的发达促使商的政治体制由氏族制过渡到了奴隶制。商为了壮大自己的势力，掠夺了很多其他部落的奴隶和财物。到主癸担任首领时，商已经成为一个权势很大的部落了。

主癸死后，其儿子汤继位，成为商的国君。这时候，夏朝的统治者已经由孔甲变成了

---

①《史记·卷一·五帝本纪第一》："帝喾高辛者，黄帝之曾孙也。"

桀。桀骄侈淫逸，宠用嬖臣，凶暴残忍，不仅对夏的诸侯国和其他部落进行残酷的压榨奴役，还肆意虐杀王室民众，引起了百姓的仇恨和反抗。汤决心为民做主，出兵讨伐夏桀。

曾经，商部落被夏王朝授予"得专征伐"（接受征伐的专权）的权力。也就是说，有这道旨意，汤想征伐谁都可以不经夏王批准。但是汤这次准备征伐的不是一般的诸侯，而是全国的统治者夏王。由于商部落只有七十里的领地，还没有反叛的能力，汤只能一边当"忠

图源：郑州商代都城遗址博物院

"玄鸟生商"浮雕

臣"，一边暗中壮大自己的兵力，想办法削弱夏王朝的势力。

由于夏桀荒淫暴虐无度，诸侯积累的怨愤越来越深，反叛者日益增多。夏桀觉得汤对自己很忠诚，就希望利用汤稳定王朝的统治。

夏桀十五年，汤在桀的命令下，将商族部落由商丘（今河南商丘睢阳区西南）迁到亳，在郑州建立都城。汤积蓄粮草，召集人马，训练军队，为灭夏积蓄军事资本。不久，为了排除灭夏的障碍，争取更多的诸侯反夏，商国灭了夏桀的耳目葛国（今河南宁陵）。

商灭小诸侯国这件事并没有引起夏桀的注意，他依旧在夏王城里享受美酒美人、虐杀奴隶带给他的快乐。

扩充了新国土的汤听从贤臣

图源：郑州商代都城遗址博物院

成汤雕像

伊尹和仲虺的建议，积极治国，争取民众，不仅对其他诸侯国历数夏桀的暴虐无道，离间诸侯国和王室的关系，还号召夏的小附属国都背弃桀，归附商。功夫不负有心人，汤的巧妙谋划取得了不少诸侯国的支持。

时逢百年不遇的大旱，商国百姓生活得十分艰辛，汤当即决定发兵征讨夏。正巧夏桀在举行诸侯盟会，有个叫作有缗国的诸侯国在开盟会前公开叛乱，夏桀大怒，下令先灭有缗，再整治汤。

夏桀手下兵力强盛，很多诸侯国依然站在他这边，有缗国很快就被他灭掉。随后，拥护夏王朝的诸侯国便紧盯着下一个目标——汤，准备下手灭商。然而刚灭掉有缗，夏桀不想再出兵讨伐汤，但又担心汤的势力不断壮大，威胁到自己，便将汤召入夏都，囚禁在夏台。

汤被囚禁之后，商国送给桀很多金银财宝和美女，并重金贿赂了桀的亲信，使得汤安全回到了商国。同时，夏桀囚汤之事在诸侯国中引起了很大的恐慌，有些势力微小的诸侯担忧自己以后也会被暴虐的夏桀囚禁，便纷纷投奔汤，表示愿意帮助汤灭夏。传说一天之内众多诸侯投靠汤。

背夏归商的人愈来愈多，汤的势力壮大了不少。汤想起在夏台看到夏桀做的恶事，更坚定了灭夏的决心。在和重臣伊尹、仲虺商议后，汤出兵征伐夏的亲信韦国（今河南滑县）和顾国（今河南范县），很快得到了这两个国家的土地、财产和人民。随后几年，商又灭了夏的忠诚拥护者昆吾（今河南濮阳西南，一说在今许昌东）。汤在暗中筹谋，准备发动灭夏的最后一战。

没过多久，九夷族终于受不了桀的残暴统治，纷纷叛离；夏桀的贤臣关龙逢因多次进谏而桀被处死，朝臣内心惶惶；夏的太史令终古占卜得出凶兆，天子威信大降……夏桀众叛亲离，国力式微，汤觉得这正是征伐夏的好时机。终于，在约公元前1600年，商汤在景亳（今河南商丘北，一说郑州）誓师，正式兴兵伐夏。

随后，汤和两位臣子仲虺、伊尹率领由七十辆战车和五千士卒组成的军队向西行进，征伐夏桀。夏桀听到消息后，立刻调集夏王朝的军队向东拼杀。夏商两军在鸣条（今山西运城，一说今河南封丘东）相遇，展开了决战。

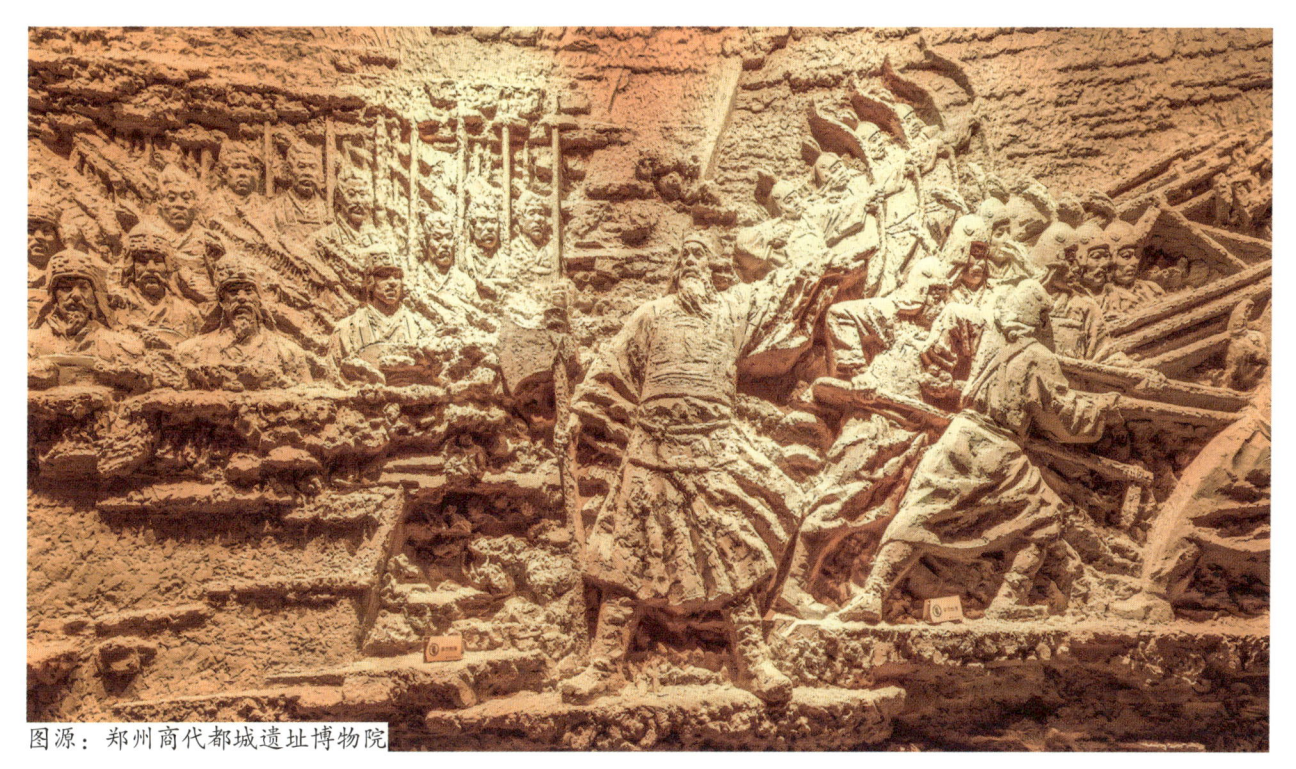

图源：郑州商代都城遗址博物院

鸣条之战浮雕

最后，商一举攻灭夏，战后，汤在三千诸侯大会中被推举为天子，建立了中国历史上第二个奴隶制王朝——商朝，仍旧定都于亳。如今，我们还能在郑州商城遗址看到这个商王朝开国第一都城的时代星光：陶范熔炉残片、铜炼渣、铜矿石、鼎、斝（jiǎ）、爵、觚、青铜兵器……从建城伊始到郑州商城废弃之前，这些作坊一直在持续进行青铜冶炼，给我们留下了关于那个时代的无限遐想。

仁厚大义，成就大业

回望商汤伐夏的历程，委实有些不可思议。在夏桀统治的王朝之下，商国在三千诸侯国中并不显眼，甚至可以称为小国中的小国，毕竟区区七十里疆域，还没有现在的一个小县城大。但汤为何能取得征伐天子、改朝换代的成就呢？这和他善于用人以及心存大义是分不开的。

汤是个卓越的识才之君，从他的左膀右臂仲虺、伊尹就能看出来。伊尹是个奴隶，少年时流浪，长大后当厨子，后来作为汤妻子的陪嫁来到汤身边。在得知伊尹的能力后，汤并未在意伊尹低贱的身份，反而将他奉为上师，大加重用。仲虺和伊尹则相反，仲虺是个奴隶主，从先祖起就世代在夏王朝做官，很有才干。汤看到了仲虺的才华，将他带在身边，委以灭夏的重任。

有了仲虺和伊尹的辅佐，汤才能更好地治理国家，大力发展经济，获得和夏作战的能力。

汤的仁厚之心也是他争取到百姓支持的重要法宝。有一次，汤外出游玩时看见一人在树上挂起一张网，那人喃喃自语："不论天上来的，还是地面上来的，都飞进网里来！"汤觉得残忍，情不自禁地说："只有夏桀才能如此一网打尽！"他让众人把张挂的网撤掉三面，只留下一面，并跪拜祷告："天上飞的，地上走的，想往左的就往左，想往右的就往右，不听话的，就向网里钻吧！"说完，他起身对身边的人说，"对待禽兽也要有仁德之心，不能捕尽捉绝。我们要捕捉的就是那些不听天命的[①]。"

汤网开三面、恩及禽兽的事传开后，百姓都称赞他宽厚仁慈，纷纷拥护他，商国的势力因此进一步壮大了。

经过二十年的征伐战争，汤灭了暴虐无度的夏王朝，统一了自夏朝末年以来纷乱的中原大地，开疆拓土，奠定了商王朝的疆域基础。他以武力灭夏，打破了夏王朝王位世袭制，开创了中国历代王朝更迭的新局面。

汤十九年至二十四年，连续五年的大旱使得粮食绝收，饿殍遍野，百姓苦不堪言。汤不忍百姓受苦，就沐浴焚香，剪了头发和指甲，准备牺牲自己的性命以祈雨。就在他在国都亳东部的桑林中准备自焚祭天时，天空突然降下大雨。百姓激动万分，痛哭流涕，十分感念汤牺牲自己为民为国的精神。汤因为这件事得到了百姓的极力拥护。

汤建立商朝后，不仅减轻征赋，鼓励生产，还安抚民心，使商的势力扩展到了黄河上游，开启了又一个强大的奴隶制王朝。商朝民生和乐，繁荣昌盛，可从现今郑州市内的商城遗址瞥见当时的景象。在汤统治期间，阶级矛盾较为缓和，政权较为稳定，国力日益强盛。《诗经·商颂·殷武》有云："昔有成汤，自彼氐羌，莫敢不来享，莫敢不来王，曰商是常。"汤病死后，他的次子外丙继承了王位。

[①]后世关于此事，有"网开三面"的典故流传。

历史典故

▶ 桑林祈雨

　　传说汤灭夏之后，连续五年出现了大旱天气，粮食绝收。汤亲自在国都亳东部的桑林祈祷，沐浴焚香，剪了头发和指甲，坐在柴上，准备自焚以祭天。火即将燃烧的时候，天空降下了大雨，民众欢呼雀跃。

图源：郑州商代都城遗址博物院

桑林祈雨浮雕

关联遗产地

▶ 郑州商城遗址

郑州商城遗址位于郑州市管城回族区，遗址平面呈长方形，面积约25平方千米，城内东北部有宫殿区，城中有小型房址和水井遗址，城外有居民区、墓地、铸铜遗址及制陶制骨作坊遗址等，出土了大量石器、陶器、铜器、玉器、骨器等生产工具和生活用具，是商朝早期的都城遗址，2021年入选中国"百年百大考古发现"，具有极高的历史价值和研究意义。依托郑州商城遗址，郑州相继建成郑州商城国家考古遗址公园、郑州商代都城遗址博物院和郑州商城东城垣遗址博物馆，旨在保护、展示和研究这一重要历史遗迹。

郑州商城国家考古遗址公园是一个集文物展示、考古发掘和历史文化研究于一体的综合性公园。公园内保存着古代城墙。游客可以在公园内感受古代都城的雄伟气势和丰富的历史文化。郑州商代都城遗址博物院是郑州商城遗址的一个重要附属机构，致力于收藏、保护和展示郑州商城遗址及其周边地区的文物和考古发现。博物院内藏品丰富，展示了大量商代文物，如青铜器、陶器、玉器等，为人们了解商代文化提供了重要的实物依据。

除了商都遗址博物院，郑州商城东城垣遗址博物馆也是一处重要的文化景点。博物馆位于东城垣遗址，游客可以通过参观博物馆中的考古发现和相关文物，更加直观地了解商代都城的布局、建筑和生活情况。

郑州商城遗址及其相关的考古遗址公园和博物馆（院）为人们提供了深入了解商代文化的机会。这些文化景点不仅展示了古代都城的雄伟气势和丰富的历史文化，还为学者和游客提供了探索和研究的空间，是郑州市重要的历史文化遗产。

图源：郑州商代都城遗址博物院（微信公众号）

郑州商代都城遗址博物院

郑氏三公

天下霸业 徐徐图之

郑桓公（姬友）
伪装者

郑武公（姬掘突）
冲锋者

郑庄公（姬寤生）
小霸王

名人档案

姓　　名	郑桓公、郑武公、郑庄公
出生地	新郑
时　　代	春秋
称　　号	郑氏三公
身　　份	郑国国君
时代名人	周幽王、褒姒、武姜夫人

基本概况

郑桓公、郑武公、郑庄公是郑国开国后的三代君王，分别被郑氏后裔称为太始祖、二世祖、三世祖，被尊为"郑氏三公"。郑桓公未雨绸缪，寄孥荥阳；郑武公雄才大略，开疆拓土；郑庄公励精图治，称霸中原。三人于郑国的煌煌功绩，被世人称道。

有句俗语为"天下郑氏出荥阳",荥阳为什么会被人们认为是郑姓的发源地呢?这就不得不讲一讲"郑氏三公"——郑国的开国之君郑桓公、建立东方郑国的郑武公、称霸诸侯的郑庄公。若不是他们在政事中兢兢业业,如今的荥阳大地上也许就听不到郑国古都的千古绝响。

绝妙计谋:桓公寄孥于京

郑桓公,姓姬,名友,是西周国君周宣王同父同母的亲弟弟。哥哥继位后,郑桓公被分封在棫林(今陕西),国号为郑。周宣王死后,他的儿子姬宫涅(shēng)继位,也就是后来臭名远扬的周幽王。周幽王昏庸无能、纵情声色,整天陪伴着一个叫褒姒(sì)的冷美人。为博褒姒一笑,周宣王竟然点燃了只有发生战乱才能点燃的烽火。各诸侯看见熊熊烽火,以为国都发生了大事儿,纷纷前去救驾。结果,诸侯们马不停蹄地赶到后,发现根本没有反叛者,周幽王也没有危险。

看到城墙上对美人笑得诡媚的周幽王,诸侯们自然很不高兴。诸侯们本来就觉得国君没有治世之能,只是碍于他的天子地位,才听从于他。没想到周幽王意识不到这些,行事荒唐,竟然将诸侯们当猴儿耍。

当时,对于周幽王,郑桓公的脑子里只有"恨铁不成钢"五个字。但周幽王到底是郑桓公的亲侄子。郑桓公不仅没办法打骂他,还得给他收拾烂摊子。后来,诸侯们陆续发动叛乱,导致整个国家战乱不停。周幽王担心郑桓公起反叛之心,便任命他为王朝司徒,管理地籍与户籍。

被国君怀疑,郑桓公心里十分不高兴。郑桓公每日陪伴在周幽王身侧,见够了他做的荒唐事，于是生出别的想法——王室渐衰，诸侯作乱，他不得不为自己着想。

于是，郑桓公向太史伯请教"何所可以逃死"①。太史伯为郑桓公分析了天下形势："各大封国的国君，不是王的亲属，就是王的亲戚，各大功臣也都有自己的封地。政权根深蒂固，不易动摇根本。但其中的虢国和郐（kuài）国就不一样了，这两个国君都'贪而好利，百姓不附'。你在朝中任司徒时施行了很多善政，所以人民都爱戴你。如果你备上礼物去找虢、郐两国的国君，态度谦卑一些，说自己只是借一块土地暂时安顿家人，他们肯定会借给你。这样一来，你不费一兵一卒，就能得到这块土地了。如果今后国家有变，你就可以奉旨收服虢国、郐国，其他八个小国自然也就一起臣服。"

郑桓公听到太史伯的这一建议，十分赞同。他立马写信给虢国、郐国的国君，说出自己的想法。两个国君收到郑桓公的信件，不知如何答复，大家都不想做损害自己利益的事。他们左思右想，认为不能将郑桓公的家人安置在自己的国都，但也不敢对王朝司徒的家人置之不顾。思来想去，虢君就将虢、郐之间殷商时期遗留下来的城池借给了郑桓公。于是，郑桓公便将自己的家人、财物和奴隶转移到那里，这就是历史上著名的"寄孥于京"的故事。

不仅如此，郑桓公还以自己司徒的身份释放了一大批殷商遗民，并且允许他们自由生产、自由贸易。这些殷商遗民多为手工业者，部分人的先辈曾为商朝贵族，在商朝灭亡后被囚禁。他们对郑桓公的这一做法十分感动，纷纷决定跟随郑桓公东迁。

因此，郑桓公的属民进一步增多，而且他们大都有一技之能，可以促进农业和商业的发展。这对郑国来说，可谓有百利而无一害，足见郑桓公的眼光和计谋十分长远。

---

①出自春秋时期文学家左丘明著的《国语·郑语》，意思为躲到哪里才可以逃避一死呢？

开疆拓土：武公重建郑国

安置好家人财物，郑桓公没有了后顾之忧，便把扩大地盘的事提上了日程。

他首先盯上了郐国。郐国是妘（yún）姓之国，非姬姓之国①。先灭郐国，对诸侯和周王室不会造成大的影响。桓公寄孥时，郐国国君没有给他提供方便，所以郑桓公就想给他点儿颜色看看。于是，他用计谋离间郐国君臣，借刀杀人，使得郐国良臣猛将死的死、逃的逃，很快就掌握了郐国的政权。

事情进行得比预料中的还要顺利，郑桓公获得成功的信心更足了。周幽王十一年（公元前771年），犬戎之乱②爆发。当年，周幽王为博美人褒姒一笑闹出"烽火戏诸侯"的笑话；如今，他真正遇到了祸事，再点燃烽火，诸侯们却不信任他了，大家仍以为他是在开玩笑，所以迟迟不发兵。当诸侯们确信这次真的是"狼来了"的时候，为时已晚——幽王被犬戎杀死，国都镐京被夷为平地。

国不可一日无君，周幽王之子周平王很快即位。但周平王胆子小，没有势力，只想快速离开这片让他恐惧、伤心的地方，于是将王室的属地交给秦襄公管理，他自己则在诸侯们的保护下东迁洛阳，开启了东周时代。

在犬戎之乱中，有着雄心壮志的郑桓公战死，周平王让其子姬掘突承袭了郑桓公的爵位和官职，仍然担任周王室的司徒。郑国原来在棫林的封地被周平王分给了秦襄公，如此一来，郑国空有国名而无国土。掘突想，虽然东方有父亲苦心孤诣夺来的"寄孥之地"，但毕

---

①当时的周王室为姬姓。
②西夷犬戎攻入西周都城镐京，杀了周幽王。

竟借的是人家的土地，万一人家让还了怎么办？更何况，地是小事，人才才是大事，自己国家的大批臣民还留在原来的封地，怎么才能将他们名正言顺地转移到东方呢？

郑武公越想越愁。他的靠山周平王现在要东迁洛阳，该怎么办呢？郑武公后来想到了一个好办法。王室东迁，晋国出兵护送。不如趁此机会，主动承担搬移王室重器的任务，顺便将自己国家原来的臣民都带走。

于是，郑武公紧急发动郑国故地的臣民，将周王室的钟鼎礼器运往洛阳。虽然路途坎坷遥远，费尽千辛万苦，但一路有军队保护，大家都安全抵达。等礼器交接完毕，众人才猛然发现，郑国故地的臣民都成了东方郑国的臣民。

郑武公又开始琢磨怎么扩大地盘。平王东迁的第二年（公元前769年），郑武公占领了郐国的城邑，郐国彻底灭亡。一年之后，郑武公又灭了虢国。随后，郑武公将国都南迁到溱洧之间（今郑州新密境内），顺势吞并了周围的鄢（一作邬）、蔽（敝）、补、丹、依、𢓡、历、莘八个小国。至此，郑国拥有了十个国家的地盘。

之后，郑武公继续带领臣民开垦滩涂，扩大疆域，增加收入。这一时期，东至开封，北至新乡，都被纳入郑国的版图。可以说，在郑武公执政期间，郑国已经成为实至名归的东方强国。

春秋小霸：郑伯克段于鄢

郑武公十四年（公元前757年），巨大的喜悦包围着郑国王宫，因为郑武公夫人姜氏要分娩了。然而，因为胎位不正，胎儿难产。要知道，在医疗技术很不发达的古代，难产往往会夺去妇人的性命。所有人的心都提到了嗓子眼儿，担心悲剧发生。幸好，在众人的衷心祝福下，武姜最终生下了一个男孩儿，母子平安。

武姜想到自己差点儿因为这个孩子离开美丽的世界，又恨又怕，因此极不待见这个儿子，给他起了个名字叫"寤生"，意思是"胎位不正而生"。

一个不受母亲待见的孩子生活往往是很悲苦的。幸好郑武公很疼爱寤生，不仅亲自教他读书识字、立身做人，还把他立为太子。在父亲的照料下，寤生坚强、健康地长大了。

平静的日子一直持续到郑武公十七年（公元前754年），武姜夫人又怀孕了，生下了次子叔段。因为生叔段的时候非常顺利，所以武姜夫人格外喜欢这个小儿子，对大儿子则更加厌恶，甚至多次向郑武公进言，想废掉大儿子的太子之位，改立小儿子叔段。郑武公没有同意。然而，武姜想废掉大儿子的心思一直没变。

郑武公二十七年（公元前744年），郑武公病重，武姜再次请求郑武公立叔段为太子，但郑武公依旧没有同意。没多久，郑武公就病逝了，寤生继承君位，史称郑庄公。

郑庄公很注重孝道。一次，武姜要求郑庄公把叔段封到地势险要的国之重地——制邑（今河南荥阳市汜水镇）的时候，郑庄公并没有直接反对。但制邑对郑国十分重要，后来，郑庄公思量再三，觉得不能将这个地方给叔段，便劝说母亲："制邑是个危险的地方，虢叔就死在了那里，很不吉利，不适合作为弟弟的封地。其他的城邑随便母亲挑，我唯母亲之命是从。"

武姜听郑庄公说得很诚恳，便没坚持，让郑庄公把另一个非常重要的都邑——京邑（在今河南荥阳市东南二十余里）封给叔段，郑庄公果然没有任何意见。

武姜和叔段看到郑庄公如此顺从他们，更加不把他放在眼里。不久，叔段便让郑国西边和北边的边邑在服从国都命令的同时，也听从自己的管辖，归顺自己。不光如此，他还和母亲密谋造反，夺取王位。

其实，武姜和叔段的谋算郑庄公都知道，但郑庄公并没有对他们采取行动，不到最后一刻，郑庄公还是想给他的母亲和弟弟悔过的机会。

郑庄公二十二年（公元前722年），叔段谋反。他下令修理城郭，聚集民众，修造盔甲武器，备好战车，偷袭郑国都城。武姜则打算在郑国国都中与叔段形成里应外合之势，在交战之际为他偷偷打开城门，让他进入王城称王。

但是，叔段和母亲的谋划并没有成功。郑庄公得知弟弟起兵的消息，悲伤不已。痛定思痛后，他一改往日对叔段的忍让，发兵讨伐叔段，把他赶回京邑。随后，郑庄公又命令公子吕[①]率领二百辆战车进攻京邑，叔段不得不逃到鄢邑（在今河南许昌鄢陵县北）。郑庄公知道后，又到鄢邑讨伐叔段，直到他逃到共地（今河南辉县），郑庄公才停止追击。自此，叔段再也没有能力兴风作浪了。

平定叛乱后，郑庄公便把母亲武姜安置在城颍（在今河南临颍县西北）。看到仍然执意给叔段求情的母亲，郑庄公伤透了心。人在愤怒的时候总会说出让人后悔的话，即使英明的郑庄公也不例外，他当时对天发誓："不到黄泉，不再与母亲相见！"

此后一年多时间，郑庄公和武姜再也没有见过面。其实，自幼没有母亲疼爱的郑庄公非常渴望母爱，他时常踱步，痛恨自己为什么要说出那样的誓言。后来，颍考叔看出了郑庄公的心思，向郑庄公建议：挖一条深邃的地道，直到有黄色泉水涌出，不就破除誓言了吗？

---

①公子吕姓姬名吕，字子封，郑武公之弟。

政治领袖

郑庄公喜出望外，急忙让属下挖隧道，最终母子二人相见，和好如初。

王位稳定后，郑庄公投入开疆拓土的伟大事业，陆续参加了大大小小儿百场战役，收获颇丰。

周桓王眼睁睁看着郑国势力变大，便坐不住了，他以天子之尊，联合蔡、卫、陈三国，一起讨伐郑庄公。郑庄公在和周王室的战争中摆起鱼丽之阵①，大克周军，这一战被称为"繻葛（xū gé）②之战"。

从此，郑国空前强盛，郑庄公威名远播，就连当时的大国齐国也愿意听从郑国的号令。郑国成为名副其实的"春秋小霸"。

郑桓公受封立国，郑武公东迁强都，郑庄公黄泉迎母，让我们看到了郑氏三公的隐忍和耐心，勇猛和决心，慈爱和孝心。这些令人称道的民族精神，凝刻在如今河南新郑市的郑韩故城内、星罗棋布的遗址和文物里，流淌在中华儿女的血液中。

我们依旧能从距今2 400多年的郑国车马坑，占地面积达数万平方米的制陶遗址，中国最早的新型城墙防御设施，还有神秘的"中华第一碑"中窥见以"郑氏三公"为代表的郑国人的萧萧风尘。

都城虽历沧桑，郑风犹存后世！

---

① 古代将步卒队形环绕战车进行疏散配置的一种阵法。
② 繻葛在今河南省长葛市北。

历史典故

▶ 黄泉相见

公元前722年，郑庄公的弟弟叔段和他的母后武姜里应外合，欲攻取京城。兄弟手足，顿成寇仇。政变虽然最终未能成功，但郑庄公对亲生母亲的所作所为甚感恼恨和失望，说出了"不至黄泉，毋相见也"的气话。周礼重孝道，母虽不慈，子也应该孝顺。郑庄公作为一国之君，即使母亲有千错万错，作为儿子也要恪守孝道，成为国民的榜样。话说出去后，郑庄公虽感到十分后悔，但身为国君，已无台阶可下。大臣颖考叔想到了一个好方法，他建议郑庄公命人挖隧道，挖到黄色泉水即止，将泉水当作黄泉。最后，郑庄公和母亲相见于隧道中，冰释前嫌。

关联遗产地

▶ 郑韩故城

郑韩故城位于新郑市区双洎河（古洧水）与黄水河（古溱水）交汇处，是春秋时期郑国和战国时期韩国的都城，两国相继在新郑建都长达539年，此地成为东周时期中原地区屈指可数的大型城址。城址平面略呈不规则三角形，东西长约5千米，南北宽约4.5千米。城内中间筑有南北走向隔墙，把故城分为东城和西城，其北墙外侧有数处马面式的建筑，是全国最早的新型城墙防御设施。郑韩故城的布局体现了当时东周列国都城的典型模式，是目前世界上同时期保存最完整、城墙最高、面积最大的古城。遗址曾出土了一大批春秋中晚期青铜器，代表性器物有莲鹤方壶、九鼎八簋（guǐ）等。在郑韩故城东城西南部郑国贵族墓地北侧建有郑王陵博物馆，馆内展示了复原的郑公中字形大墓、车马坑等遗址。

郑韩故城作为曾经的政治、经济、文化中心，拥有众多珍贵的历史文物和文化遗迹，见证了郑国和韩国的辉煌历史，对研究春秋战国时期的历史具有重要的意义。游人漫步于宽阔的夯土城墙上，仿佛置身春秋战国，与古人对话，感受到昔日郑国和韩国的繁荣与辉煌。

图源：遇见郑州（微信公众号）

郑韩故城

▶ 郑国车马坑遗址博物馆

　　郑国车马坑遗址博物馆是春秋时期郑国国君及其家族的墓地，位于新郑市，属全国重点文物保护单位郑韩故城遗址的重要区域。该区域有春秋墓3 000余座，大中型车马坑23座，

图源：郑州市文物局

郑国车马坑遗址博物馆

其中6米以上的大型墓近180座，长宽均超过20米的特大型墓4座。

该景区于2002年建成开放，2013年完成升级改造。其展示内容为：郑国贵族墓地出土文物精华展，郑公中字形大墓、郑国大夫级贵族墓，郑国贵族墓地一号车马坑、三号车马坑等发掘展示区，墓葬车马坑平面展示区及三公广场、子产园、观景眺望台、东周文化特色景观墙和郑国文化长廊等，为研究中国的礼制、古代车制发展史、用车制度、古代葬制、车马葬制等提供了珍贵的史证资料，是遗址性文物景区。

▶ 荥阳成功广场郑氏三公像

郑氏三公像位于荥阳市城东南檀山、郑上路与310国道交会处的三角地带，是当地的标志性建筑之一。

郑氏三公像高28.1米，于2004年10月29日在荥阳举行的"中国·荥阳首届郑氏文化节暨纪念郑桓公受封立国2 810周年"庆典大会上宣告落成。这座雕像由雕塑家精心打造而成，栩栩如生地展现了三位郑氏先祖的飒爽英姿。

郑氏三公像是荥阳市的一张名片，也是对先贤的崇敬和传承，承载着丰厚的历史文化内涵。每逢节庆或重要纪念日，荥阳市民都会来到成功广场，瞻仰郑氏三公像，缅怀先祖，激发爱国热情，凝聚民族力量。

政治领袖

图源：张世平 摄

郑氏三公像

061

陈胜

中国农民起义的伟大先驱

名人档案

姓　　名：陈胜
出 生 地：登封
时　　代：秦
称　　号：张楚王
身　　份：农民起义领袖
时代名人：吴广、胡亥
特　　长：种地、打仗

基本概况

秦二世元年（公元前209年），陈胜联合吴广率领戍卒发动大泽乡起义，成为反抗暴秦起义的先驱；占据陈郡称王，建立张楚政权。

虽然陈胜从起义到兵败身亡仅仅历时六个月，但他发动了中国历史上第一次大规模的农民起义，是中国农民起义第一人，影响深远。

秦朝是我国历史上第一个大一统的封建王朝，其实力自然不必多说，但这都建立在百姓所承担的沉重的劳役之上。那时候，秦国的总人口约两千万人，前前后后被征去筑长城、守岭南、建阿房宫、修陵墓的劳役累计二百余万人，足足占了总人口的十分之一，即使幼儿和妇女这些弱势群体也不能幸免。

在强秦的暴政之下，每个人都活得小心翼翼，不敢轻易越雷池半步，生怕被苛政害了性命。就在这时，历史的齿轮转动，一个长工出身的年轻人的命运发生了改变。他没有高贵的出身，也没有渊博的知识，更没有过人的韬略，但他足够强韧，足够勇敢。在历史的关键节点，他作为农民代表，挺身而出，点燃了反抗强秦的第一缕火焰。他就是我们今天所讲故事的主人公——陈胜。

路逢大雨：燕雀安知鸿鹄志

公元前209年，阳城（今河南登封东南）的地方官派了两名军官，让他们押送九百名民夫到渔阳（今北京市密云西南）。押解途中，军官在这批壮丁中挑了两个个儿高、办事能力强的人当屯长，让他们代为管理其他人。这两个人一个叫作陈胜，阳城人，字涉，长工出身；另一个叫作吴广，阳夏（夏读jiǎ，今河南太康）人，也是一个贫苦农民。

陈胜虽只是个地位低下的长工，但有大志向。若不是父母在大火中被烧死，陈胜也不会沦落为给地主耕田的雇工。

有一次，陈胜耕作完田地，在田埂上休息时，突然对同伴感慨道："将来谁富贵了，可千万别忘了咱这帮老朋友啊！"和他一起受雇的伙伴们听了都觉得好笑，说："你是被人家雇佣来种田的,从哪儿来的富贵呢?"陈胜听到他们的话,叹了口气,自言自语:"唉,燕雀怎么会懂得鸿鹄的志向呢?"

本来这些话只是陈胜一时的感叹,可有的人嘴快,见人就说陈胜要当富贵人了。这些话

很快就传到了雇主的耳朵里。雇主把陈胜喊过去，嘲笑他："你说你是大雁，那就飞吧。我们地方小，容不下你！"陈胜一怒之下准备反抗暴秦。当时，陈胜已经有了干一番事业的决心，所以才能在机会来临的时候，当机立断，揭竿而起。

陈胜和吴广本不相识，但两人被任命为屯长之后，交集增多，很快成为朋友。被征军的人都是普通大众，对秦法严苛的"失期当斩"而发自内心地感到恐惧，他们匆匆赶路，怕误了工期。然而，就在队伍赶到大泽乡的时候，突然下起了大雨。道路不通，他们没办法赶路，只好就地扎营，准备等天气好转接着赶路。但连日的大雨让他们延误了到达渔阳的期限。按照秦朝律法，过了规定的期限要被杀头，一时间人心惶惶。

在大家性命攸关之际，陈胜偷偷跟吴广商量："现如今我们赶去是死，逃走也是死，不如起义，干一番大事业，如果失败，最惨的结局不过是死。同样都是死，为自己、为国事而死不是更好？天下受秦王朝统治之苦已经很久了。我听说二世皇帝是始皇帝的小儿子，继承王位的本不应该是他，而应该是他的哥哥公子扶苏。扶苏因为屡次规劝始皇帝，被派往外地驻守。如今有人听说扶苏并没有什么罪，却被二世皇帝杀害了。老百姓都听说扶苏很贤德，却不知道他已经死了。项燕原是楚国的将军，多次立功，爱护士兵，楚国人都很爱戴他，有的人以为他已经死了，有的人以为他逃亡在外。现在假使我们冒用公子扶苏和将军项燕的名义，向天下人民发出起义的号召，应该会得到很多人的响应。"

吴广思索一番后，认为陈胜说得很对，就决定跟随他一同发动起义。

鱼腹藏书，篝火狐鸣

有了目标之后，陈胜、吴广两人就着手去做，但毕竟是叛乱谋反，应谨慎而为。陈胜、吴广左思右想后，决定先找人占卜吉凶。古人在行大事前，常会去找人占卜，看要做之事是否可行。占卜的人并不知道他们要干什么，就告诉他们："放心吧，你们所想的事都能成功。"说完，又问了一句，"你们向鬼神问过吉凶了吗？"

陈胜、吴广听了很高兴，认为正义是站在他们这边的。回去之后，二人就开始揣摩占卜人所说的向鬼神问吉凶是什么意思，最后他们一致觉得："这可能是在教我们，要先在众人中树立威望，然后再起事。"两人商量一番后，就用朱砂在一块白绸子上写下了"陈胜王"三个字，并把这块白绸子塞进别人捕来的鱼的肚子里，等着被人发现。

这条鱼刚好被押送他们的戍卒买了回来，戍卒在吃鱼时发现了鱼肚中的帛书，于是这件事关"天命"的神迹很快被传扬了出去。接着，陈胜又派吴广在夜间去驻地附近一座草木丛生的古庙里点燃篝火，模仿狐狸叫喊"大楚兴，陈胜王"。

戍卒们在深更半夜听到狐狸的喊叫，十分惊恐。第二天早晨，大家私下议论纷纷，对着陈胜指指点点，觉得陈胜背负着天命。有了舆论的助力，再加上吴广的好人缘，两人拉拢了不少戍卒和民众。

等到时机成熟，陈胜、吴广决定起事。一日，押送队伍的县尉喝醉了酒，吴广故意挑衅，多次扬言要逃跑，以激怒县尉。不出所料，那名县尉果然出手鞭打吴广，还拔出佩剑威胁，最终被吴广反制。陈胜立刻出手，合力杀死两个县尉。随后，他们召集大家说："我们在这里遇上了大雨，注定不能按期抵达渔阳。误了期限大家都要被砍头，即便侥幸不被砍头，也会被罚去戍守边塞，至少有六七成的人会因此送命。好汉不死便罢，死也要死得其所啊！王侯将相难道是天生的贵种吗？"

他们的话刺激着整日提心吊胆的众人，大家听后异口同声地说："那你们说怎么办吧，我们都听你们的！"于是，大伙在陈胜、吴广的带领下，以袒露右臂作为标志，筑坛盟誓，按事先谋划的，假冒公子扶苏和楚将项燕的名义宣布起义。陈胜自立为将军，吴广为都尉，一举攻下了大泽乡，并迅速攻下蕲县县城。

中国历史上第一次大规模的农民起义就这样爆发了。

陈胜、吴广"举大计"的壮举，得到了附近饱受秦苦的老百姓的积极响应，大家纷纷"斩木为兵，揭竿为旗"，加入了他们的起义队伍。很快，在陈胜、吴广的率领下，起义军先是攻取了蕲县，并在不到一个月的时间，连克铚县（今安徽濉溪）、酂县（今河南永城西）、苦县（今河南鹿邑）、柘县（今河南柘城）、谯县（今安徽亳州谯城区）等五县。很快，陈胜顺利把起义的火种带到了自己的家乡中原大地。

陈胜是颇有战略意识的农民领袖，在控制了安徽、河南交界处的大片地区后，他立即决定进攻战略要地陈县（今河南淮阳）。他们一面进军，一面不断补充兵员，扩大队伍。他们行进到陈县的时候，已拥有兵车六七百辆，骑兵一千多人，步卒好几万人。攻打陈县时，那里的郡守、县令正好都不在，只有留守的郡丞领兵与起义军在城门下作战。郡丞兵败身死后，起义军进城占领了陈县。几天后，陈胜下令召集掌管教化的"三老"和地方豪杰开会议事。与会的人都说："将军您身披铠甲，手执锐利的武器，讨伐无道的昏君，诛灭暴虐的秦王朝，重新建立楚国的政权，论功劳应该称王。"于是，陈胜自立为王，定国号为张楚。

千古遗恨，荥阳之难

张楚政权的建立，极大地推动全国范围内反秦斗争达到高潮。各地迅速以"张楚军"的名义纷纷起事，以此来响应陈胜的号召。面对日益高涨的反秦斗争，陈胜在吴广及其他农民政权成员的协助下，制定了"主力西征，偏师略地"，最后推翻秦朝统治的总体作战战略。

陈胜任命吴广为假王（临时封王），率领起义军主力西击荥阳，取道函谷关，直捣秦都咸阳。但让他没料到的是，吴广久攻荥阳不下，大军西进受阻。荥阳是通向关中的重要通道，附近还有秦囤积大量粮食的敖仓[①]，自古以来就是兵家必争之地。拿下荥阳，就等于打开了通向关中的门户。

当吴广攻取荥阳受挫的消息传回陈县，陈胜十分着急，但很快就想到了一个办法。他决定另派周文为将军，率兵西击秦，利用吴广大军牵制秦军的主力，让周文大军攻打离秦都咸阳仅百余里的戏地（今陕西临潼境内）。

秦二世[②]听到起义军已经逼近咸阳的消息，大惊失色，赶紧命令章邯率军迎战。正在休整的周文大军被突如其来的几十万秦军打得措手不及，被迫退出关中。章邯带兵继续东进，围攻荥阳的农民军面临腹背受敌的危险。在这紧要时刻，起义军将领田臧与假王吴广意见不合，田臧假借陈胜之名将吴广杀害。最终，这支起义军部队全军覆没。

两军形势就此开始逆转。章邯解除了起义军对荥阳的包围攻势后，即倾全力进攻陈县。秦二世二年十二月（公元前208年，秦制以十月为年初），陈胜率农民军与秦军展开激战，

[①]古代重要粮仓。秦设置。在今河南荥阳东北敖山上，当处黄河和古济水分流处，中原漕粮由此输往关中和北部地区。汉魏仍在此设仓。后泛称粮仓为敖仓。
[②]秦二世，即胡亥（公元前230年—前207年），亦称二世皇帝，嬴姓，秦始皇第十八子，公子扶苏之弟，秦朝第二位皇帝。

虽奋力拼搏，终究未能挽回败局，被迫退至下城父（今安徽蒙城西北），准备重新聚集力量继续反秦。但没想到的是，陈胜竟被跟随他数月的车夫庄贾杀害，一代反秦义军先驱就此殒命，成为千古遗恨。陈胜死后，被埋葬在芒砀山（今河南永城芒山镇）主峰西南。

其实，在陈胜称王以后，起义军内部的弱点就逐渐暴露了出来。比如，早先和陈胜一起给地主种田的一个同乡听说陈胜做了王，特意从登封阳城老家到陈县找他，敲了半天门却没人搭理。直到陈胜外出时，他拦路喊了陈胜的小名才被陈胜召见。这位同乡是陈胜的故友，仗着自己和陈胜的情谊，在军营进进出出比较随便，有时会讲陈胜的一些旧事。不久后，就有人对陈胜说："您的客人愚昧无知，胡说八道，有损于您的威严。"陈胜听后十分气恼，竟然把这位同乡杀了。

作为平民阶级的代表，陈胜在获得权势之后，竟将当年所说的"苟富贵，勿相忘"抛到了九霄云外，学起了那些残暴的上层阶级，稍有不如意就拿权势压人，难怪他的老朋友寒心，不再跟随他做事。

当初的少年之志终究被锦绣烟云蚕食，"苟富贵，勿相忘"成为一段没有结果的情谊。

陈胜从谋划起义，到称王立国，再到兵败被害，前后不过半年时间。虽然时间很短，但他点燃的反秦烈火烧遍了大半个中国，在农民起义史上留下一笔不可磨灭的重彩。"陈胜虽死，其所置遣侯王将相竟亡秦，由涉首事也。"三年后，刘邦领导的农民起义军杀入咸阳，推翻了暴秦统治，中国历史上第一次大规模农民战争最终取得了胜利。刘邦称帝后，追封陈胜为"隐王"，派三十户丁役守护陈胜墓，并按王侯待遇年年杀牲祭祀。司马迁在编写《史记》时，也感念陈胜"首事"亡秦之功，将他与王侯同列，并作《陈涉世家》以记载他的生平事迹。

历史典故

▶ 燕雀安知鸿鹄之志哉

陈胜早期的一句名言，原意是燕雀怎么知道鸿鹄的志向呢！比喻平凡的人不知道英雄人物的志向。

▶ 苟富贵，勿相忘

陈胜早期做苦役时的一句名言，意思是"如果（你）（将来）富贵了，不要忘记（我）"。

▶ 王侯将相，宁有种乎！

陈胜、吴广起义时喊出的口号，意思是难道那些做王侯将相的，都是天生的贵种吗？他们通过这个口号号召广大贫困农民起来抗争。

▶ 篝火狐鸣

陈胜、吴广假托狐鬼之事以发动群众起义，夜里把火放在笼里，使火光隐隐约约像磷火，同时又学狐狸叫。后用来比喻策划起义。

赵匡胤

杯酒释兵权的传奇缔造者

名人档案

姓　　名：	赵匡胤
出 生 地：	洛阳
时　　代：	五代—宋
称　　号：	香孩儿
身　　份：	宋朝开国皇帝
时代名人：	郭威、柴荣
特　　长：	骑马射箭、作战

基本概况

　　后汉时，赵匡胤投奔枢密使郭威，战功卓著。后来在周世宗柴荣病重时，被擢升为殿前都点检，成为禁军最高统帅。后周显德七年（960），赵匡胤在"陈桥兵变"中黄袍加身，逼迫后周恭帝禅位，随后改元建隆，立国号"宋"，史称宋朝或北宋。

　　赵匡胤在位期间，两次"杯酒释兵权"，削夺禁军将领及地方藩镇的兵权，调整文武关系，同时改革官制，加强中央集权。施行的"重文轻武、守内虚外"政策，对宋朝积贫积弱局面的形成有很大影响。

不同寻常的"金光娃娃"

公元927年3月21日，在夹马营（今河南洛阳瀍河辖区）一户赵姓人家，随着一道奇异的赤红光亮出现，一个孩子诞生了。与此同时，一股奇异的香味充斥在屋子的各个角落，刚出生的这个小娃娃身上布满了寻常人家不曾见的金色。

"这孩子不是凡人，将来必定大有作为啊！"看到异象的邻里都这么说，一副与之共荣的样子。当然，孩子的父母更高兴，生了个"金光娃娃"，让他们沾了不少喜气。因为长子过早夭折，所以父母不敢在起名字这件事上大意，两口子苦思冥想，要起一个能带给孩子福气的好名字。最终，他们决定给这个孩子起名为"赵匡胤"。匡是盛东西的方形竹器，胤指子孙相承。匡胤，就是"匡正后代，子孙相承"。

可以说，父母寄予了赵匡胤很大的厚望。

用今天的话来说，赵家在当时是军人世家，赵匡胤是军人子弟，他身上自然也刻上了属于军人子弟的种种特质。比如，在别人还不敢独自上马的年纪，赵匡胤就想驯服一匹烈马。但你想，烈马为什么被叫作烈马，因为它有力气，有脾气，忍受不了有人把它当坐骑。少年赵匡胤虽然有勇气与冲劲儿，但他并不能轻易将烈马驯服。烈马察觉到有人想坐上自己的背，跟发了疯似的，带着赵匡胤直直地往城墙冲撞而去，将赵匡胤重重地摔在了地上。就在所有人都为赵匡胤的性命担忧时，他却在众人诧异的目光中，坚定地站了起来，再次跃上马背，尝试驯服它。最终，功夫不负有心人，这匹烈马成为赵匡胤的坐骑。

旁人都称赞"金光娃娃"有天助之福，都想离他近点儿，沾点儿好运。确实如此，赵匡胤的运气无比好。

有一次，赵匡胤在友人的房中议事，无意间看见外面有几只麻雀在打架，一时看得入迷，便走了出去。结果就在他出门的那一瞬间，身后的房屋发出"轰隆"一声响，原本屹立的屋子变成了一片废墟。

无论是在赵匡胤生活的年代还是在今天，人们听到这样的故事时，反应总是相似："他的运气真好，果然有上天保佑啊！"然而，这样的神奇经历，在他的一生中，却是再平凡不过的。

数年之后，发愤图强、励精图治的赵匡胤在动荡的五代十国中抓住了宝贵的机遇，在陈桥发起了一场"不染血"的兵变，成功黄袍加身，在开封建立了北宋王朝，结束了百姓们深恶痛绝的战火。曾身怀异象的"金光娃娃"，一跃成为统一五代十国的历史名人。

偏爱"羊肉泡馍"的宋太祖

据民间传说，五代末期，赵匡胤家道中落，他由一个家境殷实的富家子弟沦为一贫如洗的穷小子。一天，他孤身一人在长安（今陕西西安）的大街上游荡，饥肠辘辘，实在难忍。最后，饿得受不了的赵匡胤放下脸面，可怜兮兮地向一位卖烧饼的店家讨烧饼吃。店家古道热肠，看到赵匡胤狼狈的模样，很同情，就给了他两个两天前未卖出去的烧饼。烧饼坚硬无比，赵匡胤实在是难以下咽。

这时，赵匡胤忽然嗅到了一股香味，原来不远处有一家肉铺正在煮羊肉。赵匡胤灵机一动，迈开步子，去向肉铺的主人讨要了一碗煮肉剩下的汤，然后把硬邦邦的烧饼掰碎后放进了汤里。原本坚硬无比的烧饼沾上浓汤之后，刹那间变成了松软香浓的"汤泡馍"，喷香无比，赵匡胤吃得浑身发热，饥饿感一扫而光。

后来，当上皇帝的赵匡胤每日吃的都是山珍海味，再也没体会过饿肚子的滋味。时间长了，赵匡胤吃什么都没有感觉。忽然，他想到了当年自己在街头吃到的那碗热气腾腾的"汤泡馍"，立刻兴致勃勃地吩咐御膳房给他准备，但是御膳房里的厨子做出的味道让他大失所望。不管怎么做，他都觉得皇宫里的"汤泡馍"与当年自己在街头吃到的那一碗"汤泡馍"味道相差甚远，怎么都吃不出当年的美味。

后来，赵匡胤巡视时路过长安，回到他曾经游历的街道上，再次嗅到一股熟悉的味道。他当即叫停马车，循着美味找到饭店，吩咐掌柜给他做一碗"汤泡馍"。小掌柜一生中哪有直接面圣的机会？又惊、又喜、又怕，想推托却又不敢。此时，街上的其他烧饼铺都已经关了门，权衡之下，掌柜只好让妻子做了一块饼。饼做好以后，掌柜又害怕赵匡胤觉得这是一个用没发好的面做的饼子，就把饼仔细地切碎，放进碗里，再浇上炖得香香的肉汤，才敢端到赵匡胤面前。

赵匡胤也不多言，接过碗立即吃了一口，记忆中的味道在他口中盘旋。当下，赵匡胤也不顾忌皇帝的身份，狼吞虎咽地吃了起来。

一夜之间，长安城里到处传播皇帝爱吃羊肉泡馍的消息，许多人闻名而来，到这家铺子品尝让皇帝都赞不绝口的美味。久而久之，羊肉泡馍成了长安的美食风尚，而赵匡胤也成了历史上著名的羊肉泡馍的"代言人"。

此后，羊肉泡馍经常出现在与长安有关的历史传记与文学作品中。宋代苏轼就有诗："秦烹唯羊羹，陇馔有熊腊。"羊羹，就是羊肉泡馍。

赵匡胤这位不喜山珍海味、偏爱百姓风味的皇帝，因其亲民的形象得到了百姓的爱戴。

充满计谋的"杯酒释兵权"

宋朝初期,赵匡胤召见臣子赵普[①],问:"大唐灭亡后的几十年里,虽换了八个皇室家族,但天下仍旧战乱不断,百姓过着苦难的生活。作为天子,我不能对这一切袖手旁观。究竟我要怎么做才能制止天下的战事,以求国泰民安,让百姓生活在和平的环境之中呢?"

赵普回答:"陛下,造成这样的局面并非别的原因,只不过是因为君太弱而臣太强了。今日如想要解决这样的情况,唯有削弱藩镇的权力,限制他们的财政,收回他们的精锐军队,才能使天下太平。"

听了赵普的话,赵匡胤愁得睡不着觉。君弱臣强,万万不能出现这样的局面,但现在手握兵权的,全是自己的老朋友、扶持自己称王的左右手啊!如果按照历史上君王采取的手段,他们必然不得善终,可赵匡胤更看重自己和他们的情谊。

抉择两难,赵匡胤不知如何是好。

赵匡胤辗转反侧多天,终于下定决心,想到了一个好方法。如果手段强硬,手下的臣子定然会反抗,不如靠情谊,让他们自己弃权。

于是,赵匡胤摆好酒席,把石守信等禁军高级将领留下,开始"诉苦":"唉,我当上皇帝后,整夜睡不着觉啊!"

石守信等人大惊失色:"陛下何出此言,如今天下已经是您的,还有谁敢对您有二心呢!"

赵匡胤接着说:"谁不想要富贵呢?如果有一天,有人把黄袍披在你身上,拥戴你当皇

[①]五代至北宋初年政治家,后周北宋开国功臣。后周显德七年(960),赵普策划发动陈桥兵变,帮助赵匡胤推翻后周,建立宋朝。

帝，即使再不想造反的人，怎能禁得住这样的诱惑呢？"

石守信等将领立刻明白了赵匡胤的想法，纷纷跪下磕头，哭着表明忠心，也试探昔日的兄弟、如今的皇上想让他们怎么做："臣等愚昧，不知此事该怎么处理，还请陛下可怜我们，指示一条生路。"

"人生苦短，你们整日为我劳碌，倒不如多积累一些金钱，买一些房产传给后代子孙，日夜饮酒相欢，以终天年，这样不是很好吗？"

石守信等人纷纷称是，各个都说自己想当田中乐翁，过逍遥自在的生活。

第二天，酒席上的各位军将就称病请辞，赵匡胤上演了一出热泪洒襟的挽留大戏。可惜，将军们各个都因为"身体不适"非要回家，赵匡胤也没办法，只得批准他们的请求，让他们回家好好休养。

如此，兵权自然就收回到赵匡胤手中。他又另选了一些资历浅、威望不高的人担任新的将领，加强皇权对军权的控制。

陵址的不寻常选择

河南省巩义市市郊的麦田中，矗立着一个个"麦田守望者"——神道石像生（陵墓神道石刻群）。这些由石头雕刻而成的文武官员和珍奇走兽组成的石像生，守卫着他们的君王——赵匡胤。

北宋在开封定都，赵匡胤却选择在巩义修建自己的陵墓，这是为什么呢？相传在赵匡胤建国后，因为开封位于平地，易受黄河之害，他便想在洛阳设立都城。洛阳地势好，既可以进攻，又便于防守，无论是出于军事目的还是政治目的，都是很好的选择。赵匡胤提议迁都

图源：郑州市文物局

北宋皇陵石像生

洛阳时，却被他的弟弟晋王赵炅（即赵光义，太宗即位后改名）和其他大臣们否决了，这让他很郁闷。

在从洛阳返回开封的路上，赵匡胤一想到自己迁都的愿望没能实现，就忧叹连连。他走上高台，面对着西边弯弓搭箭，对着身后的大臣们说道："我既然活着不能在西京生存，那我去世后就将自己的尸骨埋在那里。"说罢，他一箭射出，箭正落在今距洛阳不远处的巩义，他便定下了自己的埋骨之地。

其实，赵匡胤早就请人测算，知道自己适合葬在东南高、西北低的地方。他派擅长天文、卜算的司天监为自己寻找合适的陵址，最后找到了位于郑州与洛阳交界处的巩义。这里有洛水贯穿县城，土壤条件好，水势环抱，南边有嵩山，北靠黄河天险，东枕青龙山，不仅风水好，还有很多可以用来建造大型地宫的石头。于是，赵匡胤权衡之后，便下令将巩义定为陵址。他的子孙后代也纷纷效仿。除了徽、钦二帝死于漠北外，北宋七帝均葬于此，加上赵匡胤父亲赵弘殷的永安陵，俗称"七帝八陵"。此外，帝系宗亲和名将勋臣陵墓近千座。

有关赵匡胤的历史故事还有许多，然而无论是传说还是史实，赵匡胤创下的功绩是毋庸置疑的：一方面，他作为五代十国的终结者，让饱经战火之苦的民众有了一个和平安宁的生产生活环境；另一方面，他作为大宋王朝的开拓者，开辟了一个全新的时代。他既是勇猛的"承前"者，又是无畏的"启后"者！

历史典故

▶ 卧榻之侧，岂容他人鼾睡

开宝八年（975），赵匡胤出兵讨伐南唐时，南唐后主李煜派徐铉一同前往开封，请求罢兵。徐铉到后，先说："李煜无罪，陛下师出无名。"赵匡胤便下诏让使者升殿，让他陈述理由。徐铉说："李煜以小事大，就好比儿子侍奉父亲一样，并没有什么过失，为何被征伐？"赵匡胤听后，应声而答："既然是父子，为什么在两处吃饭？"徐铉无言以对。

之后，徐铉再度奉命出使，谈到李煜侍奉大国甚为恭敬，只是因病不能入朝觐见，并非抗拒诏命，请求赵匡胤缓兵以保全一邦性命。后来，他与赵匡胤反复论辩，语调愈加拔高，赵匡胤大怒，按剑直言："你不用多说什么，江南没有什么罪过。只是天下既为一家，卧榻之侧，岂能容忍他人鼾睡！"徐铉闻言，惶恐退下。

关联遗产地

▶ 北宋皇陵

　　北宋皇陵位于河南省巩义市，占地面积180多平方千米，是中国历史上著名的陵墓群之一，代表了中国古代帝王陵墓的典型风格和规模。

　　北宋皇陵的规模宏大，陵墓区域布局精巧，包括了墓道、石像、石刻、石狮等各种陵园景观，展现了古代帝王陵墓的壮丽气势和皇家文化的审美特点。据统计，北宋皇陵各类石刻共计1 027件，是我国现存最完整的古代陵墓造像群之一。其中永昌陵作为开国皇帝赵匡胤的陵寝，南北长546米，东西宽230米，陵区现存石刻47件，规模宏大，地上建筑宏伟，是中国文化史上的重要遗产，对于研究宋代历史和文化具有重要意义。

　　北宋皇陵以其独特的历史价值和文化内涵，成为中国历史文化遗产中的一颗璀璨明珠。每年数以万计的游客前来参观游览，领略宋代陵寝制度的典章文物，同时也体验到了中华传统文化的博大精深。

图源：河南知新营造规划设计有限公司

北宋皇陵

名人交流会

大王集合地

黄帝：各位，今天真是一个难得的机会，能够与诸位共同交流。我非常好奇，作为一国之君、天下霸主，请问大家在治理国家方面有什么经验呢？

大禹：我为了治理洪水，兢兢业业，划分九州，才让江山安定。国泰民安，始于治水有方。我认为治理国家不能忽视水土的治理。

商汤：大禹让洪水退去的伟业着实让人敬佩！

大禹：谬赞谬赞（害羞）！

黄帝：你三过家门而不入的精神值得我们学习。要是当初有个好的治水工程队伍，也许就不用你这么费劲儿了。

郑桓公
没错，治理国家也得靠一群靠谱的臣子啊！

郑武公
就像是运转一台复杂的机器，任何一颗螺丝钉都会影响到机器的正常运转。

郑庄公
这话说得好。国家如同一台机器，某些部件出现问题，就会影响整台机器的运转。我认为，国家要强盛，还需要培养人才，让有志之士为国尽忠。

商汤
看来大家的观点都一样。在商朝时，我为了推动经济繁荣，实施土地制度，发展商业贸易，让国家富强、人民幸福，可是费了很大的力气。若是没有伊尹这些能臣帮忙，恐怕不会进展得那么顺利。

郑桓公
坚定的领导者是国家稳定的关键。我们这些领导者在治理国家时同样也很重要，若是昏君掌权，必然民不聊生。

郑武公
这叫作"水能载舟，亦能覆舟"，什么时候都要把人民放在首位。

陈胜
哈哈，听各位大人物说得头头是道，我这个农民都不敢插嘴了。

政治领袖

赵匡胤
别谦虚了，陈老大，您可是领导了一场惊天动地的大起义。

黄帝
民间英雄也是我们国家的脊梁嘛，各位都是国家的栋梁之材。

大禹
对啊，就像修水利一样，人民大众中也有好多大英雄。

陈胜
感谢老前辈们的抬爱。确实，民为邦本，若不是他们，我也难以给国家带来新生的希望。治理国家，要依靠人民的力量。

赵匡胤
治理国家需要领袖的果断决策和人民的拥护。只有大家共同努力，国家方能兴旺发达。

黄帝
治理国家无小事。大力治水，发展经济，保持边境安宁，坚定领导，培养人才，依靠人民的力量，果断决策，方能国泰民安。共勉之！

跟着历史名人读郑州·政治名家篇

🌳 阅读树

- 《黄帝》
- 《大禹治水》
- 《国而忘家——大禹》（《人文地理》第一集）
- 《仁德治国——商汤》
- 《中华战争通史：商汤灭夏》
- 《周王室的衰落》（《中国通史》）
- 《中国通史》之《揭竿而起：秦末陈胜吴广起义》
- 《中国十大王朝：大宋王朝》

纪录片

政治领袖

《人文初祖：黄帝神话》

《黄帝》（钱穆作品精选）

《黄帝·大禹》（绘本）

《网开三面：商汤》（绘本）

《商汤辨味识才》（绘本）

《陈胜王》

《宋太祖赵匡胤传》

《郑国的故事》（中文分级阅读）

《东周列国志》（青少版）

课外读物

087

治世能臣

回望历史，总有这样一些人，他们夙兴夜寐，忧深责重，能临大事决大义，不动声色立社稷；他们志在家国、忠诚恳挚，可理百官之序，使庙堂上下得宜；他们投躯报主一腔热血，文可作辞令分布四方，武可上马治国安邦。他们如同天上的明星一般，守护着他们的家和国，在五千多年文明中闪耀发光。今时今日，抬望眼，仍能听他们仰天长啸，感他们壮烈激怀。竹帛书勋映日月，千古遗风世共叹。他们的功绩长存于世，如同蕙草香芷留在泥土中的根一般，德载千秋满乾坤。这个单元，我们就一起来看看这些留名青史的社稷功臣是如何安国利民的。

烛之武　弦高

被低估的『小人物』

治世能臣

名人档案

姓　　名：	烛之武
时　　代：	春秋时期
身　　份：	圉（yǔ）正（养马官）
出 生 地：	兰考县
同框人物：	佚之狐、秦穆公
特　　长：	辩论

基本概况

公元前630年，秦、晋合兵围郑，烛之武只身前往秦营，向秦穆公陈说利害，拯救郑国于危难之中。民间对他的评价是："五论救弱国，妙语退秦师。"

姓　　名：	弦高
时　　代：	春秋时期
身　　份：	贩牛商人
出 生 地：	新郑市
同框人物：	蹇叔、秦穆公、孟明视
特　　长：	外交

鲁僖公三十三年（公元前627年），弦高去周王室辖地经商，途中遇到秦国军队，得知秦军要去袭击郑国时，假装郑使犒师，智退秦军。

在历史长河中，平凡的人比比皆是，能被史册泼墨书写的俊杰实属不多。平凡人与俊杰的最大区别，就在于能否抓住屈指可数的机遇，创造不凡的功绩，被世人铭记。烛之武和弦高大半生和普通人一样，忙忙碌碌，后来他们却抓住了机遇，得以青史留名。

烛之武退秦师

烛之武，春秋战国时期郑国人。"烛"是一个地名，"之"是一个连接词，可以当作"的"，"武"才是他的名字。例如郑州的李四，就是"郑之四"。烛之武在郑国一直担任"圉（yǔ）正"，也就是负责养马的官，相当于《西游记》里孙悟空最初的官职"弼马温"，只是一个养"凡马"，一个养"天马"罢了。然而，就是这样一个小小的养马官，却在历史上拥有了自己的高光时刻。这是怎么回事呢？一切还要从秦晋伐郑[1]开始说起。

公元前630年，秦晋两国结盟伐郑，士兵们一路势如破竹，深入郑国境内，占领了大片国土，晋文公重耳[2]扬言得到郑君才甘心。被恐惧包围的郑文公听从了大夫[3]佚之狐的建议，找到了年过七十、须发皆白、身子佝偻、步履蹒跚的烛之武。烛之武听到郑文公让他去和秦穆公[4]谈判，让秦军退兵，十分震惊，并没有第一时间应允，而是推辞说："我年轻时尚且不如别人，现在老了更没有能力办事情了。"之所以这么说，一是他真的觉得自己没有那么大的能力，二是想侧面表达年轻时没被重用的委屈。满腹才华却庸碌一生，烛之武心里肯

---

[1] 鲁僖公三十年（公元前630年），晋与秦联兵围郑，讨伐其对晋公子重耳的不礼行为。
[2] 姬姓晋氏，是春秋时期晋国的第二十二任国君。
[3] 地位在丞相之下，门客、谋士之上的文职官员，主要管理迎宾、祭祀、公共事务、外交等方面的事情。
[4] 嬴姓赵氏，名任好，春秋时期政治家，秦国第九位国君。

定不是滋味。

郑文公知道烛之武是在自谦，也是在抱怨，于是急忙道歉："我早先没有重用您，现在危急之中来求您，这是我的过错。但是郑国若灭亡了，对您也不利啊！"烛之武看到一国之君向自己认错，十分感动，他明白在家国大义面前，任何推辞都是不应当的。没有过多考虑，头发花白的烛之武就扛起了出使谈判的重任，伛偻着身子上了城墙。

夜晚，烛之武让城墙上的士兵用绳子将他放下去，只身一人去见秦穆公。秦穆公听到郑国派了个不知名的老汉过来谈判，并未放在心上，但烛之武说的话却让他为之一惊。

"秦、晋两国围攻郑国，郑国肯定会灭亡。但如果灭掉郑国对您有好处，我怎么敢来劳烦您呢？秦国和晋国相邻，郑国则和晋国接壤。今日若你们胜了，肯定要瓜分我们郑国。但您怎么能越过晋国把远方的郑国作为秦国的东部边境呢？这当然很困难。所以，您何必要灭掉郑国而增加邻邦晋国的土地？到时候，霸占了郑国的晋国国力雄厚了，秦国的国力就等于削弱了啊！如果您能放弃灭郑，郑国可以成为秦国的好友。秦国使者往来，郑国可以随时供给他们所缺乏的东西。对秦国来说，这可是百利而无一害的！

"况且，您曾经对晋惠公[①]有恩惠，他也曾答应把焦、瑕二邑割让给您。然而，他早上渡河归晋，晚上就筑城拒秦，这是您知道的。晋国背信弃义不知满足啊！

"现在晋国即将得胜，已经把郑国当作囊中物，到时肯定会侵害秦国获取土地的利益！这场战争最终会让秦国受损而使晋国受益，您一定要三思啊！"

烛之武旧事重提，从秦、晋两国的历史关系下手，让秦穆公想起晋国曾经过河拆桥、忘恩负义的背德之事，借此阐明晋国贪得无厌的本性；还从战争结果出发，触及秦穆公的软

[①] 姬姓晋氏，名夷吾，晋文公之弟，春秋时期晋国第二十任君主。在秦穆公的帮助下即位，许诺将晋国河西的地区割让给秦国，即位后却背信弃义，拒绝履行诺言。

肋，让其意识到晋强危秦的局面。如此一番游说过后，秦穆公不仅与郑国订立了合作盟约，还留下了杞子、逢孙、杨孙等人率军帮助郑国守卫国门。

秦军撤退后，晋国的大夫狐偃等人对秦穆公背叛盟约的行径十分不满，请求晋文公趁机攻击秦军。然而晋文公重耳却认为秦有恩于晋，万万不能做背信弃义的事，他不想因为郑国而失去秦国这么一个盟友。在秦军撤退后，晋国知道伐郑不成，便跟着秦国撤了军，临走之前还与郑国订立了友好盟约。秦晋伐郑之战，硝烟未起，兵戈已偃于唇舌之间了。

在国家存亡的危急关头，烛之武凭借对时局的洞若观火、明察秋毫，以秦晋两国之间不可调和的矛盾，用惊人的辩才慷慨陈词，最终保全了郑国。后来，烛之武有没有因此受到封赏继续做官，我们不得而知。但我们知道，他人生中最灿烂的这一刻被载入史册，名为《烛之武退秦师》[1]，流传至今。

弦高犒师，滞敌救郑

弦高是春秋时期郑国的商人，经常来往于各国之间做生意。他之所以留名于史，也和晋、秦两国有关。

当年，烛之武退秦师后，留在郑国的三个秦国将军听到郑国又和晋国订立了友好盟约，怫然不悦，连饭都顾不得吃，便急忙派人向秦穆公报告，要求再次讨伐郑国。秦穆公得到这一消息后，虽然心里很不痛快，但是也不愿跟晋文公扯破脸皮，只好暂时忍着。

次年，也就是公元前628年，晋文公重耳去世，他的儿子襄公即位。这时秦穆公的属下对秦穆公说："晋国国君重耳刚死去，还没举行丧礼。趁这个机会攻打郑国，晋国决不会插

---

[1] 收录于《左传》。《左传》是我国历史上第一部叙事详细的编年体史书，相传为春秋末年鲁国史官左丘明所著，主要记载了春秋前期各国政治、经济、军事、外交和文化方面的事情。

手。"留在郑国的三位将军也送信给秦穆公说:"郑国北门的防守现在掌握在我们手里,您秘密派兵来偷袭,一定能成功。"

秦穆公得到消息后喜不自胜,立刻召集大臣们商量攻打郑国。然而,就在这个关键时刻,两个经验丰富的老臣蹇叔和百里奚却都投了反对票。蹇叔说:"调动大军偷袭这么远的国家,能瞒得了谁,他们一定会早早准备。而且即便军队到了郑国,也会精疲力乏,我们怎么取胜呢?"

蹇叔说的话很中肯,可惜秦穆公不听,他派百里奚的儿子孟明视为大将,蹇叔的两个儿子西乞术、白乙丙为副将,让他们率领300辆兵车去攻打郑国。

于是,公元前627年,秦国的军队浩浩荡荡出发了。本来是打算偷袭,结果动静很大,连身在洛阳的周王都知道了秦国要去攻打郑国的事情。周王的孙子王孙满点评道:"军队进入险地,行动轻浮没有谋略,想不失败都难啊。"

不过,秦国势大,根本不害怕行踪败露,认为郑国区区一个弱国,即使知道他们来打仗,也没办法阻拦,丝毫不忌惮他们。

秦国的大军进入滑国地界,准备进攻不远的郑国。然而就在大战一触即发之时,意外出现了—— 一个叫作弦高的郑国人突然出现,说自己是郑国派来的使臣,想要求见秦国主将。

"我们的国君听到三位将军要来的消息,特地派我送上一份微薄的礼物,慰劳贵军将士,表示一点心意。"随后,弦高献上了四张熟牛皮和十二头肥牛。

这句话虽然说的是送礼,但孟明视听出了"弦外之音"——"我们国君听说你们要来打我们郑国,特意派我前来警示各位,我们已经做好了充足的战争准备,随时奉陪。"

秦国定下的计谋是在郑国毫无准备的时候进行突然袭击。如今弦高一来，就表明郑国已经知道了他们的打算，偷袭就不可能成功了。

孟明视权衡一番，想着自己的军队如今疲惫不堪，毫无战斗力，而郑国的兵士此刻肯定已整装待发，到时候胜败难料。他思索一番，收下礼物，决定放弃攻打计划，对弦高说："我们并不是到贵国去的，你们何必这么费心？回去吧！"

弦高走了以后，孟明视想着既然来了，也不能无功而返，于是就转头灭掉了滑国，回去复命，他始终都不知道自己上了弦高的当！

其实，弦高只是个牛贩子，在赶牛到洛邑做买卖时碰到秦军。聪慧的他得知了秦军的来意，在来不及向郑国报告的情况下，不顾性命安危，一边冒充郑国使臣骗孟明视退返，一边派人连夜赶回郑国向国君诉说原委，让他们赶紧准备打仗。

在得到弦高的情报之后，郑穆公立刻叫人到北门观察驻在郑国的秦军的动静，果然发现他们把刀枪打磨得雪亮，将马匹喂得饱饱的，颇有一种要打仗的气势。郑穆公气急败坏，立刻驱逐了驻扎在郑国的三个秦国将军。

这三位秦国将军知道机密泄露，不得不逃奔他国。返回秦国的孟明视军队在崤（xiáo）[①]遭遇晋军的伏击，几乎全军覆没。这一遭，秦国损失了不少人马。

而让秦军遭此重挫的最主要的人物，就是郑国贩牛商人弦高。事情结束后，弦高并没有接受国君的嘉奖，只是说："忠于国家是理所当然的。"天下兴亡，匹夫有责。弦高作为郑国普普通通的国民，真真切切地做到了将国家视为一切。

在国家大义面前，烛之武并没有纠结于几十载的人情冷暖，而是深明大义、不计得失，

[①]崤山，山名，在河南省。《左传·僖公三十三年》中记载："晋人及姜戎败秦师于殽。"

临危不惧、夜缒而出，以一身傲骨慷慨许国；在国家存亡之际，弦高不惧刀锋博弈，挺身而出，机智交涉，吓退敌军。曾经，他们是无人知晓的"小人物"；如今，他们是无人不知的大英雄。无论是怀才不遇的烛之武还是妙语救国的烛之武，无论是奔波牛市的弦高还是骗退秦军的弦高，都应被历史铭记，被世人赞叹。他们爱国奉献的精神长生，他们坚定无畏的气概永存！

历史典故

夜缒而出，见秦伯，曰："秦、晋围郑，郑既知亡矣。若亡郑而有益于君，敢以烦执事。越国以鄙远，君知其难也，焉用亡郑以陪邻？邻之厚，君之薄也。若舍郑以为东道主，行李之往来，共其乏困，君亦无所害。且君尝为晋君赐矣，许君焦、瑕，朝济而夕设版焉，君之所知也。夫晋，何厌之有？既东封郑，又欲肆其西封，若不阙秦，将焉取之？阙秦以利晋，唯君图之。"秦伯说，与郑人盟。使杞子、逢孙、杨孙戍之，乃还。

（节选自《烛之武退秦师》）

子产

反乌托邦式的革新典范

名人档案

姓　　名：	子产
出 生 地：	新郑
时　　代：	春秋中后期
称　　号：	春秋第一人
身　　份：	执政卿、政治家
时代名人：	孔子
特　　长：	编法典

基本概况

　　子产是春秋时期著名的政治家、思想家。历史典籍以"子产"为通称，也称其为"公孙侨""公孙成子""国侨"等。他是郑穆公的孙子，公子发的儿子。公元前554年为卿，公元前543年执政，在政期间，他既维护公室的利益，又限制贵族的特权，并进行自上而下的改革，先后辅佐过郑简公、郑定公，郑国在子产的推动下呈现出中兴局面。他还提出了人性观念，认为"夫小人之性，衅于勇，啬于祸，以足其性而求名焉者"，成为中国哲学史上探讨人性问题的开端。

春秋末期，王室衰微，统治天下的天子名存实亡。晋楚齐秦等诸侯国称霸群雄，不仅肆无忌惮地破坏由王室构建的礼教纲纪，还经常发起战争，伺机兼并周围的小诸侯国，以此扩大自己的地盘，争权夺利。如何生存下去，成为当时小诸侯国所面临的最紧迫的问题，遑论破除桎梏，走向兴盛？但是谁也没想到，在这样紧迫的局势下，那个一直被霸主晋国和楚国不停撕扯的小小郑国（今河南省新郑市）竟然拥有了小国的生存之道。而创造这个奇迹的头号功臣，就是今天故事的主角——郑国的执政卿子产。

从贵族青年到执政卿

子产名侨，出生于郑国公室，祖父郑穆公是郑国的第十一任国君，父亲则是郑穆公的庶子公子发，本人是个妥妥的贵族后代。在那个资源紧张、文化禁锢的时代，他的贵族身份赋予了他优渥的生活条件和受教育条件，造就了他极高的政治眼光和先进的社会理念。这些伴随他的一生，指导他安内攘外、中兴郑国。

郑简公元年（公元前565年），郑国听从晋国的命令，前去攻打中等诸侯国蔡国。子产的父亲公子发士气高昂，率军进攻，竟然取得了胜利。对于这个意料之外的结果，整个郑国都很高兴，上上下下都在庆祝，唯独意识到危险的子产躲在一旁闷闷不乐，他说："小国没有文德，却有了能攻打别国的武力，再没有比这更大的祸患了。到时候楚国人前来讨伐我们，我们敢不顺从他们吗？一旦顺从了楚国，晋国的军队就一定会来。晋楚两国进攻郑国，郑国最少有四五年不得安宁。"

看着儿子毁自己的志气，尚沉浸在胜利中的公子发愤怒地对他说："你知道什么？国家有出兵的重大命令，而且有执政卿在那里把持方向。你这个小孩子说这些（丧气）话，是会被杀的。"所有人都认为子产在胡言乱语，没有意识到在那个乱世中，一个小国只有武力而没有令众人敬仰的文德，很容易成为大国列强的靶子。果不其然，没过几年，晋国和楚国就联合进攻郑国。幸亏晋国看在曾经一起攻打蔡国的面子上接受了郑国讲和，郑国才得以避免被灭的命运。

然而，一波未平一波又起，刚解决完外患的郑国还没来得及喘口气，又出现了内忧。公元前563年，几位从政大臣率领叛乱分子杀死了王室子弟公子发、公孙辄等人，还将国君郑简公劫持到了北宫。郑国朝廷形势危急，内乱让国人手足无措。这时，子产在听到叛乱消息的第一时间立刻设置守门警卫，配齐所有官员，在完成防守准备后让士兵排成行列出动，收拾父亲公子发的尸骨，进攻北宫，杀死叛乱者。

临危不惧，行动利落，条理清晰，有勇有谋，这位年少的俊才用行动告诉所有人，是他挽救了郑国。

叛乱平定后，公子嘉成为国君。刚登上王位的他打算专权独揽，便制作盟书，规定官员各守其位，听取执政法令，不得参与朝政。这个消息如当头棒喝，引得朝廷内外十分不满，大夫、官员们、卿的嫡子们都不同意公子嘉的命令。大权在握的公子嘉为了满足自己的欲望，想诛杀有不同意见的官员。子产知道公子嘉的想法后立刻劝阻，并请求他烧掉盟书。经过一番辩驳，公子嘉在仓门的外边烧掉了盟书。众人的性命得以保全，朝廷也安定了，子产的美名又一次被传颂开来。

公元前554年，国民越发不满公子嘉的独断专行，于是公孙舍之、公孙夏联合杀了公子嘉。公孙舍之成为新国君，他信任子产的贤能，任命子产为卿。明珠璨光，宝器见世。自此，这位贵族青年开启了他灿烂又艰辛的政治生涯，长久隐藏在他内心的政治抱负也逐一显现。

锐意进取的改革家

子产任卿大夫的时候，郑国还只是一个中等诸侯国。在大国作乱、争战频发的年代，郑国尚未拥有保护国民的足够底气。想让郑国更好，让郑国国民更好，势必要增强国力，改变被大国欺压的现状。而改变的第一步，就是革新。

想要救世的子产深知这一点。他不要做生活在乌托邦的理想家，而是要做个实干派。经过仔细考虑，他在晋国和楚国休战后紧紧抓住了大国争霸休养期的机遇，锐意改革。不仅"作封洫"，限制侵占土地的豪族，还"作丘赋"，打破了国野界限，扩充兵员，增加财政收入。与此同时，子产还"铸刑书"，向社会全面公开刑法条文，开创了我国历史上公布成文法的先河。另外，子产还团结国内的公族，择能而使、知人善任，懂军事的人就派往军队辅助练兵，能言善辩的人就派去搞外交。子产拥有了强大的顾问团队和执行团队，战国时期的学者们对他十分推崇。

政策下达后，子产积极听取国人意见，根据民生情况积极稳妥地修正内政，提升郑国自身的综合实力。这些改革给郑国带来了不少新气象。

经济稳定发展后，子产开始练兵，增强郑国的军事实力。同时，他还特别注重对外关系建设、外交刚柔并济、不卑不亢。在我们所熟知的故事中，"子产告范宣子轻币"成功减少了郑国承担的很多赋贡，"子产却楚逆女以兵"化解了楚国因军队迎亲造成的危机，"子产

跟着历史名人读郑州·政治名家篇

把乡校废了,你说咋样?

为啥?大家伙儿干完活儿到这儿聚聚,唠唠嗑不怪好嘞?

他们光说咱这儿办得不好、那儿办得不中,可烦人。

咦……这可都是咱的老师啊。他们喜欢的,咱就推行;他们讨厌的,咱就改正。

治世能臣

坏晋馆垣"维护了郑国的国家尊严……子产良好的外交能力,让周围的诸侯列强不敢小瞧郑国。当时晋国的大臣夸赞子产,"子产有辞,诸侯赖之"。子产为相期间,郑国一直没有和周边诸侯国发生大规模战争,为郑国的壮大提供了良好的时机。

在子产锲而不舍的努力下,郑国稍显平庸的政治局面逐渐扭转,在诸侯国中的地位不断提升,一跃成为主要诸侯国中较受尊敬的模范国家。总而言之,在子产执政期间,郑国的情况越来越好,子产执政一年,浪荡子不再轻浮嬉戏,老年人不必再手提重物,儿童也不用下田耕种。两年之后,市场上买卖公平;三年过去,人们夜不闭户,路不拾遗;四年后,农民收工不必把农具带回家;五年后男子无须服兵役,百姓遇有丧事则自觉敬执丧葬之礼。

中国法治第一人

在子产执政的二十余年中，很少有什么决策能让全部臣民满意，也很少有什么事能让所有诸侯国瞩目。但公元前536年发生的一件事，赢得了臣民和诸侯国极大的赞誉，让子产一跃成为诸侯时代的名人，迈出了中国人"依法治国"的第一步。

这年，郑国执政卿子产组织刑狱部门，把夏、商、周三代不公开的刑法全部研究了一遍，然后将其中有价值的东西加入郑国的不公开的刑法中，形成了一部郑国刑法。准备停当后，子产把这套刑法铸在铜鼎上面，向社会全面公开，这就是前文提到的"铸刑书"。这是中国历史上第一次公开成文法，可以说是中国法制史上的一个里程碑。

当时社会流行"议事以制，不为刑辟"，也就是官员通过度量事情具体情况来断定罪过刑罚，而不是通过成文刑法。具体说来，即官员根据每件狱讼的具体状况定罪量刑，而不是依据死板固定的刑法办事。在这种治理模式下，刑罚是执政政府对民众单方面实施的惩戒行为，就像知晓情理的长辈处罚做错事的孩子一样。刑狱官员具有很大的自由裁决权，而民众即使有不同的意见，想要驳斥反抗也没有依据和渠道，因为他们根本不知道未公开的刑法规则。这种方式能达到将民众的争斗之心扼杀在摇篮中的目的。

而子产之所以改变这种治理模式，是因为他意识到随着荒地开垦面积的增大，经济逐渐发展，郑国国内人口不断增长，在文化传播率极低的社会背景下，社会关系越来越复杂。国家要治理这样大的一个民众群体，如果一味循旧使用尧舜时代留下的规章制度，依据"议事以制，不为刑辟"的原则来治理民众根本不现实，而且由那些肚子里不知道盛了几滴墨水的贵族官员根据不公开的刑法治理民众也是行不通的。刑狱案件总量在不断增大，新类型的案件在不断涌现，如果一直因循守旧，根本没办法满足现在的刑狱需求。子产认为，制作一个紧扣民众趋利避害生存法则的、定罪量刑规定清楚的成文法，并依据这个成文法来治理民众，效率最高，对民众来说最公平。于是他背弃了贵族阶级利益，公开内部刑法。刑狱官员可以直接援引刑法断案，民众也可以直接援引刑法维权。

子产铸刑法确实引发了民众和官府、民众和民众的争斗，甚至因为不成熟的条文漏洞，在短期内导致礼治崩坏和道德沦丧的局面，在某种程度上破坏了社会稳定。但他的法治改革对于挽救当时乱世，对于维护社会长久稳定，对于权力的让渡和阶级发展都有着不可磨灭的重大贡献。总体来说，子产能让处于转型期的郑国在社会治理方面具有公平性和确定性，确实为民众提供了善政。

兢兢业业治理郑国二十余年，极受郑国百姓爱戴的子产于公元前522年病重去世。子产死后，青壮年人痛哭失声，老人像孩童一样哭泣，说："子产离开我们了，我们将来依靠谁！"孔子听到子产的死讯后也痛哭流涕，说："他是古代圣贤仁爱遗风的继承人啊！"自此，祭祀子产成了当地人民每年必不可少的活动。如今，位于新郑、长葛、禹州三地交界处的陉山山顶的子产墓，仍旧香火不断。

后世对子产的评价很高，将他视为中国历史宰相的典范，清朝的王源推许他为春秋第一人，姜炳璋更是认为"《春秋》上半部得一管仲；《春秋》下半部，得一子产"。不过就冲子产开启了中国法治事业，奠定了中国司法系统的人文基础，他就应该受到人们的极力推崇。子产的一生已被刻入延绵不绝的历史长廊，悬于日月，灿于星河。

历史典故

▶ 金水之河

传说，郑国名相子产逝世时，因他一贯廉洁奉公，家中没有积蓄为他办丧事，家人只得用筐子背土，把他的尸体埋葬于新郑西南陉山山顶上。消息传到郑国的臣民耳中，大家纷纷捐献珠宝玉器，帮助他的家人办理丧事。子产的儿子不肯接受人们捐献的财物，老百姓只好把它们抛到子产封邑的一条河中，悼念这位值得敬仰的人。碧绿的河水泛起金色的波澜，从此这条河就被称为金水河，即现在郑州市的金水河。

▶ 子产告范宣子轻币

晋国范宣子执政时，诸侯向晋国缴纳的贡品数额很大，郑国人深受压迫。于是，在郑简公十七年（公元前549年）农历二月，郑简公到晋国去拜访时，子产便托付与郑简公一起去的子西带给范宣子一封信，讲了财务和美德与晋国的利益关系，劝说范宣子减少征收的贡品。范宣子欣然接受，减轻贡礼，各大诸侯国十分感激子产。

关联遗产地

▶ 金水河畔的子产祠园

子产墓是春秋时期郑相子产的陵墓，位于新郑、长葛、禹州三地交界处的陉山山顶。墓冢高约5米，周长约50米。墓形顶圆底方，墓门朝向郑国都城，以示不忘郑国；隧道封其后而空其前，以示内无珍宝。墓东侧建有子产庙。除修子产庙之外，人们又在新郑县城西关外和其封地郑州修建两处子产祠（又称大夫祠），用来纪念这位中国古代伟大的政治家、军事家。如今，子产祠园被迁移至河南省郑州市二七区郑州大学附近的金水河畔。每年春天，周围百十里的群众都会到子产墓前举行祭祀活动，纪念忠贞正直、宽厚仁爱的子产。

图源：张世平 摄

子产祠园

苏秦

六国相印佩于一身的超级政治家

名人档案

姓　　名：	苏秦
出 生 地：	洛阳
时　　代：	战国中期
称　　号：	合纵家
身　　份：	外交家、谋略家
时代名人：	张仪、鬼谷子
特　　长：	辩论

基本概况

苏秦，名秦，字季子，战国时期纵横家、外交家、谋略家。他年轻时到阳城（登封）拜鬼谷子为师，与张仪、孙膑、庞涓为同门。他致力于纵横之术，倡导合纵说，曾游说六国合纵御秦，使秦不能向东扩张。苏秦为从约长，佩六国相印。后来苏秦遭到齐国大臣的痛恨，被判车裂而死，葬于郑州巩义市区（另有葬于洛阳一说）西南鲁庄镇苏家庄村南。

相比于战国时期其他思想家，纵横家的代表人物——苏秦的故事更有传奇色彩。他著书立说，工作履历丰富，忠于自己的思想。试想，谁能凭一人之力同时成为六个国家的丞相，压制大秦军队十余年不出函谷关呢？

宵衣旰食苦寒窗，少志功名出洛阳

苏秦出生于河南洛阳一户普通农家，当时战火四起，昔日的天下共主周王朝已经败落，虽然还保留着天下共主的名头，但只是一块遮羞布而已。

其实对于大多数百姓来说，天下大乱和兵戈铁马还不如一亩地的收成要紧，苏秦一家也是这么想的。照理说，苏秦作为家中的壮劳力之一，本该守着麦田、稻田，在洛阳城里安安稳稳地过完他的一生。但苏秦之所以成功，就在于在别人思考着怎么能提高亩产时，他的心里装的却是鲜衣怒马和征战天下。一眼能望到头的田垄可以是苏秦的起点，但绝不会是他的终点。他要离开生活安稳的洛阳，去士子向往的拥有着稷下学宫、魏都大梁、百里秦川的天下，去见识熙熙攘攘的繁华。

苏秦下定决心后，立即动身，跋山涉水，遍寻名师。幸运的是，他竟然阴差阳错拜在了"谋圣"鬼谷子门下，跟随老师进入了天下士子都想进入的云梦山。

在云梦山，苏秦遇到了与之纠缠一生的知己张仪。两人和韩非、李斯的友情相似，都是在最好的年纪相伴求学、坐而论道、剖析天下，结下了十分深厚的同窗情谊。数年的光景使得两人拥有满腔的学识、比天的傲气。云梦山中冷冽的泉水锻造出他们坚韧的品格。在老师的教诲下，他们练就了一口铁齿钢牙，任是心志坚定如泰山的人，遇上他们的三寸不烂之舌也会东西难分。

所以，在学成之后，苏秦就被鬼谷子驱出山门，只身入局，搅动天下风云去了。

百里秦川拒季子，六国相印示王侯

我们在开篇说，苏秦追求的绝不只是简单的入仕为官，而是辅佐一位贤王，成就一番霸业，将这兵荒马乱的天下归于统一。

苏秦的第一站选在洛阳。可惜，苏秦并不被周显王看好，和朝中大臣的关系也水深火热。换句话说，他的事业在起始阶段进展得并不顺利。

其实仔细推敲便能发现，这一段故事很不符合逻辑。虽说洛阳是天子之城，但经过春秋战国的破坏，周王朝已经名存实亡，洛阳城也如风雨飘摇中的残垣断壁，为何苏秦把自己漫漫征途的第一站选在洛阳呢？他是多么聪明的人，又怎会不知游说周显王是件赔本的买卖呢？纵使游说成功，周王朝没钱没权没势力，难以东山再起，这是一眼就能看出的事实，苏秦为什么要选这里呢？

作家孙皓晖在小说《大秦帝国》里对苏秦游说周天子做了一个合乎逻辑的解释：苏秦知道游说周王不能达成自己的远大志向，却仍这样做，是因为天下人都看重品行。苏秦作为王畿子民，明知国家难以重振，却仍将忠贞之心奉献出来，用尽全力为国家尽心。一旦苏秦救国的事迹名扬天下，他的光辉形象一定会在百姓口中传扬。可以说游说周天子的经历相当于一块通往各国的敲门砖，哪个国君会拒绝一个忠贞不贰的治世能臣呢？

不得不说，苏秦打得一手好算盘，他的第一站并非出师未捷，从声望积累的层面看，反而可以称得上旗开得胜。

苏秦的第二站剑指秦国。经过商鞅变法，秦国已成为没有老派贵族掣肘、举国上下一心，具有严密的组织纪律，人人恪守秦法的国家。在众诸侯国中，秦国称得上是苏醒的猛虎，秦惠文王野心勃勃，贪婪地窥伺着山东六国[①]，想要天下一统。

苏秦深谙天下大势，知道在这样的国家中易于施展个人抱负，于是他马不停蹄来到秦国。出乎苏秦意料的是，由于秦国刚刚经历车裂商鞅这种大事，新上任的秦王对苏秦这种靠嘴皮子吃饭的说客并不感兴趣，但出于对天下才子的尊重，他依旧召见了苏秦。见面后，苏秦发觉秦王召见他只是给他个面子而已。苏秦向秦惠文王提出称帝一统天下，秦王却无动于衷。两人你来我往，各说各话。想投靠的国君不信任自己，苏秦也不愿耽误自己的行程，背起他视若生命的书，一路又回到了洛阳。

苏秦形容枯槁、虚弱不堪，满面羞愧地踏入家门，毫无游说秦国时的雄姿，十分落魄。由于他并未在秦国取得功名，家里人都瞧不起他，父母不与他说话，妻子只是织布，并不理他，嫂嫂连饭也懒得给他准备。面对家人凉薄的态度，苏秦并没有自暴自弃，而是决心继续寒窗苦读。他要将自己毕生所学融会于心，帮助他在战国的风口浪尖做弄潮儿。

这时候，苏秦还不知道，他最好的朋友张仪也在为出山入仕做准备。激流涌动的战国，局势马上要变一变了。

苏秦在家中闭关谋划，既然秦国不接纳他，那他只能把眼光聚焦在势力弱一点儿的山东六国。可惜这六个国家相互接壤，常互相打斗，没有一个能够和秦国相比。苏秦想了又想，觉得无论去哪个国家，都难以实现自己的政治抱负，但若是用合纵之术，将齐、楚、燕、

[①] 战国时期山东六国中的"山东"指的是秦国崤山以东，山东六国便是崤山以东的六个国家，而不是如今的山东省。

韩、赵、魏六个国家联合起来，一同抗秦，或许能有不一样的结果。

苏秦选择了把燕国作为起点，先去说服燕文公。苏秦一番慷慨激昂、针砭时弊的演说，让燕文公心悦诚服，当下燕文公便任命他为燕国特使，并许诺等他合纵归来就让他当燕国丞相。

就这样，苏秦再次踏上了游说的道路，然而此次的身份已经大不相同，昔日的布衣士子如今成了鲜衣怒马的燕国特使。有了燕国作为保障，赵、韩、魏、齐、楚先后摒弃前嫌，加入合纵的队伍，苏秦不仅被六国尊为合纵的从约长①，并佩戴六国相印，功成名就，声名远扬。

---

①战国时期有合纵之约的六国之长。

当苏秦以六国丞相的身份再次回到家中，曾经对他嗤之以鼻的家人似换了一副面孔一般，早早地便赶到城外迎接他，起锅烧饭，为他端茶送水。嫂嫂甚至趴在苏秦面前，将脸贴在地上向苏秦道歉。面对这样戏谑的场景，苏秦不禁感慨世态炎凉，人心逐利，哪怕是亲人也不能越过这道沟壑。

十载同仇一朝休，功败殒身思悠悠

苏秦提出的合纵计划极大地延缓了秦国扩张的脚步，硬生生地把秦国拦在函谷关外十余年。部分国家虽推行改革，意图强大自身实力，但春秋战国时期各诸侯国内部积弊已久，变法虽是强国之道，却会触及公卿世家的根本利益，很难让国家实现真正的强大。

那时有封地的贵族几乎家家有门客府兵，而且这些门客府兵不受各国君主的管束，若要强硬实行变法，恐怕会出现流血事件。想要温和地促成变法，首要任务便是削减封地，去除府兵。因为这个举措危害了王公贵族的根本利益，山东六国的变法也就受到百般阻挠，难以推行。而地处偏远西部的秦国，很早便以雷霆手段完成变法，这也是秦国国力能在短短数十年间变得空前强大的主要原因之一。

苏秦坐上了六国丞相的宝座，与此同时，昔日的同窗张仪也已入秦拜相。实力强劲的秦国有了这个口才实力不下于苏秦的纵横家的助力，无异于如虎添翼。张仪上任后立马出使楚国，成功让齐楚联盟瓦解。

出使楚国旗开得胜后，张仪志得意满，又一鼓作气说服了韩、齐、赵、燕退出合纵。至此，苏秦苦心经营的合纵大局彻底被摧毁。张仪和苏秦两个人的友谊也完全破裂。有人可能会问，张仪难道是天降英才，不然怎么会这么快破了合纵大局？其实不然，合纵的本质其实是山东六国以谋求自身利益为出发点的联盟，具有不稳定性，存在出力不均、分利不均的情况，这些情况始终是影响合纵的隐患。大家都心存算计，不一致对外，这样的联盟怎么可能长久？

长达十余年的合纵大厦倾覆，使得苏秦陷入政治旋涡，各国君王都找他问责，参与合纵的权臣更是把责任都推到苏秦身上，为自己开脱。被排斥的苏秦不得不辗转其他诸侯国，幸好齐王向他伸出了援助之手。但齐王没想到的是，自己好心帮苏秦，却换来了农夫和蛇这个故事中与农夫一样的下场。

据说苏秦来齐国是做间谍的，他早早和燕国国君合谋，要削弱齐国实力。不得不说，苏秦就是厉害，来到齐国没过久，就成了齐王眼前的红人，事业蒸蒸日上。这自然招来了一些齐国大夫的眼红，他们派人刺杀苏秦，苏秦受了重伤。

眼见伤势难好，将撒手人寰，苏秦却不愿放过杀害他的凶手，于是告诉齐王："请您在热闹的街口把我五马分尸，对外声称'苏秦在齐国谋乱'，刺杀者有赏，这样一定能抓到刺客。"最终，齐王按照苏秦所说的去做，把刺客抓住了，给苏秦报了仇。

苏秦一生纵横捭阖，官至六国丞相，位极人臣，可是死的时候竟然连全尸都没能留下，令人唏嘘。但是，毫无疑问，苏秦是一个十分杰出的外交家，他与他的合纵计划对于地缘政治、国际交往以及制定对外策略都具有里程碑式的意义。

历史典故

▶ 悬梁刺股

"悬梁"出自东汉班固《汉书》。相传东汉有个名叫孙敬的人,刻苦好学,为了防止自己学习时打瞌睡,他就把自己的头发用绳子绑在房顶的梁上,一旦犯困,他的头往下栽时,绳子便扯得他的头皮生疼,从而让他打起精神继续学习。

"刺股"出自西汉刘向《战国策·秦策一》。苏秦游说秦国失败,更加发奋地学习,读书困倦时便用锥子猛刺自己的大腿。

孙敬和苏秦的学习故事告诉我们,欲成事者,必先苦心志,劳筋骨,饿体肤。不论做什么事,只要能狠下心来刻苦学习,一定会获得好成绩。

▶ 前倨后恭

这个历史典故出自《战国策·秦策一》《史记·苏秦列传》。苏秦早年游历列国,失败而回,家人私下都看不起他,对他没有好脸色。后来苏秦成功游说六国合纵,身佩六国相印,途经家乡洛阳,苏秦的家人对他巴结不已。苏秦对他嫂子说:"为何以前傲慢,后来恭敬呢?"(苏秦笑谓其嫂曰:"何前倨而后恭也?")他的嫂子趴在地上说:"因为您地位显贵,钱财多啊!"

这则成语的意思是以前傲慢,后来恭敬,形容对人态度的转变。

关联遗产地

▶ 苏秦墓

《洛阳伽蓝记》载:"青阳门外三里御道北,有孝义里。里西北角有苏秦冢。"传说,冢旁寺院的和尚经常看到苏秦出入该冢,"车马羽仪,若今宰相也"。根据古籍记载,人们在洛阳市东郊汉魏故城遗址东南方向的张苏寨发现了"苏秦冢"。

苏秦墓作为中国历史上的重要文化遗产,吸引了众多游客前去参观游览、缅怀。

图源:郑州市文物局 王羿 摄

苏秦墓

张良

运筹帷幄之中，决胜千里之外

名人档案

姓　　名：	张良
出 生 地：	韩国城父（今河南郏县）
时　　代：	秦汉
称　　号：	"汉初三杰"之一
身　　份：	帝师
时代名人：	刘邦、项羽
特　　长：	出谋划策

基本概况

　　张良是西汉开国功臣，杰出的政治家，与韩信、萧何并称为"汉初三杰"。张良体弱多病，不曾单独领兵作战，一般是作为谋臣跟在刘邦身边，他凭借出色的智谋帮助刘邦赢得了楚汉之争，建立了大汉王朝，被册封为留侯。他精通黄老之道，不恋权位，晚年随赤松子云游四海。

自古英雄出少年

张良出生于战国时期的韩国，一个有着五朝元老的贵族家庭，自小被贵族家庭的高等教育熏陶，文韬武略，可谓全能。公元前230年，秦灭六国期间，秦军攻灭了韩国（今河南中部）。尚未进入官场、没有足够自保能力的张良遭遇了国破家亡，家族三百余人遇害。

从那时起，张良就与秦国结下了血海深仇。他遣散家童，分散家财，结交豪杰，收买刺客，下定决心要为家国复仇。

张良到东方见到了仓海君，与他一同制订谋杀秦始皇的行动计划。他寻访到一位本领超群的大力士，觉得这位勇士可堪重托，就为他量身定制了一件重达120斤（约今30公斤）的大铁锤，计划刺杀秦始皇。然而，秦始皇自知消灭六国树敌太多，且已遭遇过荆轲、高渐离的两次刺杀，因此十分注重安保工作。他曾下令让天下12万户豪富人家都搬到咸阳来住，把所有能威胁自己的人放在自己眼皮子底下。他还缴获熔化了天下除秦国军队自用外的所有兵器，将其铸造成十二个巨大的铜人，防止自己被害。而且，秦始皇巡视天下、祭祀名山大川时，出行队伍异常庞大，有众多随从人员负责安全保卫工作。另外，他还用障眼法，让与他形貌身材相仿的人冒充他乘坐在车辆中，迷惑刺客。可以说，秦始皇的安保措施极其周密。

经过仔细谋划，张良觉得在秦始皇出行时刺杀他是一个好时机，于是就提前打探到了他出行的路线，精心选择了设伏地点——博浪沙（今河南原阳）。那里路面起伏，行车颠簸，一旦车队的速度放缓，他和大力士就有了充足的刺杀时间。博浪沙的北面是黄河，南面是官渡河，芦苇丛生，便于他们刺杀成功后逃跑。据民间传说，张良和大力士预先埋伏在博浪沙的树林中，准备等秦始皇的车队驶过时，借助风沙的掩护，抛出铁锤袭击秦始皇。

秦始皇二十九年（公元前218年）春，当秦始皇的车队缓缓前进时，突然一阵响动，凌空飞过来的大铁锤把秦始皇车后面的副车砸得粉碎。

张良虽然精心筹划，但这次刺杀只击中了秦始皇乘坐的副车，并未伤及秦始皇一根毫毛，最终功亏一篑。幸好张良精心挑选的逃生路线发挥了作用，他们顺利逃走。

张良逃走之后，秦始皇大怒，在全国大肆搜捕，张良只好隐姓埋名，逃到下邳（今江苏睢宁县古邳镇）避风头。说实话，张良刺杀秦始皇，成功的概率很小。

张良在青年时期虽遭遇巨变，却并没有心灰意冷，逃避责任，而是毁家纾难，立志为韩国报仇，足以看出他有情有义、勇于担当。他头脑冷静，机智无畏，精心筹划的刺杀虽未成功，却全身而退，可谓有勇有谋！

忍小忿而就大谋

刺杀秦始皇失败后，张良韬光养晦，等待机会，最终迎来了人生命运的转折点。

有一天，张良出门散步，走到一座桥上，遇到一位穿粗布衣服的老人。老人走到张良身边，故意让鞋子掉到桥下，非常傲慢地对张良说："你，下去把我的鞋拿上来！"张良听到他的话后，虽很惊诧，但看老人年纪大了，就忍住怒气，下去取了鞋子。

不料，老人又说："给我穿鞋！"张良站在原地，想到已经给他捡回鞋子，不如帮人帮到底，于是就恭恭敬敬地帮他穿好鞋。鞋子穿好后，老人看了张良几眼，笑着走了。张良不明所以，只好目送老人离开。

哪知，老人走出一里地后又转头回来，对张良说："孺子可教矣。五天后天明的时候，我们在这里再会。"

"难道碰上了什么隐士高人？"张良觉得老人高深莫测，就答应下来，日日期待这一天的到来。

五天后的拂晓，张良来到桥上，发现老人已等在那里。见张良晚到，老人生气地说："跟老年人约会，反而后到，五天以后再来吧！"

张良按照老人的话，到了约定的那天，鸡一叫，就起床去了，然而老人又已经等在那里。老人看到张良又迟到了，更为生气："又来晚了，这是怎么回事？五天后早点儿来！"

五天后，张良不到半夜就起床去了，等了一会儿，老人才慢慢走来，看到张良已经等在那里，十分高兴："应当像这样才好。"说完，老人拿出一部书，告诉张良："读了这部书你就可以做帝王的老师了，十年以后你会发迹。十三年后你到济北见我，谷城山下的黄石就是我。"说完，老人便走了。

借着熹微的晨光，张良翻看老人送的书，上面写着四个大字——《太公兵法》。他连忙翻看几页，觉得这部书非同寻常。此后，他便将这部书随身携带，一有空就学习。

北宋时期大文学家苏轼认为，老人此番刁难的真正用意并不在于给张良兵书，而是磨炼张良的心性，使其能够忍耐，以成大事。

当时的张良年轻气盛，遭遇国破家亡，行事确实急躁一些。他虽然有超世的才能，却不去做伊尹、姜尚那样深谋远虑之事，反而只学荆轲、聂政行刺的下策，因为侥幸才没被捕获，这应当也是桥上老人为他深深感到惋惜的地方。

那位老人应当是见张良良善，才想助他一臂之力。老人之所以态度傲慢无礼，以粗恶的言语羞辱他，就是为了锉去他刚强锐利的脾气，使他能忍得住怨愤，从而成就远大的谋略。

张良能忍受得了老人的傲慢无礼,才可以成就大功业。后来,性情成熟的张良投奔刘邦,屡次劝诫沛公韬光养晦,最终灭秦建汉,成就大业,成功报仇雪恨。

运筹帷幄，帝王之师

秦二世元年（公元前209年）七月，陈胜、吴广在大泽乡揭竿而起，举兵反秦，各地反秦武装风起云涌，张良也聚集百余名青年起事。在这时，张良遇到了他的终身事业伙伴——沛公刘邦。

张良与刘邦一见如故，相见恨晚，他们都想要打倒暴秦。之后，张良做了刘邦的军师，不断地献计献策，刘邦也屡屡接纳。刘邦称帝后，在大宴群臣之时说："夫运筹策帷帐之中，决胜于千里之外，吾不如子房（张良字子房）。"这就是汉高祖刘邦给予张良的极高评价。

在张良的辅佐下，刘邦一路攻城略地，南下攻下宛城，向西进入武关。当时，刘邦想用两万人的军队攻打秦峣关，张良却劝告志得意满的刘邦："秦军的力量还很强大，不可以轻视。我听说峣关守将是个目光短浅的市侩之徒，可以派郦食（yì）其（jī）带着宝物前去，许以重利策反他。我们就留在这里，准备五万人用的粮草，在山头挂满我们的旗帜，做出有重兵在握的假象。"果然，郦食其不辱使命，诱得那个守城的秦军将领反叛，改旗易帜，与刘邦一起袭击咸阳。刘邦听说后，觉得秦军将领反叛的计划可行，想跟那个守城的秦军将领一起攻打咸阳。张良仔细推演后却发现了漏洞，劝道："这只是他一人想反叛罢了，士兵哪里会都听从他的话呢？到时候一定会有祸患。不如现在趁他们人心不齐、防备懈怠之时攻打他们。"刘邦依计而行，于是大败秦军，一直打到咸阳，逼得秦王子婴投降。

刘邦带着军队攻入秦宫，看到数以千计的宫室、帐幕、狗马以及宝物、美女，当即就想留住在宫里。

原来刘邦、项羽与楚怀王约言"先入定关中者王之",刘邦先入咸阳,约法三章,理应为关中王。但当时刘邦还是项羽的附属官员,实力相比其他人还差得远。一旦住在宫里,坐实了他想要称王的想法,必然会引起其他军队势力的反扑。

于是,樊哙就劝说刘邦出去居住,然而刘邦被华贵宫室迷惑,丝毫不听。张良知道后就耐心劝告,晓之以理:"秦朝正因暴虐无道,所以您才能够来到这里。为天下铲除暴政,应该以清廉朴素为本。现在刚刚攻入秦都,您就要安享其乐,这正是人们所说的亡国之源啊。忠言逆耳利于行,良药苦口利于病,希望您能够听进去樊哙的意见。"这番话让刘邦面红耳赤,他立即带着军队离开,驻扎在霸上。而此时,项羽带着他的四十万将士驻守在新丰、鸿门。

有人告诉项羽,刘邦先一步入关,想要当关中王,独吞秦朝遗留的珍宝。项羽听后大怒,决定攻打刘邦。项羽的叔父项伯曾和张良一起游玩,当时项伯杀人,张良帮项伯脱险,于是项伯半夜前来劝说张良跟他一起离开。

张良说:"沛公现在遇到危急之事,我若跟你一走了之,岂不是陷于不义?"说罢,他起身去找刘邦。张良问刘邦:"大王,我们的士兵能够抵挡项王吗?"刘邦一阵沉默,此时他只有十万兵力,然而项羽的大军有四十万人。

张良思虑良久,认为现在最紧急的事情就是让项羽知道他们依旧对他忠心耿耿。于是,张良向刘邦引荐了自己的好友项伯。项伯是项羽的亲信,能直接向项羽进言。刘邦恭恭敬敬地拿出对待兄长的礼节,对项伯说,他绝不敢背叛项王,从而得到了项伯的信任。项伯回到项羽身边后,百般疏通,使得楚汉两方剑拔弩张的局势有所缓解。

第二天,刘邦又带着几个亲信奔走上百里,到项羽驻兵处,向项羽表忠心。项羽设宴款待他们，而项羽的亚父范增却觉得刘邦是大患，想要在宴会上杀掉他。项庄自荐舞剑，项伯看出来项庄的意图，也拔剑起舞，用身子挡住刘邦，保护刘邦的性命。张良见事态紧急，去外边找来樊哙，请他进来保护刘邦。在樊哙一番慷慨陈词之后，刘邦顺利得以脱身，趁着去厕所的时机偷偷跑掉了。张良向项羽和范增献上礼物，有惊无险地结束了这场鸿门宴。

在辅佐刘邦的漫长政治生涯中，张良深谋远虑，有着卓识远见，多次在关键时刻挺身而出，提出了影响局势的策略。鸿门宴之后，张良又献计明修栈道、暗度陈仓，助刘邦夺得汉中宝地；以舌作笔，八数其弊，阻止刘邦大封诸侯分散权力；审时度势，辅佐刘盈，献计"卑辞安车"，请来"四皓"稳定了太子地位……良策迭出，妙计泉涌，堪称一代帝师、千古智者。如今，我们还能在郑州市荥阳的汉霸二王城，也就是刘邦、项羽相持对垒之处倾听到楚汉相争、张良辅佐刘邦定天下的故事。

西汉高祖六年（公元前201年）正月，刘邦想要封张良为齐侯，食邑三万户。张良坚决推辞，说："我和陛下最初是在留县（今山东微山县）相遇的，这大概是上天派我来辅佐陛下，我当不起如此高的封赏，就请陛下把留县封给我吧。"其实，被封为留侯的张良深知"狡兔死，走狗烹；高鸟尽，良弓藏；敌国破，谋臣亡"的道理，所以他选择功成身退，明哲保身。他对人说："我现在凭借着三寸之舌，成了帝王的老师，封邑万户，位居列侯，这对一个平民来说已经是意料不到的待遇，我张良已经非常满足了。我现在愿丢却人世间的事情，打算随赤松子遨游天下。"此后，他闭门谢客，学习导引、辟谷之法，修炼起神仙道功，在刘邦驾崩八年之后去世。

纵观张良的一生，可谓风云变幻，起落开合：年少时忠君爱国，血气方刚，刺秦复仇；后磨炼心智，琢磨兵法，聚众起义；得遇明主后临危不惧，建言献策，屡建奇功；最后独善其身，急流勇退，安度晚年。他在时代的风云变幻之中既能顺势而为，成就一番事业，又能看透功名利禄，抽身止步，退隐江湖，实在是一位智者！

历史典故

▶ 运筹帷幄

刘邦称帝后问群臣自己为何得天下，大臣高起、王陵都称赞他是因为大仁大义才被天下人敬重。没想到刘邦却说："夫运筹策帷帐之中，决胜于千里之外，吾不如子房；镇国家，抚百姓，给馈饷，不绝粮道，吾不如萧何；连百万之军，战必胜，攻必取，吾不如韩信。此三者，皆人杰也。"他认为，自己是因为任用张良、萧何、韩信三人才得了天下。

关联遗产地

▶ 汉霸二王城

汉霸二王城遗址位于河南省郑州市荥阳西北约17公里的广武山上。秦汉之际，刘邦与项羽对垒，刘邦筑西城，称汉王城；项羽筑东城，称霸王城。二城中隔着广武涧，涧深约200米，宽约100米，口宽约800米，南北走向，这条鸿沟就是著名的"楚河汉界"。

由于黄河水不断冲刷侵蚀，汉霸二王城早已失去原貌。据1980年实测，残存的汉王城东西长530米，南北长190米，墙宽30米，高约6米，最高处10米；霸王城东西长400米，南北长340米，墙宽28米，高约7米，最高处约15米。汉霸二王城文化资源丰富，宏伟的宫殿建筑，庞大的城墙、城门和道路系统展现了当时的建筑技术和规模宏大的城市规划，是历史学者、考古学家研究汉代历史的重要场所，为我们更好地了解和传承中华文明提供了宝贵的资源。"楚河汉界"以其独特的历史见证留在中国象棋的棋盘上，是2 000多年前楚汉战争的鲜活见证。汉王城西有一个夯土城，据传为张良居住的"子房城"，承载了丰富的文化内涵。

　　如今，汉霸二王城遗址已经成为一处重要的文化遗产和旅游胜地。游客可以在遗址中欣赏到汉代的建筑遗迹，感受古代霸城的繁华与辉煌。

图源：文物考古科研处

汉霸二王城

纪 信

火烧龙车里的殉国英雄

名人档案

姓　　名：	纪信
出 生 地：	西充（四川省）
时　　代：	秦汉
称　　号：	勇将
身　　份：	军事家
时代名人：	刘邦、项羽
特　　长：	打仗

基本概况

　　纪信在秦朝末年加入刘邦的军队，担任将军，跟随刘邦西进灭秦。汉王元年（公元前206年），纪信护送刘邦在鸿门宴中逃出生天。汉王三年（公元前204年），项羽围攻刘邦于荥阳，形势危急，纪信自荐，将自己伪装成刘邦，被项羽烧死。

"人生自古谁无死？留取丹心照汗青。"仁人志士喜欢以这句诗作为自己的人生理想，我们也喜欢用这句诗咏颂仁人志士永垂不朽的高风。泱泱中华文明延续五千年，人才辈出，才华尽展。每一个永载史册的人，背后都有一段惊天动地的故事。比如纪信，对汉朝的建立有着极其重要的历史意义。

鸿门宴护沛公脱险

纪信，字成，巴郡阆中（今四川阆中）。秦朝末期，天下大乱，县令纪信加入了反抗秦朝的起义战争中，跟随沛公刘邦起兵。他勇猛过人，作战骁勇，不久就被升为部曲长，后来被加封为将军，史上有"西汉一人，功盖三杰"之誉。

提到汉朝的名人，大多数人对韩信、张良、萧何这些名声赫赫的刘邦的近臣很熟悉。和这些人比起来，纪信的名声显然不大。那么，为何会称纪信为"西汉一人，功盖三杰"呢？这还得从公元前206年说起。

那年十月的一天，新年初始，万象更新。①沛公刘邦带领军队驻扎霸上，秦王子婴投降，刘邦攻入咸阳。

依据楚怀王"先入定关中者王之"的约定，刘邦想要先一步称王称霸。他采纳樊哙、张良的意见，封闭秦朝的府库，把军队撤到霸上，并宣布废除秦朝苛政，与关中父老"约法三章"，俨然已经将关中纳为自己的属地。为了防止其他诸侯入关争抢霸主地位，刘邦派兵严

---

①秦历以十月为首，与今不同。

守函谷关（今河南灵宝老城东南北寨村之北），不让他们进来。

然而，刘邦没想到实力雄厚的项羽听到他率先攻入关中的消息，大怒不已，竟然立即率领部下诸侯军40万、秦军降卒20万直奔关中而来。两个月之后，项羽攻破函谷关，进驻鸿门（今陕西临潼东），意图消灭刘邦的军队。

这时候的刘邦军队人数不足10万，和项羽的军力相差甚远。刘邦知道自己肯定拼不过项羽，于是听取张良的意见，去鸿门向项羽谢罪，言和求好，并竭力拉拢项羽的叔父项伯为他调解，以示忠心耿耿。以防万一，刘邦不仅带上了张良和樊哙，还让纪信等和自己亲近的勇武将军隐藏在暗处，一旦事发，立即掩护他逃走。

项羽和刘邦交情不浅，曾以兄弟相称，但楚汉相争事关重大，项羽知道刘邦有异心，决心要在鸿门宴上杀了他以绝后患。宴会上，项庄听令，借舞剑的名义刺杀刘邦，刘邦十分紧张，知道自己性命危矣，如果不逃，绝对会死在这里。他先是跟项羽大叙衷肠，让项羽放松警惕，然后趁着项羽与樊哙谈话时借机离席出逃，终于在纪信和樊哙、陈平、靳强几人的保护下转危为安。

如果不是几位将军拼死护卫，刘邦不一定能平安返回霸上。尽管此次事件纪信虽只留名于短短一句"与樊哙、夏侯婴、靳强、纪信等四人持剑盾步走"，但对汉朝的发展走向来说却是惊天动地的事情。

若说纪信在鸿门宴护卫事件中只是一个声名不显的小人物，那两年后的楚汉荥阳之战，就是纪信的个人英雄秀了。这一次，纪信以死掩护刘邦脱险，为汉室存续争取时间。

扮汉王勇战荥阳

公元前204年4月，项羽派兵将刘邦困在荥阳城内。此时是楚汉相争最激烈的时候，双方在此已经对峙一年多了。项羽刚中了刘邦的谋士的反间计，害死了自己的得力部将范增，他当众发誓要踏平荥阳，对荥阳的围攻持续增强。

这时候荥阳城内的汉军因为连日抵御已筋疲力尽，再加上粮草断绝，情势十分危急。面对这样的局面，智术过人的陈平、张良等谋士也没有解决方法。汉王刘邦孤立无援地站在城墙上，无计可施。刚开始，汉军将士们听着各种激励的话语备受鼓舞，但后来粮食少了、伤亡惨重，他们也慢慢没了斗志。一个月之后，荥阳城内处处枯草，死气沉沉，看着就让人难受，有不少将士都想暗中投降。

这时候，刘邦的将军纪信坐不住了，他见情况危急，便毛遂自荐："现在敌势凶猛，我们城内兵少粮空，肯定守不了多久。为了您的安全，我和您样貌和身材相似，不如把我扮成大王，定能迷惑项羽。到时候，我假装去东城投降，您就能趁机跑掉了。"

刘邦听到纪信说要替他去死，坚决不同意。纪信慷慨表示说："今天臣下死了，不但能让大王脱险，还能保全很多将士的性命，臣一人的性命可换千万人的安全，也算是值得了。"刘邦虽迟疑未决，但纪信已经下定了决心，情愿粉身碎骨，也要报刘邦对他的知遇之恩。纪信愤然道："如果大王不忍臣死，臣也不愿意独生，不如就此先死罢了。"说着竟拔剑欲自刎。刘邦慌忙答应了纪信，然后由陈平写了降书，派人送交项羽，说汉王今夜便出东门投降。

到了半夜，城内的妇女都从东门相拥而出，浩浩荡荡两千多人。守在其他几个门的士兵也都拥到东门观看汉王投降的场景，致使西门无人把守，刘邦便乘机在其他将领的保护下从西门逃出。

等城内的妇女全部出城，天已经亮了。扮成汉王模样的纪信用衣袖遮住他的脸，才慢悠悠地乘着龙车出了东城。楚兵以为是汉王出降，欣喜若狂，都高呼万岁庆贺项羽得胜。等龙车推进楚营，纪信却一直不下车。项羽觉得奇怪，便打开车门一看究竟，才发现车上坐的压根儿不是刘邦。

得知刘邦逃走，项羽生气至极，逼问纪信刘邦去了哪里，纪信冷笑道："汉王已经走了，再也追不上了。"项羽虽然愤怒，但尚未失去理智，他见纪信忠心可嘉，就有意招降，却没想到纪信油盐不进，死也要为汉室尽忠。

项羽本以为围困刘邦一年，会将汉军消灭干净，却没想到最后竟被人戏弄。被纪信拒绝后，项羽气急败坏，当即下令烧毁龙车，车上的纪信化为灰烬，场面尤为惨烈。

逃出去的刘邦召回旧部，继续与项羽争霸，终于在垓下之战中一举击败了项羽，建立了汉朝。想到为保护自己而赴死的纪信，刘邦心存感念，特建"忠佑庙"祭祀纪信，给予他高度的评价："以忠殉国，代君任患，实开汉业。"并下诏封他为督城隍（守护城池之神），令全国各县城建城隍庙供奉香火。从此，纪信成为天下最早的也是唯一受到皇帝恩封的城隍爷。

荥阳人民被纪信的忠义之举深深感动，将其奉为郑州城隍，希望他能够继续护佑这座城。如今，郑州城隍庙上还有一副书联："入门温旧史，诓楚救汉，问高祖登基时，可曾记起荥阳一幕；进庙惊新颜，正冠掸尘，看谒者叩首处，总要流下热泪两行。"以颂叹纪信的功绩。

治世能臣

刘邦呢？

我王已经离去。

你敢冒充他，就不怕死吗？

哼，为王效忠，心甘情愿！

来人啊，烧了他！

随后，刘邦还将纪信的家乡从阆中县划出，御赐"安汉"，属充国县。隋开皇十八年（598）改安汉县为"南充县"。唐武德四年（621）又将纪信的家乡从南充县划出，新置西充县。

纪信在史书上没有单独的传记，相关的记载也非常少，但是汉朝以后，历朝历代对纪信都有非常高的评价。唐尚书右丞卢藏用曾作《吊纪信文》，宋代果州南充郡郡守邵博在《纪将军庙碑记》中力赞纪信，宋代果州太守杨济有感纪信诳楚成汉，书刻"忠义之邦"四字于南充城西金泉山。因为纪信拥有忠烈精神，所以他也被历代封建帝王作为忠君报国的典范，隋唐以后官方屡有封敕和祭祀。唐高宗封其为"骠骑大将军"，宋代追封"忠祐安汉公"，元代封"辅德显忠康济王"，明代封"忠烈侯"。

捐躯赴国难，视死忽如归。纪信忠君爱国、慷慨仁义，两次救主有功，为匡扶汉室根基立下功劳，是仁者，是善者。政事堂堂史册载，威仪肃肃民具瞻，纪信忠勇仁义和大无畏的牺牲精神永远刻在了历史长河中，昭示后代，永世难忘！

关联遗产地

▶ 纪信墓

纪信墓及碑刻位于郑州市古荥镇纪公庙村。墓门朝东,地面现存圆冢高约9米,周长约120米。有两个小方亭形四阿顶式单层汉阙。

该墓用300多块空心砖扣砌而成,由墓道、两主室、北耳室和小耳室组成。其中墓道长8米,向西地势降低,低于地平线2.65米;墓室外圹长11.5米、宽4.5米;耳室长6.2米、宽1.5米;小耳室长2.1米、宽0.8米;空心砖饰云气纹、菱形几何纹图案,纹饰清晰,结构完整。虽经多次盗挖,仍出土铜器、铁器、玉器、陶器和车马饰等文物300余件,现藏于郑州市博物馆,为研究汉时期社会、文化、经济提供了珍贵的资料。

图源:郑州市文物局

纪公庙

▶ 郑州城隍庙

郑州城隍庙全称是"郑州城隍灵佑侯庙",在郑州市商城路北,职工路(原名城隍庙街)北端,是中国传统民俗宗教建筑之一。建于明代初年,在弘治十四年(1501)被重新修葺,是河南保存最完整、规模最大的古建筑群。

郑州城隍庙主要由山门、前殿、乐楼、大殿、寝宫等构成,全部殿堂均为琉璃瓦覆顶,造型精致,结构紧凑。其中乐楼高达15米,大殿内外的雕刻非常有特色,在正面屋脊上雕有游龙和凤凰,旁边雕有荷花、狮子等,图案精美,雕工细致;进入大殿,两侧可见雕刻的龙、凤、牡丹;殿上刻有"八仙过海"及苍松翠柏、人物鸟兽,构图和谐精致。

每年的农历三月十八日,城隍庙都会举办庙会活动,众多市民前来祈福、烧香,场面庄严肃穆。各种各样的民间工艺品、风味小吃等汇聚于此,前来赶庙会的人络绎不绝,场面热闹非凡。数百年来,城隍庙虽屡遭兵燹、火灾及人为破坏,但经多次营建修葺,基本上保留了历史原貌,弥足珍贵。

图源:郑州市华象历史文化传播研究院

城隍庙

名人交流会

> 谋臣集合地

烛之武
清早起床，拥抱太阳，嘴角微笑，心情棒棒，各位早上好。

子产
早上好啊。近来听说大家要建个交流小组，商讨如何更好地辅佐君王治理国家，我很感兴趣啊！能否现在就聊一聊，请教大家的高见呀？

烛之武
有何不可！要我说，首先，要有一支强大的军队保卫国家安全。当初俺们的军队要是很厉害，我也不用大半夜跳城墙了。一想到那时候的情形，这个心啊，还怦怦怦跳嘞。

弦高
烛之武兄说得对，军队确实很重要，但我认为文官队伍的建设也不能忽视。治理国家，需要有明智的策略和丰富的文化积淀。

苏秦
诸位说得有道理。然而，外交也是治理国家的重要一环。与邻国和平相处、共同发展，才能保持社会稳定。

张良
领导者的品德也是至关重要的。以德服人，以信立国，才能赢得人心，确保政局安宁。

纪信
哈哈，各位英雄，治理国家当然重要。不过，我更赞同烛之武的看法，保护国家安全要有强大的军队！

烛之武
说真的，军队太重要了。

张良
武力和谋略就像是一只手的正反两面，缺一不可。

子产
大家的看法我都赞同，但还要关心百姓疾苦。治理国家，民生幸福是关键，只有百姓安居乐业，国家才能长治久安。

苏秦
不错不错，大家各司其职，相互协作，国家才能百业兴旺。

治世能臣

🌳 阅读树

纪录片
- 《国相翘楚——子产》
- 《天理国法：从金科玉律到法律体系》
- 《百家讲坛》评说《资治通鉴》（第二部）16 谋圣张良
- 《中华兵道·为将》
- 《风云战国之列国》

课本链接
- 《鸿门宴》
- 《战国策·苏秦始将连横说秦》

课外链接
- 《中小学课本里的名人传记丛书：张良》

143

附录　课本中的郑州历史名人

课本中的郑州历史名人			
人物	科目	年级	内容
黄帝	历史	七年级	《中华文明起源·远古的传说》
禹	语文	二年级	《大禹治水》
禹	历史	七年级	《中华文明起源·远古的传说》《夏商西周王朝的更替》
商汤	历史	七年级	《夏商西周王朝的更替》
郑氏三公	历史	七年级	《动荡变化中的春秋时期》
烛之武	语文	高中	《烛之武退秦师》
列子	语文	六年级	《两小儿辩日》（《列子》）
列子	语文	七年级	《杞人忧天》（《列子》）
列子	语文	八年级	《愚公移山》（《列子·汤问》）
韩非	历史	七年级	《百家争鸣》

治世能臣

（续表）

人物	科目	年级	内容
陈胜	历史	七年级	《秦末农民大起义》
张良	语文	高中	《鸿门宴》
嵇含	科学	一年级	《我们认识的植物》
		六年级	《生物的多样性》
杜甫	语文	二年级	《绝句》
		五年级	《闻官军收河南河北》
		六年级	《春夜喜雨》
		七年级	《江南逢李龟年》《望岳》
		八年级	《春望》《石壕吏》《茅屋为秋风所破歌》
		九年级	《月夜忆舍弟》
	历史	七年级	《隋唐时期的科技与文化》
刘禹锡	语文	三年级	《望洞庭》
		七年级	《秋词（其一）》《陋室铭》
		九年级	《酬乐天扬州初逢席上见赠》

(续表)

人物	科目	年级	内容
白居易	语文	一年级	《池上》
		二年级	《赋得古原草送别》（节选）
		三年级	《忆江南》
		八年级	《钱塘湖春行》《卖炭翁》
	历史	七年级	《隋唐时期的科技与文化》
李商隐	语文	四年级	《嫦娥》
		七年级	《夜雨寄北》《贾生》
		九年级	《无题》
北宋九帝	历史	七年级	《北宋的政治》
欧阳修	语文	七年级	《卖油翁》
		八年级	《采桑子》
		九年级	《醉翁亭记》
"二程"（程颢、程颐）	历史	高中	《辽宋夏金元的经济、社会与文化》

跟着历史名人读郑州

行业玩家篇

郑州商代都城遗址博物院　郑州嵩山文明研究院
郑州市华象历史文化传播研究院　◎编著

文心出版社
·郑州·

图书在版编目（CIP）数据

跟着历史名人读郑州·行业玩家篇 / 郑州商代都城遗址博物院，郑州嵩山文明研究院，郑州市华象历史文化传播研究院编著. -- 郑州：文心出版社，2025.3
ISBN 978-7-5510-3114-1
I. K820.861.1
中国国家版本馆 CIP 数据核字第 202451NF51 号

编委名单

主　　编　郭　磊

副 主 编　张建华　张贺君　屈紫阳

编委名单　汪　翔　李泓燕　黄黎明　金彩玉　沈　倩
　　　　　　柴小雨　张思若　胡　晶　范雨琪　赵　雅
　　　　　　朱佳佳　任付立　赵　莹　闫子涵　杨　周
　　　　　　刘锡嘉　张亚杰　马　欣　李雅楠　盖　珊
　　　　　　张　鑫　南宫梦洁

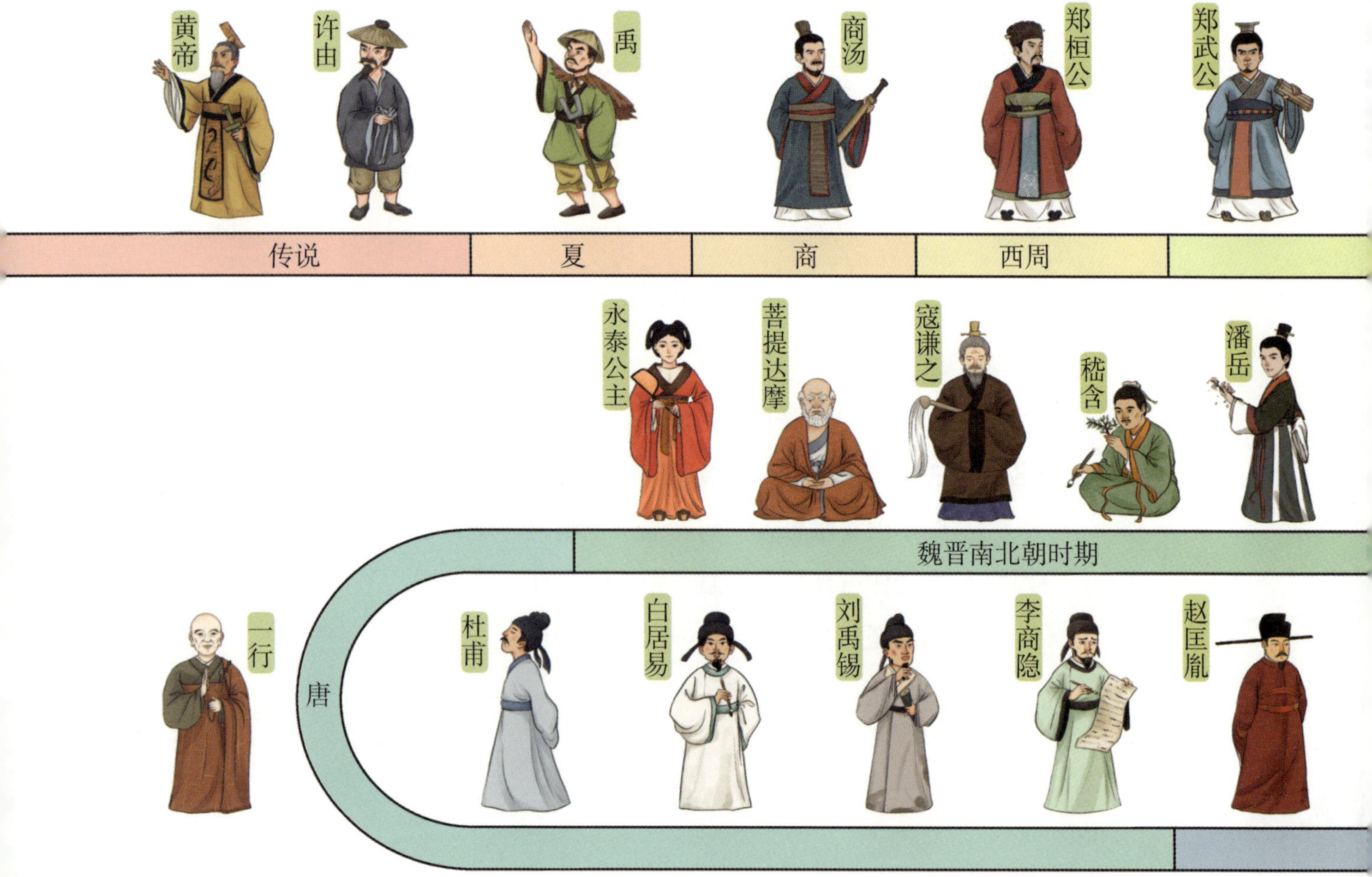

| 黄帝 | 许由 | 禹 | 商汤 | 郑桓公 | 郑武公 |

传说 | 夏 | 商 | 西周

| 永泰公主 | 菩提达摩 | 寇谦之 | 嵇含 | 潘岳 |

魏晋南北朝时期

一行

唐

| 杜甫 | 白居易 | 刘禹锡 | 李商隐 | 赵匡胤 |

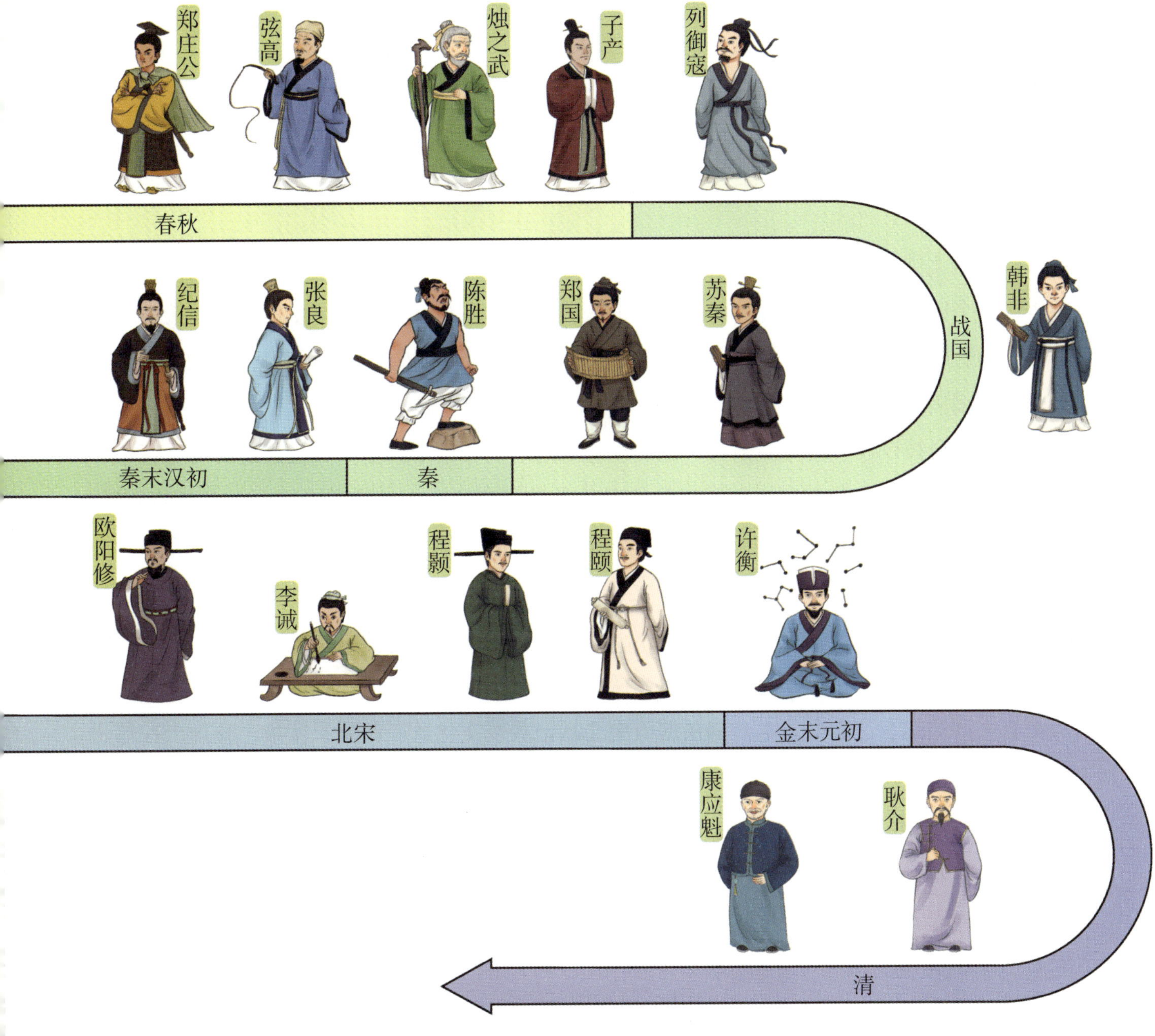

春秋

郑庄公　弦高　烛之武　子产　列御寇

战国

韩非

秦末汉初　秦

纪信　张良　陈胜　郑国　苏秦

北宋　金末元初

欧阳修　李诫　程颢　程颐　许衡

清

康应魁　耿介

前 言

文化是人类历史实践过程中所创造的物质财富与精神财富的总和。可以说，文化是一个民族、一个区域、一个时代独特的符号，也是滋养人们精神长流不息、生命欣欣向荣的基础养料。随着时间的流转，文化逐渐内化为人们灵魂深处坚不可摧的思想根基。历史的引路人、文化的传播者被称为"历史名人"，包括人文始祖、皇帝王侯、政治巨擘、民族英雄，以及文化巨人、科技巨匠、岐黄高手等，他们在特定的历史背景下产生，又在特定的历史背景下升华为时代的记忆。他们留下精彩绝伦的思想学说、创意巨作，给予人们源源不断的力量。与这些历史名人相关的遗迹、文化景观成为宝贵的文化资源，在历史的长河中滋养后世。

历史文化名城——郑州，地处黄河之滨，位居"天地之中"，是五千多年中华文明的核心区域。郑州作为历史古都、文化名城和著名商埠，在发展进程中涌现出了很多历史名人。为传承中华优秀传统文化，加强文化遗产保护利用，坚定文化自信，我们精心编撰了《跟着历史名人读郑州》这套书。本套书根据历史文献记载及文化遗产调研，搜集、整理出在郑州重大历史节点有过重要影响，或对郑州历史文化有过开创性贡献的本籍、过化或归葬郑州的历史名人，串联其生平故事、文章巨著、历史贡献和相关遗迹，反映郑州名人文化的基础概貌，让郑州名人先贤的历史文脉世代相传，展示郑州人文魅力，提升城市影响力，让读者了解郑州地区的历史名人文化资源现状，感受郑州历史风貌。本套书共分为三册，分别是《跟着历史名人读郑州·政治名家篇》《跟着历史名人读郑州·文艺青年篇》《跟着历史名人读郑州·行

业玩家篇》。本册《跟着历史名人读郑州·行业玩家篇》选择了十位郑州历史名人，书中的大部分故事来自"二十五史"等正史。

受到史料缺失、人口流动等因素的影响，有些历史名人的地域归属存在争议。如"诗圣"杜甫，出生于河南巩义，后来辗转西安、成都、长沙等地，这些地方都建有纪念杜甫的场所，他同时被称为郑州名人、成都名人、长沙名人。因此，我们暂将郑州籍、生于郑州，非郑州籍但长时间生活在郑州或长眠于郑州的有重大影响的人都归于"郑州历史名人"，以通过这些名人全面了解郑州地域的文化特征及文化底蕴。

作为青少年读物，本套书以浅白晓畅、通俗易懂的叙述方式，以人物生平经历为线索，用人物小传的形式展现名人与郑州密切相关的部分人生，并以此为线索，介绍相关的遗址、遗迹和纪念场所。另外，本套书还以古今结合的视角，表述人物及其事件在中华文明进程中的重要作用，深入挖掘、阐发这些人物身上所体现出来的精神内涵的时代价值。同时，为了形象、直观、全面地展现历史名人的风貌，本套书还插入了大量图片。这些图片与通俗生动的文字互为补充，相得益彰，以期给读者带去愉悦的视觉享受和广阔的想象空间。

我们希望能有更多的人通过本套书了解郑州、认识郑州、爱上郑州，共同为郑州建设国家中心城市、打造华夏历史文明传承创新中心贡献力量。

编者

2025 年 3 月

108 附录 课本中的郑州历史名人

091 康百万家族 四百年兴盛不衰的中原财神

081 李诫 被历史埋没的建筑学家

072 一行禅师 副业不止一种的得道高僧

063 永泰公主 从一国公主到绝世尼僧

050 菩提达摩 与世无争的禅宗始祖

目 录

行业玩家

002　列子　春游达人，环保卫士

011　韩非子　是口吃公子，也是金牌编辑

020　郑国　高级间谍版本的水利大师

030　嵇含　世界上第一位植物学家

039　寇谦之　一代宗师的奇幻人生

行业玩家

中华文化，博大精深。古往今来，中国历史上的名人名流灿若繁星。俗话说："三百六十行，行行出状元。"在古人眼中，能臣名士可以名垂青史，那些对各行各业做出过突出贡献的人，同样也会在史书中熠熠生辉。在郑州这块沃土上，就有不少这样的人。这里有逍遥洒脱的道家大拿列子，有提出"以法治国"的韩非子、水利大师郑国、植物学家嵇含、道教的改革家寇谦之、佛教的一代宗师菩提达摩，还有出身于宫廷的传奇女性永泰公主，更有在天文领域发光发热的佛教子弟一行禅师、大建筑家李诫、被称为中原财神的康百万家族……接下来，就让我们一起来了解一下，他们究竟是怎样成为传奇的。

列子

春游达人，环保卫士

名人档案

姓　　名：	列子
出 生 地：	郑州
时　　代：	战国早中期
称　　号：	冲虚真人
身　　份：	隐士
时代名人：	郑缥公
特　　长：	御风而行

基本概况

　　列子（约公元前450年—公元前375年），名御寇，也叫作圄寇，又名寇，字云，郑国圃田（今河南郑州）人。他创立了先秦哲学学派贵虚学派（列子学），不仅是介于老子与庄子之间道家学派承前启后的重要人物，还是著名思想家、哲学家、文学家、教育家，被称为先秦天下十豪之一。

提起我国的道家学派，很多人最先想到的是主张清静无为的始祖老子和逍遥旷达的代表人庄子，却少有人知道，他们之间还有位承前启后的重要人物——列子。毫无疑问，列子之所以不被人广而知晓，是因为史书关于他的记载太少了，他太神秘了！

他是神秘仙人

庄子在《逍遥游》中写道："夫列子御风而行，泠然善也，旬有五日而后反。"这句话的意思是列子能驾风行走，姿态轻盈美好，十五天后方才回到地面。要知道，这种飞行方式和《水浒传》里"神行太保"戴宗的日行八百里可不一样，这是整个人在空中飞。

《述异记》中写道，列子常在立春日启程，乘风游览八荒，等到立秋日就反归"风穴"，风至则草木生，离开则草木败落。试想一下，你面前有个人乘着风飘然而来，他飞到这里，这里就枯木逢春，重现生机，等他离开，树木花草就变回枯枝落叶。这种场面，任谁看到都会惊叹吧！

正是因为这些记载，很多人才会怀疑他存在的真实性。不过随着学者的进一步发掘，基本确定了列子确实在我国历史上真实存在过。

列子名御寇，传说是古帝王列山氏之后[1]，他的思想上承老子，下接庄子，是战国前期道家的代表人物。据记载，列子曾先后拜壶丘子、关尹子、老商氏等高人为师，不求名利，力避官场，隐居四十年一心修道，不仅创立了先秦哲学学派贵虚学派（列子学），还用宏阔

---

[1] 东汉应劭《风俗通义》佚文："列氏，古帝王列山氏之后，子孙氏焉。郑有隐者列御寇，著书八篇，号《列子》。"

列子　春游达人，环保卫士

的视野、精当的议论和优美的文笔潜心著述二十篇，著成十万多字的文稿。不过，他所著的《列子》在岁月的长河中早已散失，现存的文本只剩东汉史学家班固所写的《汉书·艺文志》中收录的《天瑞》《黄帝》《周穆王》《仲尼》《汤问》《力命》《杨朱》《说符》八篇内

容。这八篇作品不仅记录了当时的风土人情、人物文化、地域特征等，还有许多意味深长的寓言故事广为流传，成为教育人们规范言行举止的哲理依据。

他是思想巨擘

有句话说道家思想始于老子，发展于列子，大成于庄子。在道家的思想传承中，列子是介于老子和庄子之间很重要的人物，他对于道家自然主义世界观的继承具有非常重要的作用。

他主张贵虚，认为道既是宇宙生成的起源（万物存在变化的根据），又是养生治身所当奉行的根本准则。《列子》的根本精神，就是要消解种种执着，上达于虚无之境，实现心灵的自由和完善生命的存在。

而如何达于理想之境，获得心灵的自由呢？《列子》认为，人痛苦的来源就是不能安于现状、无欲无为，无法实现人物合一。然而执于物我、内外之分是没有意义的，人们只要齐物为一，就能化解一切差别，忘却外物、自我的存在，重新恢复自我与大道的统一，使心灵重归于冲虚自然、无执无为的状态，就可以从痛苦中解脱出来。

而且早在几千年前，列子就分外关注自然生态。他明白人类的活动会对自然环境造成不良影响，主张人类应该和自然和谐相处，如此才能实现长期的发展。这样看，他的思想是不是与我国"可持续发展"战略不谋而合？

另外，列子还有"体道合真、无心之境、力命"等个人思想，他将"道"视为生命的本体，通过"道"帮助人的身心提升到一个高度，收获心灵的自由。他将万物所处的状态归结于万物自身，对于那些不能解释的现象，则归结于"命"。《列子》一书气伟才奇，简劲宏妙，在封建社会时期，获得极大的重视。天宝元年（742年），唐玄宗封列子为"冲虚真人"，《列子》诏称《冲虚真经》。后来，宋徽宗封列子为"致虚观妙真君"。北宋景德年间，《冲虚真经》加封"至德"，被封为《冲虚至德真经》。

他还是故事大王

列子不喜功名，不入仕为官，在郑地隐居四十年潜心著书。历史上简洁的记载十分符合列子隐士的人物形象。虽然关于他生平的史料记载有限，但我们可以通过他的著作去了解他的思想和观点。

（一）两小儿辩日

出自《列子·汤问》，被人教版语文课本引用作为课文。

文中记述了孔夫子到东方去游学，路上碰见两个小孩儿争辩个不停，孔子一时间也来了兴致，就上去问他俩争辩的原因。

一个小孩儿说："我认为太阳刚升起来的时候离人最近，到中午的时候离人最远。"

另一个小孩儿说："我不这么想，我觉得太阳刚出来的时候离人最远，到中午的时候离人最近。"

第一个小孩儿解释道："太阳刚升起来的时候跟车盖子一样大，等到中午的时候就变得和盘盂一样小了，这不是远小近大的道理吗？"

第二个小孩儿也发表自己的见解："太阳刚出来的时候天气那叫一个凉爽，等到中午的时候就像把手伸到热水里一样热，这难道不是太阳离得近热，离得远凉快吗？"听他们这么说,就算是孔夫子这种学富五车的圣人也解答不了这个争论。

结果两个小孩儿都笑道:"谁说您的知识渊博呢?"

这个故事有意思在哪里呢?大概是在反差和对比吧,小朋友拥有的知识容量和孔子自然是无法相比的,毕竟孔子博览群书,周游列国,常年的积累使得孔子有着十分丰富的知识储备。可是纵使是孔子这样的智者圣人在面对两小儿争论的问题时,也不知该如何解答。我们会疑惑,智者不应该通晓天下所有的知识吗?但仔细想想,其实这是再正常不过的事情。

我们生活在一个很大的世界里,光是我们中国就有十四亿人口,把一个小小的个体放在十四亿人里就像针掉进了大海。这个世界不光有人类,还有山川湖海、飞禽走兽,有太多太多的领域是我们未曾涉猎的,所以人类才要不断地探索,不停地学习,尽可能多地了解这个世界,解答我们脑海里的一个个问题。这样一想,孔子也有不明白的知识,是不是就可以理解了呢?

(二)华夏精神·愚公移山

愚公移山的故事选自《列子·汤问》,它讲述一个叫愚公的老人为了出行方便,就带着一家老小要把太行、王屋两座大山给移走。有自认为聪明的人笑他愚蠢,然而他却坚持移山的想法,这种坚持不懈的精神感动了神仙,便派大力神的儿子将两座大山挪走了。乍一听这个故事是不是觉得蛮可笑?愚公那个时代没有挖掘机也没有炸药,太行、王屋是两座连绵不绝的山脉,一个老人家拿什么去开山呢?这不就是个想当然的莽夫吗?

大家都知道抗日战争艰苦卓绝,那到底有多困难呢?或许困难程度丝毫不亚于愚公移山。我们先来个数据上的对比,让大家有个清晰的了解:抗战全面爆发前夕,日本工业年产值约为六十亿美元,而我国工业年产值仅有不到十四亿美元;日军在1937年陆军海军共有飞机两千多架，而同时期我国能投入作战的飞机仅两百多架，飞行员更是只有六百余人；当时国内一发步枪子弹价格极高，相当于七斤半大米或者三十五个鸡蛋，这对于那时的中国普通家庭来说是一个月的粮食。如果部队的将士在训练的时候打一发子弹，七斤半大米就没有了，所以他们平常训练都是空枪打靶。那会儿中国人的主食还都是小米、玉米、高粱面、红薯。

日子苦吗？毫无疑问是苦的，在这种缺粮缺枪缺衣服什么都缺的条件下，中国军队坚持下来了，中国人民坚持下来了，中华民族坚持下来了，人们用血用肉抵御外侮，并取得最终胜利。胜利靠的是什么呢？便是愚公移山的精神，子子孙孙无穷尽也，这种愚公移山的精神深深刻进了每个中国人的骨子里，填补了和日军军备上的巨大差异。

在抗美援朝战争中，愚公移山的精神更像天上的星光一样指引着志愿军将士们。即使面对的是当时世界上装备最强的军队，即使所处的环境是冰天雪地，即使衣不避寒、食不果腹，即使枪炮老旧、安危无常，志愿军战士们顽强的意志也没有动摇过分毫。在这种精神的指引下，中国人民移走了大山，打破了美军不可战胜的神话。

泱泱华夏五千年，代代有愚公。时至今日，愚公已经不是一个呆呆的老汉形象，愚公移山也不仅仅是一个遥远的传说。中华民族之所以至今还屹立在世界民族之林，就在于我们有一批批践行愚公移山精神的人。如果这种精神很"愚"，那么希望我们能把这种"愚"的精神一代一代地传承下去。

不能否认的是，列子尽管没有写出《诗》《书》《礼》《易》《春秋》这样流传千古的著作，但收录在《列子》里的许多寓言故事都是大家耳熟能详的，例如歧路亡羊、造父学御、詹何钓鱼等。尽管我们不能够百分之百地确定《列子》的成书时间以及作者是何人，但《列子》中的典故对中华历史传承以及对后世的教育意义都是十分深远的。

关联遗产地

▶ 列子祠

　　列子祠在郑州市东郊圃田乡圃田村北,也叫作列子观。它最初修建于何时,是谁修建的,都已经不可考了。但我们能知道的是,在明神宗万历八年(1580年),列子祠被重修,后来在清代也经过几次修葺,只不过在1966年,列子祠又被破坏。2006年,重修列子祠的工作再次开始,新列子祠在原址处往东移了十五米,并修建了列子祠、列子碑林、列子广场、列子八卦御风台等景观。如今,列子祠内现存碑刻三通,有大明万历年间碑刻一通、清康熙年间碑刻一通,另一通碑刻因年久风化剥落,字迹不清。八卦御风台是根据列子成仙升天留下的传说修建的八角形高台,上面绘制了八卦图,还坐落着列子塑像,郑州人将此景称为"卦台仙景",是郑州八景之一。

图源:郑州市文物局官网

列子祠

韩非子

是口吃公子,也是金牌编辑

名人档案

姓　　名：	韩非子
出 生 地：	新郑
时　　代：	战国末期
称　　号：	韩非或韩子
身　　份：	思想家
时代名人：	荀子、秦始皇嬴政、李斯
特　　长：	写书

基本概况

　　韩非子师从儒家学派代表人物荀子，但观念与其不同，没有承袭儒家思想，反而继承并发展了法家思想，成为战国末年法家之集大成者。他身为韩国的公子，多次向韩王上书进谏，希望韩王励精图治，但韩王置若罔闻，这让他十分失望，只好著书多篇，阐述自己的思想。秦始皇看到他的著作后十分推崇，为了见到韩非子还攻打韩国。韩非子被迫出使秦国，却未被重用，最终被秦国丞相李斯构陷，死于狱中。

春秋战国时期百家争鸣，各式各样的思想流派交织碰撞，好不热闹。而其中赫赫有名的法家流派的代表人物之一便是韩非子，一个口吃的王公贵族。那么他如何会成为百家争鸣中的佼佼者？又是怎么从浩瀚的史海里脱颖而出，并被我们铭记至今呢？

口吃公子养成记

公元前280年前后，韩非子出生在韩国都城新郑（在今河南省郑州市新郑郑韩故城）。他自小患有口吃的毛病，话比较少。不过，他因为韩国公子的身份，地位尊崇，倒也没遭遇什么排挤刁难。在战国时期，公子可不是什么贵族都能叫的，只有诸侯的直系子女才能够被称作公子。不过，历史上关于韩非子究竟是不是当时韩王的儿子还存在些许争议。因为今日我们的关注点在于韩非子个人的才华及能力，而不在于其身世虚名，这里就不再赘述。

虽然身为贵族，不缺吃喝玩乐的供给，但韩非子是个有理想、行动力强的人，他并没有把心思和精力花在遛鸟赏花上。二十岁左右，韩非子就独自一人阔别家乡，游历求学去了。当时，他拜在儒家名宿荀子门下学习帝王之术，和后来的秦国名相李斯当了同班同学，此时他绝不会想到自己以后会和这位同学牵连最深。

虽然韩非子口吃，不善言辞，但是他为人正直、思维清晰、性格务实、学习刻苦，写得一手好文章，荀子十分欣赏他，说："帝王之术和法家思想只有韩非子能够发扬光大。"这个时候的韩非子也不会想到，老师荀子并不仅是因为爱护徒弟才这样说的，而是他已经预料到了韩非子的仕途之路。尽管韩非子的思想主张和他并不相同。

家乡复兴计划流产

韩非子学有所成后回到韩国，想要用知识建设家乡，中兴韩国，实现自己的政治抱负。他明白韩国之所以能位列战国七雄之一，并不是因为实力强大，而是因为当时能被称为诸侯国的除了这七个就没什么有名号的了。韩国地处七国中部，北邻魏国，南接楚国，西方还有个虎视眈眈的秦国，在这种腹背受敌的情况下，再不苦心经营，很容易就变成他国口中的肥肉。如果韩国继续靠着祖业坐吃山空，那么结局只有一个——被其他诸侯国吞并。

看着积贫积弱的韩国，文不能四方来效，武不能屈人之兵，治国不能政通人和，韩非子是看在眼里急在心里，他上书劝谏，要韩王励精图治，变法图强。

按理说，战国末期的各国国主为了抵制日益强大并且野心勃勃的秦国，都在寻求变法之道以增强国力，对韩非子这种有真学实才的人理应奉为座上宾。但现实却很残酷，韩国国君根本不理睬韩非子。即使韩非子将他辛辛苦苦研究出的治国理政方略想尽办法献给了韩王，韩王却只有不耐烦。

失望积攒得越来越多，韩非子无奈之下，只好将自己的思想和才华诉诸笔端，写于纸上。他想：我韩非无所谓封侯拜相，若是有谁能理解我的想法并实施，或许也是条救国路。于是，他前前后后写了《孤愤》《说难》等著作，加起来有十几万字。

在这些作品中，每一个字都是他的真知灼见。他结合自己早年所学以及在韩国的经验，加以归纳与总结，还整合了法家学说和荀子的思想，输出了一套完整清晰的新理论，把法家学派推到了一个新的历史高度，完善了法家体系。也是因为这些著作，后世才会称韩非子为法家集大成者。

不得不说，韩非子的著作字字珠玑，不仅包括分析人类社会发展的理论性知识，还有如何管理下属、如何与人沟通等一系列实践指导。

是金子总会发光，酒香不怕巷子深。所以，当韩非子的书一本本呈现到众人面前时，有人的心直接沸腾了。

"嗟乎，寡人得见此人与之游，死不恨矣！"秦始皇秉烛读到《孤愤》《五蠹》这些著作时，发出了真心实意的赞叹。看着书里写的驭下之方、集权之法、处世之道……每句话都和自己的想法不谋而合，书里提到的将更多权力收归君主更是他追求的政治趋势，这些书简直就是他梦寐以求的宝典。这一刻，他真觉得韩非子就是他的知己，是他那未曾谋面的真朋友。所以，远在陕西咸阳的嬴政迫切地想和这些书的作者韩非子当面探讨交流。

不一样的"和亲"

嬴政连忙叫来时任廷尉的李斯开了个"书友会"，顺便打听写这些书的人是何方神圣。李斯一看就发现这是老同学韩非子写的，立马告诉嬴政说："这书的作者是臣的同班同学，他可比我有学问多了。"

一听得力下属这么夸赞韩非子，嬴政的心就更痒了：若是能将韩非子纳入自己帐下，大秦帝国岂不是如虎添翼，能早日实现天下一统？

秦国铁骑一出，可把韩王给吓坏了。迫于嬴政的压力，韩王马不停蹄地派韩非子出使秦国，唯恐慢了一步，韩国就变成秦国的附属地了。就这样，韩非子像被迫"和亲"的公主一样，被送到了秦国。

不过，虽然嬴政非常欣赏韩非子，但他也是个极其理性的人。他笃信"非我族类，其心必异"。所以他在见到日思夜想的韩非子后，心里高兴归高兴，但并没有立刻重用他，这种异族思想也是他日后怀疑韩非子并将其打入大牢的一个重要原因。

再次被忽视的韩非子只好重拾老本行——上书劝谏，大谈特谈自己对秦国宏图伟业的规划和建议。嬴政听着韩非子挥斥方遒，内心十分得意，觉得自己看上的才子就是不一样，日后肯定会是自己的得力帮手。就在韩非子的事业准备二次起步的时候，一座新的大山挡在了他的面前——他的昔日同窗李斯。

没过多久，在大秦朝堂上的韩非子与老同学李斯的矛盾便逐渐显现出来。李斯主张秦王若想荡平六国要挑软的柿子捏，先拿国力最弱的韩国开刀，但是韩非子毕竟是韩国的公子，实在不忍心故土遭此横祸。他想他韩非子给秦国干了这么多事儿，就不能缓缓吗？没有必要先打韩国啊，于是他就向嬴政建议先去攻打赵国。

这样一来，李斯当然不乐意了，心想："亏我看在当初同窗的情谊，在秦王面前把你夸得那是天花乱坠，你可倒好，刚来就跟我唱反调拆我台，我这辅佐秦王扫六合的远大志向，岂能让你个结巴给我耽误了？"于是他就暗戳戳地跟嬴政说："大王，您现在有一统六国的宏伟蓝图，正处于咱们的事业上升期，不是我嚼舌根，但是这个韩非子啊，他可是个地地道道的韩国人啊，您现在不用他，可等他以后回了韩国那还了得？您这不是给自己挖了个坑吗？叫我说，不如杀了他以绝后患。"嬴政一合计觉得有点儿道理，便下令抓捕韩非子。

李斯这人工于心计，做事还狠辣。在著书立说这种理论业务上或许不及韩非子，但是论政治权术和吹耳边风的本事，怕是三个韩非子加在一起也比不上一个李斯。

李斯哪里肯就此放过韩非子呢？他踩了第一脚后就决定干脆踩到底，趁他病要他命。在

韩非子　是口吃公子，也是金牌编辑

李斯心里，死了的韩非子对他来说才是好的韩非子。于是，李斯趁着嬴政还没反应过来，便将一杯毒酒送到韩非子口中，让他驾鹤西游了。等到嬴政后悔了，打算赦免韩非子时，早已经来不及了，韩非子的坟头草都一人高了。

可惜无论是在家乡韩国还是在他乡秦国，韩非子都没能得到重用，他呕心沥血总结的法家理论也没机会亲自实践，万千著作只能留给后人研读揣摩。唯一值得他欣慰的是，他的仇人李斯后来虽然成了名震一时的秦相，可结局却十分悲惨，死前受尽折磨，死后也声名尽毁。

历史典故

▶ 自相矛盾

楚国有个卖兵器的人在街上叫卖："我的矛是世界上最锋利的，可以刺穿任何盾牌。我的盾牌是世界上最坚固的，可以抵挡任何矛。"市场上的人质问他："如果用你的矛去刺你的盾，它们将怎么样？"那个人无法回答。该典故出自《韩非子·难一》，比喻说话做事前后自相抵触，不能自圆其说。

▶ 滥竽充数

战国时期，齐宣王喜欢听人吹竽，专门成立了三百人的乐队。有个叫南郭先生的人听说了，就到宫里去做乐工，可他根本不会吹竽，于是学着其他乐工吹竽的样子摇头晃脑地"假吹"，似乎比任何人都投入。齐宣王去世后，继位的齐湣王喜欢听独奏，南郭先生无法再冒充下去，只好灰溜溜地跑出宫去了。该典故出自《韩非子·内储说上》，比喻没什么真本事却混迹于行家里，以次充好。

关联遗产地

▶ 郑韩故城

郑韩故城位于河南省新郑市城关附近的双洎河与黄水河交汇处,占地约十六平方公里,是中国历史上春秋战国时期郑国和韩国的都城遗址之一,见证了当时两个国家的辉煌历史。

作为曾经的政治、经济、文化中心,这里留下了众多珍贵的历史文物和文化遗迹,对研究春秋战国时期的历史具有重要意义。站在宽阔的夯土城墙之上,人们仿佛穿越时空,与古人对话,亦能感受到昔日郑国和韩国的繁荣与辉煌。

图源:遇见郑州(微信公众号)

郑韩故城

郑国

高级间谍版本的水利大师

名人档案

姓　　名：	郑国
出 生 地：	郑州
时　　代：	战国时期韩国人
称　　号：	水利专家
身　　份：	水工
时代名人：	秦王嬴政
特　　长：	修渠

基本概况

郑国（生卒年不详），嵩山东南韩国人，战国末期水利专家。公元前246年，郑国受命被派到秦国，游说秦王在泾水和洛水间穿凿一条大型灌溉渠道，企图占据、消耗秦国大量的人力和财力，使之没有精力和时间攻打韩国。后来，韩国"疲秦"的计谋暴露，郑国据理力争，申明修渠的各项益处，秦王让郑国继续主持修建。十年之后，郑国渠成功修成，关中变为天下粮仓，这不仅给秦统一六国奠定了强大的经济基础，还揭开了中国农田水利史新的一页。郑国渠和都江堰、灵渠并称为秦代三大水利工程。

《汉书·沟洫志》记录了一首民谣《郑白渠歌》："田于何所？池阳谷口。郑国在前，白渠起后。举臿如云，决渠为雨。水流灶下，鱼跃入釜。泾水一石，其泥数斗。且溉且粪，长我禾黍。衣食京师，亿万之口。"这首歌谣真实记载了我国古代水利工程郑国渠和白渠将贫瘠的关中土地变成沃野的事。那么，首开引泾灌溉之先河的郑国渠是谁修建的呢？又为什么而修呢？

秦强韩弱，绝密计谋

郑国渠之所以叫作郑国渠，是因为主持修建这条渠的人叫作郑国。他是战国时期韩国的一名水工。大家可能会有疑问，身处中原的郑国是怎么跑到位于关中的秦国去修建郑国渠的呢？这还要从当时的天下大势说起。

秦国原本是一个偏居西北的小国，秦国百姓主要从事畜牧业，对于农耕简直一窍不通，所以经常被其他国家嘲笑。在相当长的一段时间里，秦国人都被称为"牧犊儿"。面对别国对自己的歧视和嘲笑，秦国人当然非常不满，于是他们奋发图强，在秦国君主的带领下，秦国领土逐渐扩大，很快就成了让人不可忽视的强国。

再看韩国，它地处秦、魏、齐、楚四国的包围圈，不但地理位置极其恶劣，而且实力还是七国里最弱的。

秦国要崛起，自然盯上了势弱的韩国，时不时就攻打一下韩国赢点儿钱和地。即使韩国已经卑微到唯秦国马首是瞻的程度，也没挡住自家国土被秦国蚕食的悲惨命运。

韩桓惠王[①]九年，秦国再度入侵，韩国被迫割让上党郡给秦国。但上党郡太守冯亭不甘心，他自作主张将上党郡赠送给了赵国，这样一来秦赵两国就产生了矛盾。为了解决这个矛盾，秦赵两国掀起了著名的长平之战，最终秦国胜利，赵国四十余万军民被秦军全部坑杀。

秦军的凶狠威猛让观战的韩桓惠王在一旁看得心惊肉跳。他很难想象这要是更为弱小的韩国与之战斗，估计都城都会被秦军踏平。那该怎么办呢？反抗？韩国也打不过啊！听话？等着被灭国吗？这也行不通！在这种危急的情况下，韩国的君主韩桓惠王日思夜想，终于想出了一个他认为绝顶聪明的妙计：既然明的不行，那我就跟你玩阴的！他的脑袋瓜一转，想到了一个绝妙的计划——用间谍计拖垮秦国的财力与人力，让他们没精力攻打韩国。

那间谍计该让谁来实施呢？韩桓惠王想到了一个人——名不见经传的水工郑国。他对郑国说："郑国啊，你去秦国吧，想办法动员他们搞个费钱费人的大工程，搞大点，最好能耗他们十几年，拖着秦国，让他们没精力对咱们动手。保全韩国的命，就靠你了！"

郑国一听，国家命运都交到我身上了，那这任务必须得完成啊！于是立刻回家收拾东西，带着一家几口就去了秦国，自荐修渠。

水工"疲秦"，兴工引泾

秦国自孝公起，就推行了一系列的人才优惠政策——不仅能封官，还可以分封土地。这么宽厚的落户政策吸引了大量有才之辈前来投奔，诸如商鞅、李斯、范雎、张仪、公孙衍、

[①] 韩桓惠王（？—公元前239年）：姬姓，韩氏，韩厘王之子，战国时期韩国国君。公元前239年韩桓惠王薨，葬于今河南新郑。

尉缭子、吕不韦等顶尖人才，"秦国人才招聘办公室"门前整日络绎不绝。

所以，当名不见经传的工匠——郑国来应聘的时候，秦王嬴政并不热络。

郑国？谁啊？从来没听说过。但秦王嬴政是个聪明人，他想到所谓"人不可貌相，海水不可斗量"，先前商鞅等人来秦国前也没有名气，说不定这个人又是个隐士高人呢。于是，嬴政亲自接见了他。

"我可以帮你们秦国修一条灌溉渠，让你们关中的那块盐碱地变成最肥沃的土壤，从而实现每年粮食产量翻倍，多养活几十万的人口。"远道而来的郑国从容地看着眼前这位手握生杀大权的秦王，轻轻地从口中吐出这样一句话，可吓坏了和他第一次见面的嬴政。

秦国当时的全国总人口不到 600 万，关中地区也就 100 万人。但郑国却敢保证修一条渠就能多养活几十万的人口，那大秦从此以后，岂不就能将"荒年"二字永远封存？有这些粮食做保障，灭六国不跟玩儿一样？嬴政越想越激动，好似已经躺在了粮仓里。但天底下真的有这种好事吗？嬴政不敢轻信郑国，便召集了大臣商议。众人一合计，说这简直就是一个造福子孙的重大利好项目啊。于是，嬴政就按照郑国的建议，让他全权负责修渠的事，并嘱咐他放心大胆地干。

但当郑国将建筑设计图呈献给秦王嬴政过目时，嬴政才突然发现，这项目可真是大啊，花费也高，真要实施下去说不定会把大秦的家底掏空。于是，他再次召集大臣商量这渠到底修还是不修。

虽然修渠的难度很大，但总体来看，利大于弊。众人再次合计后最终形成决议：勒紧裤腰带也要修渠！

其实，秦国修郑国渠并不是有钱任性，而是更具战略眼光，从根本上来说，韩桓惠王的疲秦弱秦之计，注定就是失败的。但从另一方面来说，这个计划也是成功的。毕竟郑国渠要从泾水出发，向东绵延三百里，直到洛水，横亘在关中平原大地。整个工程共动用秦国军民数十万人，耗时十年才修建成功。秦始皇后来修建长城，一共动用了三十万人，耗时五年。但我们要知道，修筑长城那可是在秦始皇兼并六国之后才做出的决定，集全国之力，而修建郑国渠消耗的可是秦国的一国之力。可想而知，这个工程量有多大，对秦国来说的确动摇了国本。

不过，韩桓惠王的这个"疲秦计划"是失败的，因为在工程进行到一半时，郑国的间谍身份就暴露了。秦王十分恼怒，不仅停止了引泾河渠事务，要杀了郑国，还下书驱逐六国投奔过来的才子。

可郑国不仅是个高级间谍，他还是个有真本事、大智慧的匠人。面对如此场面，他临危不惧，立刻向嬴政表达了自己的真实想法，说："开始时，我的确是以韩国间谍的身份来到这里，但是建渠对秦国有百利而无一害，能造福关中百姓，是功垂千古的大事；对于韩国无非是夹缝中求生存，换来几年安稳而已，而对于秦国却是福泽万年的好事一件。"①

在当时那个时代，要想积极发展国力，农业必然是重中之重。秦始皇一听郑国的辩解也明白过来了，况且渠已经修到一半，半途而废更是不可，前面的投入不能打水漂。于是秦始皇赦免了郑国，令他继续修建。

---

① 《汉书·沟洫志》记载，郑国辩说："始臣为间，然渠成亦秦之利也。臣为韩延数岁之命，而为秦建万世之功。"

郑国渠成，利在千秋

郑国重新接到任命之后，越发卖力，在秦国走山访水，周密考察，最终选定在仲山（今陕西泾阳西北）西麓水流湍急、地势复杂的瓠口，先修建了一座拦河大坝，以此来抬高泾河的水位，后在大坝的右边，沿着北山南麓，劈山、凿渠、引水，让泾河的水顺着山腰流向东南方，使水流汇合在三原的浊水，并让渠道穿过石川河流经富平，越过蒲城的南边，最后在蒲城县的晋城村注入洛水，最终在泾河上开凿了一条长达一百多公里的灌渠。这就是史书上所赞誉的"于是关中为沃野，无凶年，秦以富强，卒并诸侯"。

在水渠建成之前，关中地区的亩产基本维持在二十公斤左右。郑国渠建成后，亩产量提升数倍，甚至超过当时大多数诸侯国的土地亩产量，接近九十公斤。郑国渠建成后覆盖的浇

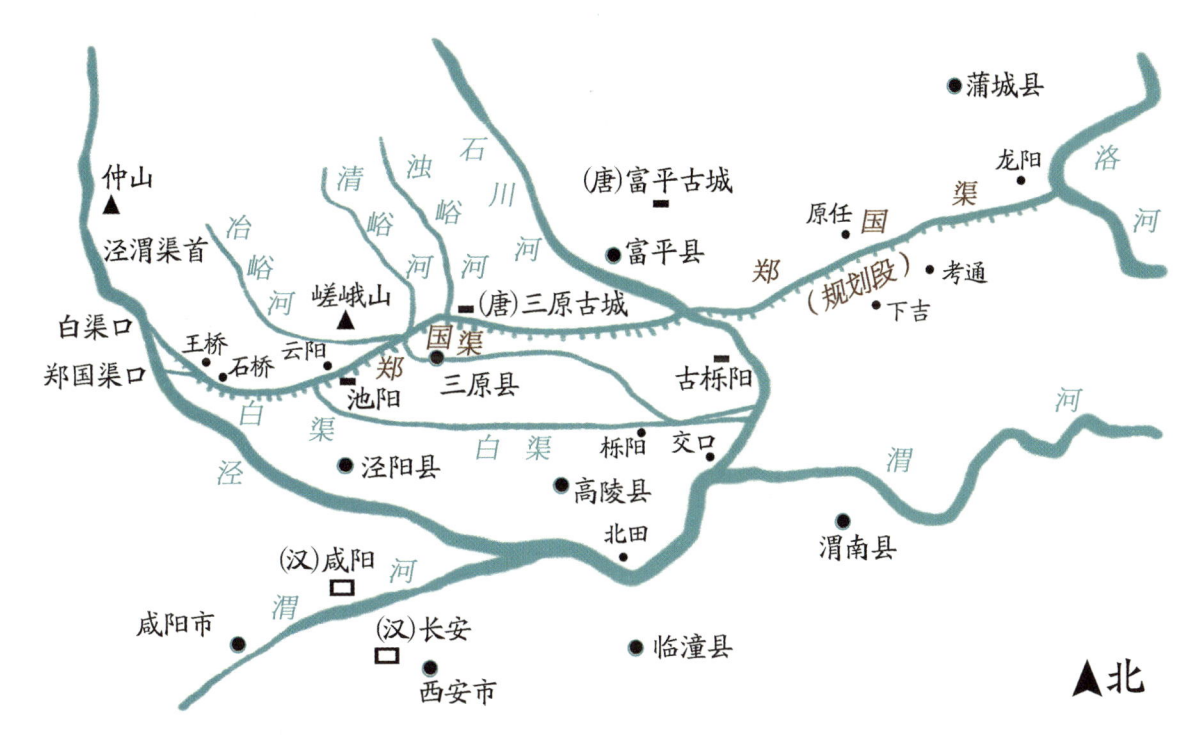

图源：郑州市华象历史文化传播研究院　刘苗苗　绘

灌面积约二百八十万亩土地，如果都能达到这一产量，总收成将在两亿多吨。在农业还处在原始耕作阶段的战国时期，这样的粮食产量是相当惊人的，如果按士兵每天需要两斤的口粮供应计算，这些粮食可供二十万人吃将近两年。

郑国渠使二百多万亩盐碱地变为良田，关中一带从此变成了粮仓，秦国粮仓里的储备量开始成倍地增长，秦国的经济实力也得到了显著提升，"秦富十倍于天下"可不是说着玩儿的。有了粮食有了钱，秦始皇吞并六国的底气越来越足了，再加上后期为征伐岭南所建设的灵渠，更是为秦国统一六国提供了绝对优势，使之全无后顾之忧。郑国渠建成六年后，秦国灭韩国。郑国渠建成十五年后，秦灭六国，实现了天下统一。或许韩国国君也没有想到，作为"疲秦计"的郑国渠，最终加速了秦灭韩的进程，成就了秦国的统一大业。

关联遗产地

▶ 郑国渠景区

1996年，郑国渠首遗址被公布为全国重点文物保护单位。2016年，郑国渠灌区成功入选世界灌溉工程遗产名录，成为陕西省第一处世界灌溉工程遗产。即使现在来看，郑国渠工程之浩大、设计之合理、技术之先进、实效之显著，在我国古代水利史上、世界水利史上也是少有。郑国始创的很多修渠经验，也为后来的很多水利工程所借鉴。例如汉代的白公渠、唐代的三白渠、宋代的丰利渠、元代的王御史渠、明代的广惠渠、清代的龙洞渠等灌溉渠。

水是农之脉，水利兴，则国家兴。无论郑国修渠的出发点是什么，都无法抹灭郑国渠将"泽卤之地"变成良田沃野,让关中地区成为我国最早的"天府之国"的事实。他的功绩随着水流动千年,并不在时光流逝中损耗分毫。

图源:郑国渠旅游风景区

郑国渠景区

嵇 含

世界上第一位植物学家

○ 名人档案 ○

姓　　名：	嵇含
出 生 地：	巩义
时　　代：	西晋
称　　号：	一代伟器
身　　份：	政治家、军事家、植物学家
时代名人：	嵇康、嵇绍
特　　长：	给植物写个人志

○ 基本概况 ○

嵇含（263年—306年），自号亳丘子，西晋时期大臣、文学家、植物学家，"竹林七贤"之一嵇康的侄孙。自从举秀才出仕以来，他为国为民穷思竭虑，四十四岁时被荆州司马郭劢杀害。他的著名作品不多，包括了三首五言诗《登高》《悦晴》《伉俪》。《隋书·经籍志》录有《嵇含集》十卷，今已佚失。所著《南方草木状》一书是我国现存最早的地方植物志。

我们都知道，魏晋南北朝是中国古代著名的乱世时期。在这期间，上有皇亲贵胄骨肉相残，下有黎民百姓食不果腹。但也有一句老话"乱世出英雄"，魏晋南北朝荒唐归荒唐，也确实涌现出了一大批有才干的人。我们今天要讲的嵇含，就是魏晋时期响当当的植物学家。

归厚之门，慎终之室

嵇含出生于巩县亳丘（今河南省巩义市），自称亳丘子，是地地道道的郑州人。嵇家是当地的世家，在官场、文坛都负有盛名。嵇含的祖父嵇喜担任过徐州刺史，嵇含的父亲嵇蕃当过太子舍人，"竹林七贤"之一嵇康是嵇含的叔祖父，嵇康的儿子嵇绍曾在皇家内部发生叛乱的生死关头，用自己的身躯护卫皇帝司马衷，最后死于乱箭，被历代封建统治阶级视为忠君典范。

因为父亲早亡，嵇含一直在叔叔嵇绍的抚育下长大。嵇绍对嵇含尽心尽责，像对待亲生儿子一样关心培养他。他也没有辜负大家的厚望，从小就熟读经书，能写能诵，长成了"别人家的孩子"。嵇含从小就是一个极其自律的人，他深知嵇氏一门以文名世，自己万万不能堕自家门风。为了陶冶自己的情操，保持谦虚的态度，他就在自己卧室的门上写"归厚之门"，卧室的墙壁上写"慎终之室"来鞭策自己。

嵇含在楚王司马玮得势时被任命为官署属员。但魏晋时期实在是太乱了，权势朝起夕落更是常有的事。元康元年（291年），刚掌权没多久的司马玮被诛杀，嵇含也受到牵连被免职。但真正有能力有才干的人，到哪儿都会受欢迎。很快，嵇含就又被举荐成为秀才，被任命为郎中。可惜，他的官路走得并不顺畅，这和他耿直的个性密切相关。

嵇含　世界上第一位植物学家

初任郎中时，弘农（今河南省灵宝市）的大官王粹建了一个非常华美的馆宇，还在室内的墙上画了一幅庄周的画像，让嵇含为他写赞语。要知道王粹本就身份贵重，又娶了公主为妻，可以说是当时实至名归的权贵，谁都想找机会巴结他。哪知道，机会送到了面前，嵇含却关上自家的门，摆摆手拒绝了。他没写赞语，反而提笔写了一篇吊文（祭奠死去之人的文章）。

"在精巧华丽的房屋里绘上得道真人，在立志有所作为的厅堂里悬挂隐士的画像，把庄周的画像简直挂得不是地方，我只能写吊文而不能写赞文。"

虽然这文章写得十分完美，但赞文和吊文的性质可就完完全全不一样。嵇含写完，还觉得不够，又在序里直接写道："此时正是民间诈伪的风气流行，淳朴的风俗已经丧失，民间百姓无法申辩冤屈，朝堂上臣子竞相邀宠，这种情形让人叹息。君臣相欺，长幼失序，在这种情况下只能借助道家玄妙虚无的道理来帮助自己脱离困境，援引老子《道德经》的经义来劝勉自己。"

嵇含义正词严的话一句句砸在王粹的心头，王粹听后愧红了脸。

乱世升职记

乱世时当什么官最有出路？答案肯定是武官。于是，永宁元年（301年）六月，嵇含被朋友推荐成为征西参军，紧接着又承袭了武昌乡侯的爵位，从此开启一段飞黄腾达的升职期。

在嵇含袭爵后不久，长沙王司马乂[1]盯上了嵇含的才华，随即将他升为骠骑记室督、尚

---

[1] 司马乂（277年—304年）：字士度，河内温县（今河南省温县）人，晋武帝司马炎第六子，晋惠帝司马衷、晋怀帝司马炽异母兄弟，西晋宗室，"八王之乱"中的八王之一。

书郎。当时，司马乂正在和成都王司马颖交战，且司马颖的军队占据优势。嵇含每天勤勤恳恳地工作，早晨出去督战，夜晚回来理事，繁重的工作逐渐让他和同事感到力不从心。于是嵇含就代表同事们，向"老板"司马乂开口："过去魏武帝每次遇到战事，都会增设属吏，并将他们的职责划分清晰。青龙二年，尚书令陈矫因有军务，也奏请增设郎官。现在我们遭遇的境况，跟他们相比，有过之而无不及。要是还坚持像现在这样，白天出去督战，夜里回来理事，一人当两个人驱使，内外废弛乏力，这对我们可是大大不利的。所以我建议，赶快增设官职，将每个人的职责都划分清晰。"司马乂听后觉得很有道理，于是接受了他的建议，增设了郎官和令史。

永兴二年（305年），范阳王司马虓以征南将军的身份驻扎在许昌，他非常看重嵇含的才能，很快任命他为振威将军和襄城太守。两年内接连晋升，可以说是对嵇含本人的极大肯定。

后来，范阳王被刘乔打败后，嵇含又投奔了驻扎在襄阳的镇南将军刘弘，并再次受到了礼遇。可以说，真正的人才到哪里都是备受欢迎的。嵇含在刘弘帐下过了一段清闲日子，但没多久南越地区就发生了动乱。刘弘当即就任命嵇含为平越中郎将、广州刺史，让他远赴广州平定叛乱。但嵇含还没来得及去赴任，刘弘就病故了。一下子，荆州就陷入了群龙无首的境地。

这时，有人推举嵇含，让他统率荆州，这就引起了一部分人的嫉恨。再加上嵇含性情刚躁，有智商但缺情商，致使他和自己的同事关系并不好。所以，当成都王司马颖兵败南奔襄阳时，嵇含的同事郭劢想要拥立司马颖为主，但他知道嵇含一定不会同意自己的想法。于是郭劢先下手为强，在一个月黑风高的夜晚，趁嵇含毫无防备，将其残忍杀害。

光熙元年（306年）八月，嵇含逝世，年仅四十四岁，尸骨葬于现在的巩义市鲁庄镇。307年，晋怀帝即位，追谥嵇含为"宪"，以此来表彰他对皇帝的忠心，并鼓励天下人模仿效法他。民国初年，巩县县长嵇子美立"晋武乡侯嵇含故里"碑，纪念这位值得后人铭记的先辈。

孤篇横绝，遗世独立

嵇含不仅是一位忠诚的王室之臣，还是一位热爱记录生活的植物学家。为什么这么说呢？这就要先问问你有没有听过《南方草木状》这本书了。

《南方草木状》问世于西晋永兴元年（304年），距今已有一千七百多年，是我国现存古代最早的植物学文献之一，也是世界上现存最早的区系植物志，比西方的植物学专著早一千多年。书中所载生物防治及竹篾水上育苗均为世界最早记述。嵇含在乱世军旅中，每到一处就悉心了解当地的风土习俗，将别人讲述的岭南一带的奇花异草、巨木修竹一一记录下来，整理、编辑，最终成就了这本奇书。

《南方草木状》全书分上、中、下三卷，介绍的草木分为四类、八十种。卷上草类二十九种，卷中木类二十八种，卷下果类十七种、竹类六种。其中有很多新奇的记载，例如有要架上梯子才能采摘的多年生茄树，在芦苇秆上挖孔下籽、扎排浮在水面上就能生长、收获的蕹菜，有"一木八香"的蜜香树，一节就能做船载人的云邱竹等。

除此之外，书中还有关于甘薯栽培、食用和储藏的记载，也有用竹做原料织布的介绍及用蚂蚁防治柑橘虫害的植保记录。书中还对留求子、乞力伽等五十多种草木的药用价值进行了介绍，并讲解了岭南人早期的许多用药经验。因为这部书所记述的草木对很多北方人来说都是十分新奇的体验，再加上与当时岭南一带人的生产、生活有紧密的联系，所以它一问世，就引起人们的广泛关注，顺利成了当时的"年度畅销书"。

细观嵇含这位魏晋时期仕族世家出身的子弟，举秀才，除郎中，辟为征西参军，又封武乡侯，累官至襄城郡太守。辅佐征南将军刘弘时有功，表其为平越中郎将；陈敏作乱时，又被荐为广州刺史。官场得意之外，他还写成世界上最早的区系植物志《南方草木状》三卷，比西方植物学专著要早一千多年。然而他最终在那混乱的年代被卷入王权争斗的旋涡，沦为政治牺牲品，着实令人惋惜。不过，他留给我们后人的文化财富，永远不会消散。

历史典故

▶ 花雕嫁女

嵇含在《南方草木状》中记录："南人有女数岁，既大酿酒，侯冬陂池竭时，置酒罌中，密固其上，瘗陂中。至春潴水满，亦不复发矣。女将嫁，乃发陂取酒，以供宾客，谓之女酒，其味绝美。"意思是说：南方人生下女儿后，便开始大量酿酒，等到冬天池塘中的水干枯时，将盛酒的坛子封好口埋于池塘。当女儿出嫁时，就将埋在原池塘中的酒挖出来，用来招待双方的客人，这种酒称为女酒，它的口味是极好的。由于埋于地下的陈年"女酒"的坛子是经过雕刻绘画过的酒坛，所以称其为"花雕"。这个记录便是最能代表绍兴风俗的"花雕嫁女"的史实。

关联遗产地

▶ 嵇含墓

　　嵇含墓位于巩义市鲁庄镇鲁庄村，村头立有"晋武乡故里"碑，墓地坐落在一片幽静的林间小山坡上，四周绿树掩映，环境幽雅。步入墓地，人们可以感受到岁月的沉淀和历史的厚重，仿佛与嵇含有了一种心灵上的交流。它不仅是一处古代文化遗址，还是一处寄托了人们对这位有文韬武略的植物学家的敬仰和缅怀的圣地。

图源：巩义市文物局

嵇含墓

寇谦之

一代宗师的奇幻人生

名人档案

姓　　名：	寇谦之
出 生 地：	西安
时　　代：	北魏
称　　号：	寇天师
身　　份：	道教天师
时代名人：	太武帝
特　　长：	研习并传扬道教

基本概况

寇谦之出生于陕西，早好仙道，有绝俗之心。他自称太上老君授予"天师"之位，得到老子玄孙李普文传授的《录图真经》，去除"三张（张陵、张衡、张鲁）伪法"。后来，寇谦之得到太武帝和宰臣崔浩的鼎力支持，道教极度兴盛。后随着灭佛活动的展开，以寇谦之为领导的道教被反噬，最终陷入停滞。

在众多的宗教中，道教作为我们土生土长的宗教，一直流传到现在。但你知道道教的源头在何处吗？它和我们常说的道家学派有什么关系吗？

春秋战国时期，以老子庄子为代表的道家学派兴盛，其中一部分学者后来转变为"阴阳家"。阴阳家中有一部分人在炼丹、炼金、炼制长生不死药中成绩卓著，被尊为"方士"，受到历代帝王们的欢迎。此后，方士中又有一部分人开始专攻念咒画符，道教就在不知不觉中具备了雏形。

那么道教究竟是何时正式确立的呢？这就要认识一下我们这篇故事的主人公——寇谦之了。

以身侍道，巧遇公兴

寇谦之从小就生长在一个官宦家庭，他的长兄寇赞是当地出名的神童，寇赞三十岁就被任命为县令。但寇谦之从小就与兄长不同，他无心做官，只倾心张道陵创建的"五斗米道"[1]。寇谦之整日沉迷其中，搜寻家里所有的道器、道书以及搜求学得的道术，每天在家里诵经打坐，练气功，服药饵，想要获得仙道，活脱脱一个叛逆的"网瘾少年"。尽管他数十年如一日地勤恳修行，依然还是肉体凡身，没有得道升仙。不过他始终没有气馁，相信自己的机缘定会到来。

---

[1] 五斗米道：又称正一盟威之道（正一道）、天师道，是道教最早的一个派别。据史书记载，在东汉顺帝时期，由张道陵在蜀郡鹤鸣山（今四川成都市大邑县北）创立。据《后汉书》《三国志》记载，凡入道者须出五斗米，故得此名。

一天，寇谦之到姨母家串门，遇到了一个叫成公兴的帮工，他身材魁梧，虽然形貌与普通人相比比较奇特，但是干活非常卖力，好像有怎么都用不完的劲儿。寇谦之十分欣赏成公兴的能力，在征得姨母同意后，他将成公兴带回了家。成公兴也没辜负寇谦之的期望，他在寇家干活，不怕脏不怕累，深受寇家全家人喜欢。这时候的寇谦之不会想到，成公兴能帮他的，不止劳力。

某天，寇谦之在用《周髀算经》演算日、月和五大行星运行规程时，怎么算都算不对，整个人都充斥着烦躁劲儿。此时，在旁边干活的成公兴无意间看到了困住寇谦之的谜题，想上前搭话，却被寇谦之不耐烦地赶走了。然而寇谦之又继续演算了很久，却始终得不出一个正确结果。就在寇谦之愁眉紧皱的时候，成公兴又来到了他的演算桌旁，诚心诚意地说："我看到先生的演算方法了。既然你算不出来，那要不试试我这大老粗的办法？"自己学习道术几十年都算不过来，这个不认识字的大老粗要是能算出来，当真是太阳打西边儿出来了。寇谦之对他不屑一笑，想要拒绝。成公兴又央求着说："先生不妨一试，不行就算了。"寇谦之明白成公兴也是出于好意，不忍再拒绝，于是抱着试试看的态度，按照他的运算方法演算起来，想不到竟真的一口气就算出了"七曜"运行的规程。寇谦之立马高兴得手舞足蹈，这时，再睁眼看看成公兴，觉得这当真是一个奇人！自己刚刚真是有眼不识泰山！于是他当下就跪地，想要拜成公兴为师。

但让寇谦之意外的是，成公兴并没答应他的请求，反倒让寇谦之收他为弟子，寇谦之虽然觉得莫名其妙，但也阴差阳错成了成公兴的师父。师徒俩一同在寇家研习道义，配合默契。

后来，成公兴对寇谦之说："先生如果真有意学道，那不如就随公兴一同隐遁深山。"寇谦之欣然同意。两人在家中斋戒三天后，就一起离家修道去了。据说，寇谦之先跟随成公兴来到了华山，在这里采得仙药，寇谦之服用后立刻就有了饱腹感。两人在华山待了没多久，又前往五岳之中——嵩山潜心修道。

嵩山称"中岳"，在登封县北，为道教三十六小洞天之第六洞天。自汉武帝封禅中岳之后，中岳就成为仙人道士的修炼之地。传说成公兴、寇谦之来到嵩山后，他们选定在太室山石室修炼，成公兴将全部修炼秘诀都传授给了寇谦之。不知不觉，他们一共在嵩山待了七个年头，这时，成公兴突然告诉寇谦之，该是自己回归仙宫的时候了。原来，成公兴本是天上一位仙人的弟子，因不小心火烧仙宫而犯下大错，被仙人惩罚，到民间服劳役七年，授道赎罪。于是，他在寇谦之身边待了七年，期满后就得返回仙宫。

临别之际，成公兴再三嘱咐寇谦之："你潜心道教，志向可嘉，但尘缘未了，七情六欲未断，难赴仙路。不过，如果勤奋努力，将来可做帝王之师，亦为大器。"寇谦之聆听师教，不敢有丝毫怠慢，在成公兴走后，他"守志嵩岳，精专不懈"，并开始广泛招收弟子，讲经施术，弘扬道教，在嵩山修炼了三十年，修出一副仙风道骨的神韵。

二仙点化，新道终成

北魏神瑞二年（415年），寇谦之自称在嵩山少室山石室得到了太上老君的托言，说他亲临嵩山并告诉自己："以往啊，嵩山山神在向上天禀告时总是说道，自从天师张道陵飞升后，凡世间修道的人就没地方拜师了。现在终于有一个人可以出来接替张先师的能力了，这个人就是嵩山的道士寇谦之。他立身直理，行合自然，能够担当得起天师的位置。现在我专门来将天师之位传给你，并赐你《云中音诵新科之诫》（即《老君音诵诫经》）。"

有了神仙托言和经书加持，寇谦之顺利地以"天师"的身份宣扬起了道教。此外，他还按照太上老君的要求对天师道进行了"三整顿"，使天师道以全新的面貌在世间传播。

北魏明帝泰常八年（423年），正当秋高气爽、晴空万里的金秋季节，寇谦之端坐在嵩山石室内，正在诵读《老君音诵诫经》，忽然间少室山的山顶呈现出云蒸霞蔚的景象。寇谦之一抬头就看见在五彩缤纷的云上端坐着一位神仙，他立刻认出这是太上老君的玄孙——上师李谱文。寇谦之立刻走出石室向上师行礼，上师缓缓说道："我这次来，是受老君之命，特地授予你劾召百神的能力，赐予你《录图真经》，并传授你销炼金丹、云英、八石、玉浆

的方法，希望你能够谨慎奉持，辅佐北方的太平真君。"从此以后，寇谦之就常常以"国师"身份到处游说，宣扬道教。

也就在这一年，北魏太武帝拓跋焘继皇帝位，寇谦之认为给道教争地位的时机已经到来。这年十月，初冬来临，寇谦之决定戴着他的"天师"桂冠离开嵩山，施展自己将道教扬名天下的伟大抱负，真正实现他的"国师"美梦。

寇谦之怀着异常兴奋的心情走下嵩山，风尘仆仆地北上北魏的都城（今山西大同），向太武帝献上他的杰作——道书。之所以选择这个时候，主要是因为拓跋焘在登基之前被封为"太平王"。而这正与《释老志》中所记载的他在415年和423年的两次"神遇"相吻合，虽然大家普遍都认为这两次神遇不过是他有意编造出来的假话，但在当时，还是有很多人相信的。

让他出乎意料的是，皇帝并没有立刻召见他，而是让他暂住在一个叫张曜的人家中，供其衣食。这样一来，寇谦之就闲不住了，他四处打听能和皇帝接近的人，终于找到了一个有力的支持者，那就是太武帝的左光禄大夫，著名大儒白马公崔浩。

恰巧崔浩也正想借助寇谦之的道教拉拢太武帝，扩张自己的权势。于是两人一拍即合，崔浩上书力荐寇谦之。果然，太武帝听后，立刻派人将"天师"接到宫中，并派人奉皇帛、牲畜祭祀嵩山，还派人将寇谦之在嵩山的弟子也接到平城。这番操作下来，"天师""帝师"等称呼一齐拥来，寇谦之终于完成对道教的弘扬大业。

佛道之争，身死道消

眼看寇谦之整日辟谷不食，仍旧神采奕奕，太武帝对他的道法深信不疑，也更宠信他。即使寇谦之发布道令说要遵循太上老君的训诫改革天师道，太武帝也欣然支持。

除此之外，太武帝还下诏给寇谦之及其弟子授予高官显爵，但却被寇谦之谢绝了。太武帝又下令对寇谦之施行方士的礼仪，让"天师及其弟子，并列在王公之上，不听称臣"。这一命令直接将道教摆在了朝廷之上，一下子引起了轩然大波，很多臣子反对，但太武帝根本不听，反而又为寇谦之师徒等人在京城东南（象征嵩山）修建了五层高的道坛，遵循道教新经之制，取名为"玄都坛"。玄都坛内住有道士一百二十人，都由朝廷供给衣食。

随着道教地位的日益上升，太武帝根据寇谦之的建议，正式改"元"为"太平真君"。后来，他又应寇谦之所请，亲自至道坛受符箓。从此以后，北魏的历代皇帝即位时都要到道坛受符箓，这也逐渐演变成了一种规制。

其实，在寇谦之去北魏平城以前，北魏民间多信仰佛教。寇谦之的新天师道在得到太武帝崇奉之后，如日中天的佛教慢慢沉寂了下来。可瘦死的骆驼比马大，佛教势力仍然广泛。道教想要成为天下第一大教，必然要将佛教压制成再没有星火能力的小教。于是，崔浩和一众道士不停挑拨，终于成功让北魏太武帝下诏各州，杀僧人，毁佛像，禁信佛。北魏佛教受到毁灭性打击，形成断层式的衰败。

然而，寇谦之对太武帝灭佛的活动却不太热心，甚至还投了反对票。因为在他看来，道教已处于国教地位，佛教已无力相争，没必要对佛教出手。更何况，新天师道也吸收了不少佛教义理，二者已经互相融合，且可以共处，根本没有发展到你死我活的地步。他更认识到以太子晃为首的胡汉贵族其实更加崇信佛教，如果排佛过于激烈，势必会使政局不稳，不利于道教的长久发展。所以，因为灭佛一事，寇谦之与崔浩二人逐渐分崩离析。

灭佛活动轰轰烈烈，寇谦之不免想到了崔浩和自己的未来。他之前以太武帝的名义修建静轮天宫，想要与天神直接交谈，这件事过于劳民伤财，为自己招致了不少非议。如今静轮天宫的修建已历时十八年，而竣工无期……太武帝已经不剩什么耐心了。他还意识到他所招收的新老弟子，在进入京城之后，个个贪图享受，无所长进；自己早已年过八十，道教后继无人。眼前的一切都使得寇谦之力不从心。他感到大限将至，就对弟子们说："当我寇谦之在世之日，你们可以求得荣华富贵，一旦我去世，这静轮天宫很难修成啊！"果然没过多久，寇谦之就在尚未完工的静轮天宫里死去，享年八十三岁。

两年后，如他预想的那样，崔浩因事被杀，寇谦之竭尽全力想建的"静轮天宫"也被太武帝下令拆除。道教的发展随即陷入停滞。

但寇谦之为道教做出的贡献，却没有被完全泯灭。此后数年，北魏但凡新帝登基，依旧按照祖宗旧例，亲登道坛，接受符箓。寇谦之成功地让道教摆脱了原始宗教粗陋浅薄的风貌，得到了官方的承认，从民间进入殿堂。在他之后，道教再也没有达到过这种顶峰。

历史典故

寇谦之在成为天师后，为了取得皇帝的信任，便大显身手，积极参加北魏的军事行动。始光二年（425年），大夏王赫连勃勃病亡，其子赫连昌继位。对是否西伐大夏，朝臣意见不一。崔浩主战，长孙嵩主和，太武帝倾向主战，意志不坚定，特请来寇谦之"天师"决定吉凶。

寇谦之首先同意崔浩的意见，认为大夏历年穷兵黩武，民心不安，又新丧国君，政局不稳。如出兵征伐，定会一石三鸟，取得胜利。于是，寇谦之在宫中，大作法事，祈祷胜利，并对太武帝说："此战必克，陛下以武应天运，当以兵定九州，先武后文，以成太平真君。"太武帝十分高兴，于是亲率一万八千轻骑西征，结果大挫西夏元气，俘敌军数万，缴获牲畜十几万头，虏夏人万余家，胜利归来。

关联遗产地

▶ 中岳庙

中岳庙坐落于河南省登封市嵩山南麓，总面积13万平方米，是河南省规模最巨大、最完整的古代建筑群。

庙宇依山而建，气势雄伟壮观。步入山门，一条青石小径蜿蜒而上，两旁是郁郁葱葱的参天古树，岁月的沧桑在枝叶间留下了深深的印记，仿佛在述说着古庙的历史。微风拂过，树叶沙沙作响，给人一种宁静而祥和的感觉。

踏入中岳庙，可见中华门、遥参亭、天中阁、崇圣门、化三门、峻极殿、寝殿、御书楼等建筑，各个建筑群错落有致，独具匠心，一栋栋青砖白瓦的建筑和精致美丽的斗拱飞檐，彰显着中国传统建筑的精髓。庙内供奉着众多道教神祇，香火缭绕，气氛肃穆祥和，丰富多彩的石刻碑文、雕塑与周围的山林融为一体，展现着中岳庙悠久的历史和深厚的文化底蕴。

▶ 少室山

少室山，又被称为"季室山""九顶莲花山""御寨山"，是嵩山的西峰。传说夏禹王的第二个妻子涂山氏的妹妹住在这里，人们便在山脚下修建了少姨庙，表示对她的恭敬，所以这个山的名字叫作"少室山"。

少室山山脚有蜿蜒古道，峭壁千仞，古树参天，石砾满径，古朴幽静中透着一股神秘气息。三十六峰山势陡峭险峻，奇峰异观比比皆是，例如猴子观云海、少室秋色、云峰虎啸、三仙石、石笋闹林、少室晴雪、忉利天池、茶仙泉、人祖石、少室寺、少林寺、少林永化堂等。登上山巅，一览众山小；仰望苍穹，心旷神怡。

图源：嵩山景区自媒体中心

少室山

菩提达摩

与世无争的禅宗始祖

名人档案

姓　　名：菩提达摩
出 生 地：南印度
时　　代：南北朝南梁时期
称　　号：达摩祖师、菩提多罗
身　　份：中国禅宗始祖
时代名人：般若多罗大师、慧可
特　　长：念经，写经书

基本概况

菩提达摩，南印度人，属刹帝利种姓，是印度禅宗第二十八代祖师，被称为中国禅宗初祖，后人为表示尊敬，简称他为达摩祖师。北魏时，他曾在洛阳、嵩山等地传授禅教，民间常称他为达摩祖师，即禅宗的创始人。著作有《少室六门》上下卷等。梁武帝大同二年，达摩圆寂。

在中国历史上有一个人，他虽并非中国人，但却对中国佛教的发展产生了极其深远的影响，这个人就是中国禅宗的创始人——菩提达摩。在民间，他被人们尊称为达摩祖师。

习佛法：声名遍及印度

菩提达摩，本名菩提多罗，菩提达摩是南印度国香至王的第三个儿子。当时佛教在印度很流行，达摩也受到佛教影响，开始学习小乘禅观。后来他拜西天第二十七代祖师般若多罗为师。

在般若多罗的教导下，菩提多罗掌握了各种佛法和佛道。于是般若多罗赐给达摩名号，意思是博通。由此，菩提多罗就正式改号叫菩提达摩。

这对师徒曾有过一次非常出名的对话。达摩问师父："我得了佛法以后，该往哪一国去作佛事呢？"师父高深地说道："你虽然得了佛法，但是不可以远游，就暂时住在印度。等我寂灭六十七年以后，你再到震旦（古印度对中国的称谓）去，广传佛教妙法，接上这里的根。可千万不要急着去，不然就会让我们佛教在震旦彻底衰微。"

达摩又忙问师父："我去了之后，东方有能够承接佛法的人吗？千年以后，教派会有什么灾难吗？"师父说："你所要推行教化的地方，获得佛法智慧的人不计其数。我寂灭六十多年以后，那个国家会发生一场灾难。你去了那里，不要在南方居住。因为那里只崇尚功业作为，看不见佛家道理。就算你到了南方，也千万不要久留。按照我的偈语：路行跨水复逢羊，独自恓恓暗渡江。日下可怜双象马，二株嫩桂久昌昌。"

达摩又问："您还有什么事要交代吗？"师父说："此后一百五十年，会发生一场小灾难。

听我的谶语：心中虽吉外头凶，川下僧房名不中。为遇独龙生武子，忽逢小鼠寂无穷。"

达摩记下后又问："这以后又怎么样呢？"师父说："二百二十年以后，你会见到林子里有一个人得了道果。听我的谶语：震旦虽阔无别路，要假佗孙脚下行。金鸡解衔一颗米，供养十方罗汉僧。"

般若多罗又把各段偈颂演说了一遍，内容几乎预言了佛教发展、教派兴衰。达摩听后对师父的话深信不疑，在师父身边侍奉学习了将近四十年，从来没有过丝毫懈怠。

当时的印度有两位佛教大师，一位叫佛大先，一位叫佛大胜多。二人本同达摩一块儿学习小乘禅观，但佛大先在遇上般若多罗尊者后，舍弃小乘而改修大乘，这件事也被称为"二甘露门"，是当时的一段佳话。而另一位佛教大师佛大胜多则把他的徒众分为六宗：第一有相宗，第二无相宗，第三定慧宗，第四戒行宗，第五无得宗，第六寂静宗。各个宗门各承一枝，自图发展，宗系茂密，弟子众多。

面对这种情况，达摩不禁感叹道："侍奉同一位老师都能够陷入不同的佛教支派，还要枝叶茂盛地分为六宗？我若是不除掉这多余的派系，他们就会永远被邪见纠缠。"于是，达摩凭着自己对佛法的天赋和努力，统一了佛大胜多的六派教众。没多久，达摩的佛法迅速遍及南印度，并在全印度有了显著的名气，在六十年的时间里普及甚广。

达摩与师父的六十年之约到来，他准备动身前往中国。达摩的信徒们听说后纷纷自发前往为他送行，国王更是下令为其准备大船，并装上各种珍宝，亲自率领臣属，把达摩一行送到海滩。

辞梁武：嵩山少林续禅缘

达摩一行远涉重洋，在海上颠簸了三年，终于在梁武帝普通七年——丙午年九月二十一日到达中国南海。当时的广州刺史得知后按照东道主的礼仪欢迎他们。在了解了达摩的背景后，广州刺史迅速上表奏禀梁武帝，说有印度的佛教高人前来传教。武帝看了奏章，也了解了达摩在印度佛教的名气，于是就派遣使臣奉诏到广州迎请。

大通元年十月一日，达摩等一行人到达了金陵（即今南京），准备与梁武帝见面探讨佛法。武帝接见达摩后问他："朕自继位以来，营造佛寺，译写经书，度人出家不知多少，可有什么功德？"武帝本打算听一听远方而来的佛教徒对自己的追捧赞扬，却不想，达摩直接说道："陛下这样做其实并没有功德。"武帝不解，忙追问原因。达摩高深地回答："这些只是人天小果，有漏之因，如影随形，虽然有，却不是实有。"武帝又追问说："怎样才算是真正的功德呢？"达摩说："清净、睿智、圆妙，体自空寂。这样的功德，不是在尘世上追求的。"说罢，达摩看着梁武帝紧锁的眉头，顿时明白梁武帝并没有参透他说的话。话不投机半句多，达摩也不愿意再在这里浪费时间，于是在十月十九日，达摩一行人悄悄带着行李来到了长江北岸。

长江古来凶险，达摩一行人是如何渡过长江的呢？其实历史上还有一个与之相关的传说——"一苇渡江"。传说达摩在渡过长江时，并不是坐船，而是随手在江岸边折了一根芦苇，达摩带着众人站在芦苇上，以芦苇为船渡过长江。现在少林寺还有达摩"一苇渡江"的石刻画碑。

菩提达摩　与世无争的禅宗始祖

除此之外，还有一种说法，是说梁武帝得知达摩离去的消息后，深感懊悔，立马派人骑骡追赶。在追到幕府山中段时，两边山峰突然闭合，一行人被夹在两峰之间。达摩正走到江边，看见有人赶来，就在江边折了一根芦苇投入江中，化作一叶扁舟，飘然过江。至今，人们仍把幕府山的这座山峰叫作夹骡峰，把山北麓达摩休息过的山洞称为达摩洞。

这两种说法，无论哪个，都是对达摩"一苇渡江"的说法表示认同。达摩"一苇渡江"后，在江北长芦寺内短暂停留，后又至定山如禅院面壁修行。定山寺至今留有"达摩岩""宴坐石"、达摩画像碑等遗迹，也因此成为佛教禅宗的重要丛林，被誉为"达摩第一道场"。

北魏孝昌三年（527年），达摩一行人来到了嵩山少林寺。他看到这里风光秀丽，环境清幽，佛业兴旺，打心眼里觉得这里是一块难得的修行宝地，于是便在少林寺停留下来，并将这里作为他落迹传教的道场。

达摩在这里收了很多信徒，传授他们禅宗的奥义。自此以后，达摩就成了中国佛教禅宗的初祖，少林寺也因此被称为中国佛教禅宗的祖庭。

佛西归：经法终传承

达摩来到嵩山少林寺后，整日面壁而坐，一言不发。人们都不知道他葫芦里卖的什么药，于是调侃他为"壁观婆罗门"。

当时洛阳还有一个叫神光的僧人，也是个旷达之士。他博览群书，对于经书玄理非常精通，得知达摩前来，当即表达了对他的期盼："孔子、老子所传的教，不过是一些礼术规矩，《庄子》《易经》这些书，也没有很好地阐述玄妙的道理。最近我听说印度来的达摩大士居住在少林寺里，那我就应该去探访一下他，看看他的境界如何玄妙。"

于是僧人神光来到了少林寺。他每天早晚都会去拜见达摩，恭候在旁，但达摩却每每只会对着墙壁端坐，不曾在意神光的一举一动。神光没有得到达摩对他的教诲和鼓励，内心也很焦急。他心想："以前有的人为了求学访道，饿了，就把骨头敲开吸取里面的骨髓，从身上扎出血来暂时充饥，剪下珍贵的头发掩埋在泥里，或者舍身跳崖去喂老虎。古人尚且如此，我又是什么人呢？"一番简单的自我勉励后，神光又继续打起精神，等待达摩和自己交流。

这年十二月九日晚上，漫天大雪，神光站在殿外，一动不动。到天亮时，积雪都没过他的膝盖了，这才引起了达摩的注意。达摩怜悯地问道："你久久地站在雪地里，要求什么事？"神光立刻悲苦地流下泪来，并对达摩说："只希望大师慈悲为怀，打开甘露门，宣讲佛法，普度众生。"达摩却说："诸佛有无上妙道，是天长地久勤奋精进，行难行之事，忍难忍之情而修得的。仅凭小德小智，轻慢之心，就想得到真乘，简直是白费辛苦。"

神光听了达摩祖师的教诲，深知修习佛法不是一件易事，也需要强大的决心。于是他悄悄拿了一把快刀，砍断了自己的左臂，并将残臂放在达摩面前，以此来向他表明自己修习佛法的坚定决心。此举震撼了达摩。在如此坚决的佛心面前，达摩认为自己终于找到了堪承大业的法器。他对神光说："诸佛最初求道的时候，为了证法而忘掉了形骸，你今天在我面前砍断手臂，你所追求的必然也可以得到。"

此后，达摩给神光改名为慧可，慧可也正式成了达摩的弟子，在达摩身边学习佛法。师徒二人经常为民众演说佛道，普施法语，逐渐赢得了声望。随着名气的增长，达摩也逐渐引起其他佛教同事的嫉恨。当时，魏皇帝崇信佛教，佛门一时风光无限，最出名的佛教大师就是光统律师和流支三藏二人。随着达摩的名气越来越大，逐渐威胁到了两人的地位，这两人一合计，决定要下毒害死达摩。

两人几次在达摩的饮食里施放毒药，因为达摩认为自己还有使命在身，便自救得生。直到第六次放毒时，达摩认为自己教化世人的因缘已尽，佛法也有了慧可这一传人，就不再服药自救了，最终于魏文帝大统二年十月五日圆寂。同年十二月二十八日，达摩被徒弟安葬于熊耳山。人们为了纪念他，还在定林寺内为他修建了一座佛塔。

达摩虽然圆寂了，但他的故事还没说完。据说三年后，魏臣宋云曾奉命出使西域，回来经过葱岭时，曾与达摩祖师相遇。宋云看见他手里提着一只鞋子，翩翩远去。急忙问道："大师往哪儿去？"达摩回："西天去！"宋云回来后，把这件事原原本本地告诉了大家。众人看他描述得如此绘声绘色，再加上达摩大师的法力加持，于是决定启开坟墓看一看。结果等挖开坟墓一看，里面竟然只剩下了一副空空的棺材和一只鞋。于是，皇帝下令让人取了那只剩下的鞋子，放在少林寺供养起来。

达摩从出生印度、学习佛法，到来到中国辞别梁武，再到一苇渡江、嵩山面壁，以及后来的传教慧可、遇毒而逝，他的一生如同传奇一般，但他自始而终仿佛都是为佛教而生。在他之后，禅宗经二祖慧可、三祖僧璨、四祖道信、五祖弘忍、六祖慧能等人的大力弘扬，终于成为中国佛教的最大宗门，后人便尊达摩为中国禅宗初祖，尊少林寺为中国禅宗祖庭。

历史典故

▶ 化寂静宗

问曰："何名寂静，于此法中，谁静谁寂？"

彼众中有尊者答曰："此心不动，是名为寂。于法无染，名之为静。"

祖曰："本心不寂，要假寂静。本来寂故，何用寂静？"

彼曰："诸法本空，以空空故。于彼空空，故名寂静。"

祖曰："空空已空，诸法亦尔。寂静无相，何静何寂？"

彼尊者闻师指诲，豁然开悟。

关联遗产地

▶ 少林寺

少林寺位于河南省登封市嵩山五乳峰下，因为坐落在嵩山腹地少室山茂密丛林中，所以被称为"少林寺"。从山门到千佛殿，少林寺共有七进院落，总面积约五万七千六百平方米，主要包括常住院、塔林和初祖庵等。寺宇被青葱翠绿的山峦环绕，山门高耸巍峨，气势宏伟。

步入寺内，可见古建筑矗立，庄严肃穆。常住院的建筑沿中轴线自南向北依次是山门、天王殿、大雄宝殿、藏经阁（法堂）、方丈院、立雪亭、千佛殿。另外，寺西有塔林，北有初祖庵、达摩洞、甘露台，西南有二祖庵，东北有广慧庵。大雄宝殿是佛教法会和僧众修行的场所，庄严感十足。香客们大多会在此虔诚礼佛，在历经千年的钟鼓声、禅韵悠远的木鱼声和唱颂声中寻找心灵的宁静。

另外，少林寺独特的武术文化在世界都享有盛誉。寺内，武僧们日夜潜心修炼，山谷间日日回荡着悠扬的佛号声和武僧们的呼啸，传承千年的少林功夫依然在这片圣地绽放光芒。游客们还可以在这里观赏少林寺武僧的武术表演，欣赏他们高超的武技和精湛的身法，追求心灵和武学的修行。

在这里，历史的痕迹交织着禅宗的静谧和武学的激情，构成了一幅独特而绚烂的画卷。无论是信仰还是武学，少林寺都承载着深厚的文化内涵，吸引着世界各地的人们前来探寻。

图源：郑州市文物局

少林寺

▶ 达摩洞

在少林寺背后的五乳峰中有一个天然石洞，叫作达摩洞，传说是禅宗创始祖达摩的修行地。这个岩洞悬崖峭壁，隐匿在青山绿树之间，给人一种幽静而神秘的感觉。洞口面向西南，由青石块砌成拱门，洞深约七米，高宽各三米多。洞内台上有三尊石像，中间的是达摩坐像，两侧是达摩的弟子。看着洞内的布置，似乎还能感受到达摩在这里静坐冥想的氛围，感受达摩留下的智慧和力量。

菩提达摩　与世无争的禅宗始祖

图源：嵩山景区自媒体中心

达摩洞

▶ 方丈室

　　方丈室是少林寺的"大管家"方丈起居与理事的地方，外观简洁大气，古色古香，处处透着文化底蕴和历史传承。窗外景色清幽宜人，青山绿树，一派禅意。古籍记载乾隆西渡洛水至少林寺时，曾经住在此处，并赋诗一首："明日瞻中岳，今宵宿少林。"此外，乾隆游

061

览少林寺时也将方丈室作为行宫，所以少林寺又被称为"龙庭"。

现今，室内陈设着方丈的座位和书桌，书架上堆满了古籍典籍，展现了对佛法教义的深刻理解和对智慧的追求。方丈室的最中央放置着1995年少林寺建寺一千五百周年时信徒赠送的鸡血石"佛祖讲法"浮雕，北壁内侧放着少林寺的传代世系谱，东侧放了个弥勒佛铜像，墙上挂有"佛门八大僧图""达摩一苇渡江图"。室内还有1980年日本赠送的铜质达摩像。这里不仅是少林寺方丈学习修行的场所，还是禅宗智慧和文化的结晶，承载着信徒的期盼和向往。

图源：少林寺官网

方丈室

永泰公主

从一国公主到绝世尼僧

名人档案

姓　　名：	元氏
出 生 地：	洛阳
时　　代：	北魏
称　　号：	永泰公主
身　　份：	北魏公主
时代名人：	达摩、孝明帝、胡太后
特　　长：	武功

基本概况

永泰公主本名元氏，鲜卑族，是北魏宣武帝元恪之女，孝明帝元诩异母妹。北魏正光二年（521年），永泰公主来到明练寺（在嵩山东峰太室山）削发为尼，潜心修佛。由于她乐善好施，经常将朝廷供给她的钱粮赈济给周围的苦难百姓，因此，她深受广大僧俗百姓的崇敬和爱戴。唐中宗神龙二年（706年），为纪念永泰公主的功德，嵩岳寺僧人道莹奏请皇帝整修明练寺，奉祀永泰公主，更名永泰寺。

距离名扬天下的少林寺两三公里的地方,有一座中国现存始建年代最早的尼僧佛寺——永泰寺。那么我们就要问了,永泰寺与永泰公主有什么关系呢?永泰公主的人生发生了什么?她一个生长在宫廷的公主又怎么和女僧寺院扯上关系呢?

宫墙内:身陷权力旋涡

永泰公主的父亲宣武帝在位时非常崇尚佛教,他不顾百姓安危和财政困难,在洛阳大兴佛寺。除此之外,他还宠信奸臣,任人唯亲,以致各地起义十分频繁。而且他当政时天下极不太平,水灾旱灾不断,可以说是一个天灾人祸并行的悲惨时代。在这样的时代背景下,北魏政权不可避免地开始由兴盛转向衰败。

515年,三十三岁的宣武帝突然驾崩,年仅六岁的孝明帝元诩继位。由于幼帝尚小,于是政务大多由高太后临朝听政处理。但高太后性情过于软弱柔和,丝毫没有主见,北魏的政权很快旁落到野心勃勃的元诩生母胡太妃手中。

胡太妃掌握大权之后立刻变了脸色,在前朝后宫搅弄了一番风云。要知道,她常年被位份高的高太后压着,心里早有不满。更何况北魏素来有"子贵母死"制度,她作为太子生母,本来会被处死。若不是宣武帝崇信佛教,废除了这个传统,胡太妃恐怕活不到这个时候。一想到每日活在惶恐中的自己,胡太妃的怨气就更大了。现在一朝得势,她怎么甘心再被别人威胁?于是,她在掌权后没多久就威逼高太后到瑶光寺削发为尼,并让她发誓从此不问朝政。

高太后本以为这样就能逃过胡太妃的魔掌,但心善的她怎会料到,胡太妃根本没想过放过她。不久,胡太妃借口对大臣们说,自己想要到瑶光寺进香祈福,顺道看一看自己的老姐姐高太后。朝臣本以为这是姐妹俩冰释前嫌的好事，还大肆赞扬了一番，但让人没料到的是，胡太妃竟然在高太后的酒中下药，亲手毒死了她。但当时胡太妃势力大，没有一个人敢为高太后申冤，众人只得眼睁睁地看着高太后以单薄的尼礼[①]葬于荒丘。高太后死后，胡太妃又以皇帝的名义，封自己为皇太后，独揽朝政大权。

而宫廷发生的一切，全都被年幼的永泰公主目睹，她深谙皇室内充满了明争暗斗，整日提心吊胆，不敢得罪胡太后分毫。随着年岁增长，胡太后阴险毒辣的政治手段，更是让永泰和她的哥哥们不寒而栗。对生的渴求和对死的畏惧日夜折磨着宫中的小贵人们，也让他们在不知不觉中产生了对胡太后的反抗意识。

等孝明帝十六岁时，已经有朝臣提出让少年天子理政，但胡太后又怎会甘心，她好不容易才到达权力的巅峰，好日子还没过够呢，现在要让她退居二线，她一万个不同意，依旧死抓着政权不放，这一举动也逐渐引起满朝文武的不满。于是，鸿胪少卿谷会等人联名上书，劝胡太后归政。这直接惹怒了胡太后，手握生杀大权的她找机会对上书的大臣们下了毒手，有的人被贬充军，有的人则直接被判罪杀头。朝廷上下想要扶持孝明帝夺权的人越来越多，可惜，这一切都被胡太后看在眼里。她根本不惧怕儿子的小手段，当时与孝明帝有过接触的密多道人，就因为跟随孝明帝发动政变失败被抓，死在了皇宫门外。而发动政变的孝明帝本人，也被自己的亲生母亲囚禁。

---

① 尼礼：即按尼姑的丧礼殡葬，在正史中仅见于北朝出家皇后的葬礼。

为逃命：不得不削发出家

永泰公主之所以出家，也与孝明帝和胡太后之间的政权争夺有关。

有一年，胡太后带着被她囚禁的孝明帝和皇后，还有数百名嫔妃、公主，以及太监陪驾，来中岳嵩山游春赏玩，兴致极高。永泰公主看胡太后很高兴，便大着胆子劝说，让她把朝政大权归还给自己的哥哥孝明帝。毕竟天子尚在，哪有太后一直掌权的，哥哥的后半辈子也不能一直被囚禁。她本意是为朝廷好，但她没想到，小小公主光明正大地违逆太后，等待自己的绝不会是好结果。

果然，这句话一出，胡太后立刻就发起了脾气，她认为一定是永泰公主与孝明帝合谋想要从她手中夺权，当即拂袖而去。面对这样的情况，永泰公主也蒙了，她不知所措地站在原地，身旁没有一个人敢去安慰她。正当永泰公主泪落涕流时，孝明帝看见了，忙问道："妹妹，你方才不是还高高兴兴的吗，怎么哭起来了？"孝明帝越问，永泰公主越泣不成声。好一会儿后，永泰公主才收拾好情绪，转头对哥哥孝明帝说道："王兄，是妹妹害苦了你啊！"这句话可给孝明帝听蒙了，他想知道到底发生了什么事，于是立刻追问："你在太后面前提起归政的事了吗？"永泰公主哭得说不出话来，只是点了点头。

听到妹妹为自己如此费心，孝明帝也不禁潸然泪下。他深知一旦回到皇宫，母亲胡太后是一定不会放过他们的，思及此，他更加痛恨自己的无能，不能保护好这个一心为自己着想的妹妹。无奈之下，孝明帝只好对永泰公主说："妹妹不必如此悲痛，兄长死不足惜，只是怕连累了你，你还这么年轻，这么为我着想，我实在是不忍心啊！"永泰公主赶忙问道："既然如此，兄长觉得我该如何是好？"孝明帝又说："既然事情已经发展到了这种地步，你若想活命，就只有一条路可走，那就是效法高太后，出家为尼。"

永泰公主听后，不可思议地说："让我也削发出家？"孝明帝无奈道："正是，如今你已经将胡太后彻彻底底地得罪了，京城是万万回不得了！"永泰公主一听就哭成了泪人，虽然不情愿，但幼时宫廷里的血雨腥风她也是经历过的，所以她只得默默接受。

心善的她又担心起了哥哥的处境，问道："那么哥哥你呢？"孝明帝却顾不得那么多了，他急忙催促道："妹妹快走，千万不要被太后看见，若是被发现，到时候就是想走也走不了了！"永泰公主这时候也顾不得许多了，向孝明帝深施一礼，就顺着山沟向深山中逃去。

胡太后在嵩山游春三日，回去的时候才听到太监禀告说永泰公主失踪了。这可让胡太后一肚子气没处撒了，她立刻传旨搜山，活要见人死要见尸。另一边，胡太后又找到孝明帝，询问他可知道永泰公主的下落，孝明帝说不知道。侍卫们几经搜索，也没找到永泰公主的下落，无奈之下，胡太后只得返回京都洛阳，让永泰公主自生自灭。

入佛门：善恶修因果

其实永泰公主逃进深山后，经历也颇为坎坷。她先在一个岩洞中停下休息。由于逃走的时候过于匆忙，她并没有带够干粮充饥，再加上一路奔逃得惊心动魄，消耗了大量体力。突然停下来的她很快感到饥渴难忍，最终晕倒在山洞中。

也是在这时，老尼慧玉在上山打柴途中突逢大雨，匆忙找了个山洞躲避。她刚进来就发现洞中有个宫装打扮的少女昏在地上不省人事。慧玉本着出家人慈悲为怀的心理，将永泰公主背回了寺院。

永泰公主　从一国公主到绝世尼僧

经过一众尼姑的照顾，永泰公主终于醒了过来。众尼姑赶紧询问她是什么人，为什么一副宫廷装扮。这不问还好，一问吓了一跳，经过永泰的描述，众人才知道救的这位竟然是堂堂的永泰公主殿下。

一听她这么说，慧玉赶忙问道："你既然是当朝公主，为什么不在洛阳皇宫享福，来这深山老林做什么？"永泰公主就把她的遭遇从头到尾诉说了一遍，并再三恳求众人收留她，让慧玉收下她当弟子。有一位公主做弟子，那可是天大的面子，慧玉欣然同意。自此，年纪轻轻的永泰公主就在这座寺院当起了尼僧。

因为寺院位居深山，缺少水源，生活极不方便。永泰公主和众尼僧每日除了参禅悟道外，

还要到很远的山外去抬水。而嵩山山林茂密，道路崎岖，常常有狼虫虎豹出没其间，甚至有好几个尼僧因此丧生。面对这种情况，永泰公主从来没有想过退却，她为了能够真正修成正果，把抬水作为自己的必修功课，每日坚持不辍。这种锲而不舍的精神感动了正在隔壁少林寺传道的禅宗初祖菩提达摩。他亲自来到永泰寺对永泰公主说："苦尽甜来，正果德身"，随即用他的禅杖大力地往地上一扎。霎时间，井水上涌，地上出现了一口井。众人大惊，永泰公主尝了一口，井水甘洌爽口，十分好喝。从此以后，永泰寺的尼僧再也不用到山外抬水了。后世的尼僧为了纪念达摩祖师赐井给永泰公主，将此井称为公主井。

永泰公主深受广大僧俗百姓崇敬和爱戴。在她圆寂之后，人们为了纪念她，还专门把明练寺改称为永泰寺。永泰公主的功德一直为历朝历代的人们所牢记，在明代费必兴所撰写的《重建嵩山永泰寺碑记》中，直接将永泰公主出家为尼与"达摩面壁""慧可断臂得法"并称为佛教禅宗的三件大事。永泰寺虽处于荒山，却是一处为人向往的名胜佳境，历代许多名人学士到此寻胜访古，流连忘返。

关联遗产地

▶ 永泰寺

永泰寺位于登封市区西北约十一公里处的太室山西麓，是佛教禅宗传入中原后营建的第一座女僧寺院，还是我国现存始建年代最早的尼僧佛寺。据传，寺庙建于北魏孝明帝正光二年（512年），距今已有千余年的历史。

永泰寺的建筑气势恢宏，踏入寺内，天王殿、中佛殿、大雄宝殿、皇姑楼等一座座古老的殿堂错落有致，古树参天，翠竹掩映，给人一种清幽恬静之感。其中，最引人注目的是寺内的主要建筑——永泰寺塔。塔体高二十四米，由黄泥砌砖而成，塔身之上为十一层密檐，密檐外的轮廓线柔和、优美、秀丽。除了寺内的建筑群，永泰寺还藏有大量珍贵的佛教文物，如传书匣、元碑、明碑、莲花灯座等，这些珍贵文物吸引了众多信徒和游客前来朝拜和参观。

图源：郑州市文物局

永泰寺

一行禅师

副业不止一种的得道高僧

名人档案

姓　　名：	一行
出 生 地：	濮阳
时　　代：	唐
称　　号：	大慧禅师
身　　份：	佛教禅师、天文学家、科学家
时代名人：	武三思、唐玄宗
特　　长：	观测天象

基本概况

　　一行（683年—727年），唐朝天文学家和释学家，本名张遂，魏州昌乐（今河南省濮阳市南乐县）人。唐朝开元九年（721年），因为李淳风的《麟德历》几次预报日食不准，一行禅师奉唐玄宗之命主持修编新历《大衍历》，他在制造天文仪器、观测天象和主持天文大地测量方面有很大贡献。

从先秦时期到清末，中国曾经历过多次历法改革。大家都知道，中国使用的是阴阳历，组成历的基本要素是年、月、日三者的长度，而这三者的关系又是不可通约的。因此，无论再好的历法都只能近似地反映它们的关系。使用的年代越长，历法和实际天象的偏差就会越明显。等到这种偏差影响到农业生产活动时，历法就失去了它本该有的价值。这个时候，就需要进行历法改革了。所以，唐玄宗时期，当李淳风编撰的《麟德历》中对日蚀推测的误谬日益显著时，新的历法改革便被提了出来，一行禅师也正式登上天文学的舞台。

从落魄少爷到佛门小僧

一行禅师俗名张遂，出生于官宦世家。他的曾祖张公瑾是唐太宗李世民统治时期的功臣，功绩卓越，被封为郯国公。但老张家的荣耀并没有持续很久，反而慢慢地走上了下坡路，到了武则天时期，张家彻底败落，有时甚至需要仰仗邻居接济，才能勉强度日。不过，瘦死的骆驼比马大，张遂虽然在物质上受了苦楚，但张家丰富的文化底蕴还是给张遂提供了成才的途径。

在自我爱好的指引下，张遂将自己最擅长的"历象、阴阳、五行之学"研究得明明白白，妥妥成了行家。当时，他常去长安城南的元都观（又名玄都观）看书，观主尹崇博通儒、道、释三教，是有名的学者。聪明好学的张遂很受尹崇赏识。一次，他从尹崇处借得西汉扬雄的《太玄经》，几天后就去还书。尹崇告诉他不必急于还书，可以多研读研读。没想到张遂回答说已经全都读懂了。尹崇十分震惊，他多年来一直在研读这本书，却还没明白所有的奥秘，张遂怎么会短短几日就学会了呢？他觉得张遂是在敷衍他，便让张遂谈谈他对这本书的理解。

于是，张遂撰写了《大衍玄图》一卷、《义诀》一卷，并给尹崇看，尹崇看后大为叹服，逢人便夸奖张遂，说他是聪明好学的颜回[1]。因此，张遂也成了长安城里名震一时的厉害学者，一时间成了达官贵人们争相拜访的对象。然而，任何事情都有两面性，被张遂才情吸引来的，不仅有爱才惜才的伯乐，还有那些专为了名气而来的沽名钓誉之辈，比如武则天的侄子武三思。

武三思为了营造自己爱才的名声，专门跑去张遂家说想要跟他交朋友，但张遂怎么会看不出来他只是做表面功夫罢了，于是果断拒绝了他。让张遂没想到的是，武三思被拒绝后非但没有知难而退，反而更加频繁地上门拜访，并表示只要你愿意跟我交朋友，有什么条件你随便提，这给张遂带来不少困扰。他不愿助纣为虐，又迫于武三思的权势，张遂想了又想也没想出来该怎么办，最后只好去了登封的会善寺，请求住持为自己剃度，从此皈依佛门，不理尘缘。

新人到领袖，佛门成长记

遁入空门的张遂变成了佛家弟子一行，在这里，他快速地融入了佛门生活，并充分地发挥了自己的"学霸"技能，开始学习外语，翻译印度佛经。在此过程中，他积累了丰富的释教知识，为后来融会贯通、最终顺利成为佛教流派——密宗[2]的开创者奠定了十分重要的基础。

---

[1] 颜回（公元前521年—公元前490年或公元前481年）：颜氏，名回，字子渊，春秋末期鲁国思想家。他一生追随孔子，天赋聪颖，对孔子学说身体力行，多次受到孔子的称赞，孔门七十二贤之首。
[2] 密宗是大乘八大宗派之一，一行被称为密宗领袖。

与此同时，一行也没有放弃自己在天文历法方面的学习。

唐朝开元九年（721年），已经推行了五十多年的《麟德历》（相传为李淳风①所作）所记载的日食现象与现实频繁不符，改革历法势在必行。于是在宰相张说的推举下，唐玄宗下令，让一行组织人员重新编写历法。

于是，一行带着自己的"编历小组"开始天南地北地跑，南达交州，北抵铁勒，测量纬度。每到一个地方，他都要在当地住上一段时间，用携带的精密仪器，来记录日食的准确时间和恒星的移动规律，确保新历更加准确。经过研究，一行发明了不等间距二次差内插法。按照他的推算，在每两个节气之间，黄经差相同，而时间日距却不同。这种计算比较准确地掌握了太阳在黄道上视运行速度的变化规律，在天文学史上是一个重大的进步。

八年之后，新历书稿完成。一行依据周易系辞中的"大衍之数"，将新历命名为《大衍历》。很快，《大衍历》在唐玄宗的主持下颁行使用。当时日本派到中国的留学生吉备真备还将《大衍历经》和《大衍历立成》带回国。自763年开始，日本采用《大衍历》，并使用了近百年。

巧用心思，知恩图报

功成名就的一行成为天子之师，在这时，他想到了那位在他小时候曾帮助过他的邻居阿婆，想要找到她报答她。巧的是，他惦念的阿婆很快就来到了他的面前，哭诉说自己的儿子失手杀人被抓，希望一行能帮忙求情。阿婆知道，以一行现在的名声和地位，向皇帝求情网

---

① 李淳风（602年—670年）：道士，岐州雍县人。唐代天文学家、数学家、易学家，精通天文、历算、阴阳、道家之说。

开一面也不是不可能的。但一行却认为，法律面前人人平等，不能因为恩情就帮助别人徇私枉法，所以他一见面就向阿婆表示，年少的恩情他永远记得，无论阿婆想要多少财物他都会尽力满足，但此事自己确实办不到。无路可走的阿婆一面痛骂一行见死不救，一面掩面哭泣，感叹儿子凶多吉少。即使如此，一行也只是恭恭敬敬谢罪，并将老人送回。

国有国法，家有家规。尽管明白不能徇私枉法，但一行还是想尽办法帮阿婆救儿子。据说，在将阿婆送走之后，他找了两个心腹之人，交给他们一个袋子，并告诉他们说从中午到黄昏，相继会有七个活物进入布袋，一定要妥善看管。心腹按照他的指示，果然在黄昏的时候带回来七只猪。一行将猪放进早就准备好的大缸中封盖，并嘱咐心腹千万不能说出去。

第二天一早，唐玄宗宣召一行进宫。他刚一进偏殿，玄宗就迫不及待地出来迎他，关切

地询问道："昨夜我发现北斗七星不见了，这是何寓意，是吉是凶？"一行赶快对此进行了一通分析，并请玄宗宽心，他早已用法术擒拿了象征北斗七星的七只猪，且会一只一只地放出来，一切平安无事。他又向玄宗皇帝建议"莫若大赦天下"。皇帝果然立刻下令大赦天下，邻居阿婆的儿子也就用另外一种合情合理的方法得救了。更加神奇的是，当天晚上，北斗七星就恢复了原位。一行是怎么做到让北斗七星如此"听话"的，我们不得而知，但一行懂得变通和知恩图报的优点是非常值得我们学习的。

是一代禅师，也是科学达人

一行禅师可不仅仅是天文学家，他的技能树上还挂着文学和科学的枝叶。

首先，在佛教方面，一行系统地学习佛教经典，并在开元十二年（724年）参与翻译佛教著作《大日经》。在此期间，他还虚心地向善无畏请教，并在其帮助下完成了《大日经疏》的撰写。而这本《大日经疏》也成了一行密宗思想的代表作。虽然这本书已经取得了不小的成绩，但一行并没有停止学习的步伐，他先后拜当时的佛教大能金刚智和不空为师，并在师父们的指导下，将两派的佛教思想融合，使密宗的佛教思想真正构成了一个完整的体系。可以说，一行是真正的唐朝密宗思想的集大成者。

除此之外，一行也是一位伟大的科学家。在编订新历《大衍历》的过程中，他主持建造了能够测量天体位置的仪器——黄道游仪，大大促进了中国古代天文学的发展。不仅如此，在水力运行方面，他还和梁令瓒一起，设计制造了一架水运浑象。这架水运浑象不仅可以靠水力自转，还自带报时系统。这是一个十分巧妙的计时设计，在仪器上有两个小木人，它们可是一行等人运用机械原理而制成的古代机器人。可以说，在当时那个以人力为主要动力的时代，它取得的进步可是跨越性的，水运浑象不仅是世界上最早的机械时钟装置，还是现代机械类钟表的祖先，更比西方最早的威克钟还要早几个世纪。

不出意料，这架水运浑象一经问世，就吸引了众人围观，文武百官列队在武成殿前观看，无不啧啧称奇。然而，因为这架水运浑象是铜制的，所以在运行一段时间后，就被放进了"博物馆"集贤院中"仅供参考"。

回顾一行的一生，从年少落魄到闻名长安，再从皈依佛门到永垂青史，他与郑州的联系都是非常紧密的。被逼无奈下，他投身登封会善寺，在这里开始了他后半生的传奇故事。可以说，当时的会善寺，正是在一行的"名人效应"下红极一时，成为唐代有名的佛教寺院。这位于国于民都功绩卓越的禅师，值得永远被历史铭记。

关联遗产地

▶ 会善寺

会善寺位于河南省登封市西北六公里嵩山南麓积翠峰下，以前是北魏孝文帝的离宫（国都之外为皇帝修建的永久性居住的宫殿），隋朝时改名为会善寺，唐代时，天文学家一行大师在这里当僧人。

历经朝代兴废，会善寺现在仍保留着山门、大雄殿，还有戒坛、唐塔等多种建筑。大雄殿面阔五间，进深三间，从制作特点看属于元代的风格，有很高的艺术价值。寺庙西边矗立着国内现存最早的八角古塔——唐天宝五年（746年）建造的净藏禅师砖塔，它整体为平面八角形，高三层，约九米，十分独特。寺内还保留着一行大师带领弟子一同建立的"琉璃戒坛"，供僧徒超度、受戒使用。

作为佛教信徒朝拜和参观的重要场所，会善寺至今还吸引着来自世界各地的游客。

图源：郑州市文物局

会善寺

李诚

被历史埋没的建筑学家

名人档案

姓　　名：	李诫
出生地：	新郑
时　　代：	北宋
称　　号：	营造法鼻祖
身　　份：	建筑学家
时代名人：	宋徽宗、王安石
特　　长：	建房子

基本概况

　　李诫，字明仲，郑州管城人（今河南郑州市管城区），北宋著名建筑学家。他主持修建了开封府廨、太庙及钦慈太后佛寺等大规模建筑，还编写了一部记录中国古代建筑营造规范的书《营造法式》，曾任职虢州知州，在地方甚有政绩。大观四年二月（1110年）逝世，终年七十六岁，葬于新郑梅山。

1925年，正在美国宾夕法尼亚大学建筑系读书的梁思成收到了父亲梁启超寄来的《营造法式》，不过一眼，这部"梁柱间的史诗"就击中了这位未来建筑界泰斗的灵魂。而书的另一面，隔着千年时光，中国建筑研究界的开山鼻祖李诫也终于等到了期盼已久的知音，对《营造法式》的深入研究在近代的拓荒式学习和探索中被提上了日程。

失之东隅，收之桑榆

　　李诫出生在官宦世家，他的曾祖父李惟寅、祖父李惇裕、父亲李南公都享有朝廷俸禄。从小受家庭熏陶的他博学多才，不仅精于书法，还擅长绘画，可以说是个极有才华的年轻人。

　　按理说，这样的人才说什么也得考个功名当个大官。但人生总是充满意外，李诫在考取功名的时候却遭遇了有史以来最大的挫折。由于成绩不理想，他最后只当了个国家建筑部门的小官——将作监主簿。

　　不过，有了工作的他迅速和自己手下的工匠打成一片，努力地向他们学习建筑相关工艺的知识。很快，学习能力很强的李诫就在这个岗位上适应下来，并带着自己的下属主持营建了不少城门、宫殿、府邸、寺庙。十七年后，李诫从将作监的主簿升为将作监的负责人。

　　历史学家陈寅恪曾评价宋朝，说"华夏民族之文化，历数千载之演进，造极于赵宋之世"。无论是文化造诣，还是美学造诣，北宋时期是中国历史上文化和美学发展的璀璨时期，但那个时候，和这些登峰造极的美相伴而生的，还有腐败。

　　当时北宋大部分建筑，耗费的资金都很多，有的确实是物料华贵，需要大量资金购买，但更多的资金耗费是因为偷工减料、虚报物料用量和将物料挪作他用。而这些情况的根源，在于当时朝廷给建筑行业制定的修建标准过于宽松。所以,当徇私舞弊加上主持建筑的官员无节制地"边建边改",腐败就很泛滥了。

熙宁年间(1068年—1077年),王安石在皇帝宋神宗的支持下,进行了一场震惊朝野的变法,想要改变北宋官场积冗积弱的局面。新法涉及各个方面,建筑行业也不例外。当时的建筑行业多是虚报瞒报、偷工减料,因此,建造出来的房屋质量可想而知。据记载,熙宁二年(1069年)在修建感应塔时,主管人员向朝廷汇报的工匠人数,足足有实际人数的五倍之多,贪污的钱款数额更是巨大。

建筑行业的腐败当然也引起了王安石的注意。熙宁五年(1072年),王安石下令编写一本《营造法式》来统一规定工程的建筑标准,以防止有人偷工减料,偷捞油水。所以一开始,《营造法式》其实是一本防腐败参考书。

这本书一直到元祐六年(1091年)才写成,这时的王安石变法早就已经失败了,所以它也很快被人遗弃。直到绍圣四年(1097年),宋哲宗又下令重新编修《营造法式》,并把这项任务交给了当时作为将作监丞的李诫,李诫也成功地凭借这本书,迎来了他人生的高光时刻。

奇书问世——《营造法式》

接到任务的李诫,立刻就开始了筹备工作。他先是收集整理前人的研究经验,又在第一版《营造法式》的内容上加入了自己在将作监的工作经验,创作出一部分内容。但在李诫看来,这些内容还是远远不够的。于是,他开始挨家挨户去拜访那些有名的建筑家和建筑工人,对这些资深匠人进行深入采访，搜集他所不知道的建筑知识。但由于《营造法式》的内容实在太过庞杂，尽管他不辞辛劳地日夜赶工，这本书直到元符三年（1100 年）才得以完成。

《营造法式》共三十六卷，分别有释名、制度、功限、料例和图样等五部分。其中第一、二两卷是对土木建筑名词术语的考证及定额的计算方法；第三至第十五卷是壕寨、石作、大木作、小木作、雕作、旋作、锯作、竹作、瓦作、泥作、彩画作、砖作、窑作等十三个工种的制度，说明每一工种的选材、加工方法及各构件的相互关系和位置；第十六至第二十五卷规定了各工种的构件劳动定额；第二十六至第二十八卷规定了各工种的用料定额和所应达到的质量；第二十九至第三十四卷是图样。

其中最值得一提的就是里边的图样。中国古代的技术书籍有一个通病，它们大多看重文字记载，很少图样。而像《营造法式》这样建筑学的书籍，图纸是非常重要的。这本书在李诫高超画技的加持下，不但内容十分丰富，而且附有非常珍贵的建筑图样，可以说是开创了书籍图文并茂的一代新风。

附图共占六卷，涉及各种木质构件、屋架、雕刻、彩画、装修等的详细图样。这些图样细腻逼真，丰富多彩。其中既有工程图，又有彩画画稿，既有分件图，又有总体图，充分显示了中国古代工程制图学和美术工艺的高度水平。这些图样不仅能够帮助人们更清楚地理解文字表达的内容，还可以使人们从中看出当时建筑的艺术风格。这对于我们后人研究古代建筑具有非常清晰且重要的作用。

《营造法式》一经发行，当即就成为整个建筑行业的荣耀之作。在此之后，不仅宋朝的建筑严格按照书中规定的标准建造，就连元朝水利工程技术中关于筑城部分的规定，也几乎按照《营造法式》的规定制定。不仅如此，明朝更是在这本书的基础上，新修订了一版《营造法式》作为明朝建筑业的标准用书，清朝的《清工部工程做法则例》也摘取了其中很多内容。

可以说，《营造法式》的编修上承隋唐，下启明清，在中国古代建筑史上起着承前启后的作用，对后世的建筑技术的发展产生了深远影响，李诫也因此成为享誉国内外的伟大的建筑学家。

老骥伏枥，志在千里

虽然《营造法式》对建筑业的贡献很大，但这毕竟都是留给后人的。对李诫自己来说，最希望的当然还是能够将自己的图纸变成实实在在的建筑，在有生之年见到自己规划设计的房屋成为东京城的新地标。

满腹才情的他只能等待，等待一个属于他的机会。宋徽宗即位后，他终于迎来了自己的伯乐。这时的李诫早已年过花甲，再也不是那个意气风发的少年。但对建筑的热情，却好像让他返老还童，他抓住了人生的最后十年，迎来了灵感和事业的大爆发。

在宋徽宗的全力支持下，他先后主持修建了五位亲王的府邸、辟雍、尚书省、龙德宫、棣华宅、朱雀门、景龙门、九城殿、开封府廨、太庙、钦慈太后佛寺等十余项重大工程。

可以想象，在人生最后的岁月里，李诫一定过得异常忙碌，但他也一定十分充实。虽然年迈的身体常常拖他的后腿，但李诫从不喊累，而是将所有的时间和精力都倾注在这些建筑上。东京城内外，一座座宏大、伟岸、壮观的新建筑拔地而起，在人们惊叹的目光中，将宋朝的繁华富庶一一彰显。

或许对李诫来说，这辈子最幸福的事，就是能够在忙碌之余，在儿孙的搀扶下，登上东

京城最高的城墙，看着一个个由自己设计的建筑矗立在街头，成为人人称道的新地标。

李诫的建筑热情和兢兢业业，宋徽宗都看在眼里。每每有新建筑落成时，宋徽宗都会排开天子仪仗，来给李诫"撑场子"，在那里参观欣赏，接受臣民的恭贺和欢呼。

实现了自己的梦想后，李诫不得不面对年迈身体带来的病痛折磨，他想要找一个安稳的地方去安度晚年。在宋徽宗的安排下，他去虢州做了知州。在他的治理下，当地政通人和，百废俱兴，他也深受百姓爱戴。

大观四年（1110年），七十六岁的李诫在虢州知府任上病逝。家人按照他的遗愿，把他的尸骨葬在了老家新郑的梅山上。

纵观李诫的一生，元朝修宋史未给他立传，导致他曾一度被历史埋没。但值得庆幸的是，他对建筑行业的贡献，让人们不曾忘记他。除了《营造法式》，他还著有《续山海经》《琵琶录》《续同姓名录》《马经》《六博》《古篆说文》等多部作品。可以说，李诫不仅是一代建筑大师，还是一位书画圣手，更是一位名副其实的艺术家、学者。

关联遗产地

▶ 李诫墓

据《郑县志》记载，李诫葬于新郑市龙湖镇的梅山。宋代时，李诫墓土冢高大，后世李诫家族相继葬入墓区，形成了李诫墓群，十分巍峨。后来逐代荒废，土冢不断遭到人为和自然损坏，慢慢变得萧瑟荒残。在1961年进行文物调查时，李诫墓冢仅存三米高，其他已夷为平地变成农田，后得以整修。国家文物局、中国古建筑学会、中国文物学会于2003年8月9日在新郑市召开《营造法式》颁行九百周年座谈会暨李诫原墓整修奠基仪式上，决定对李诫墓进行封冢、树碑、建亭。现在的李诫墓冢前建有四角碑亭，砌出了四出踏道。亭内立有石碑，碑身正面是著名古建专家罗哲文题写的"宋李明仲之墓"，碑顶是十字斗拱承托的庑殿顶，下有方座。碑阴是历史文化学者阎铁成撰写的《宋李明仲之墓碑记》。

图源：郑州市文物局

李诫墓

▶ 李诫园

2010年，郑州市文物局主持的"郑州市历史文化名城视觉形象展示系统"中，揭幕了"李诫故里纪念碑"。这座汉白玉雕刻的仿古寨门式建筑，如同一张薄薄的艺术名片插在广场北部的高台上，向人们展示着李诫的伟大成就。

同时，修建好的李诫园位于新郑市玉前路与新华路交会处西北角，园内设计根据李诫的贡献成就，以"斗拱"等建筑元素，修建了"双拱迎宾""华字亭""斗拱"龙门架、《营造法式》景墙及墨斗等景观，供游客们了解李诫的生平事迹、文学成就，感受他的家国情怀与文化传承。

图源：新郑市文化广电旅游体育局

李诫园

康百万家族

四百年兴盛不衰的中原财神

名人档案

姓　　名：	康百万家族
出 生 地：	巩义
时　　代：	明朝—民国
称　　号：	中原活财神
身　　份：	巨富家族
时代名人：	慈禧太后
特　　长：	挣钱、买地

基本概况

"康百万"是明清以来对康应魁家族的统称,因慈禧太后的册封而名扬天下。该家族上自六世祖康绍敬,下至十八世康庭兰,一直富裕了四百多年。历史上曾有康大勇、康道平、康鸿猷等十多人被称为"康百万",其中最具代表性的是清代中期的康应魁。在他掌家期间,康家的土地达十八万亩,财富无以计数。明、清时期,康百万、沈万三、阮子兰被中国民间称为"三大活财神"。民国时期有"东刘、西张,中间夹个老康"的说法,讲的是中原三大巨富。目前,河南省巩义市康店镇有"康百万庄园"建筑,被称为中国第一庄园。

对中国人来说，家就像是草木的根，江河的源。家文化是一个家族成员共性的升华，是一氏宗族内在精神之本，更是中国文化必不可少的传承基因。

《孟子·离娄章句下》有言："君子之泽，五世而斩。"确实，在历史的不断演变中，家族世代能传承几百年属实困难。然而在河南巩义，却有一个家族足足昌盛了四百年之久。他们是谁？他们家族传承四百年的密码又是什么呢？

代代传承，建百年基业

明朝时，朝廷为恢复社会经济，实施迁民[①]政策。康氏家族的先祖康守信在洪武七年（1374年）将家从山西洪洞县搬到了巩县（河南巩义）康店镇的洛河边。这时候的康家可不是以后的巨富家族，整日还在为怎么吃饱饭发愁呢。康守信到康店镇后，费尽心思在洛河岸边开了一家小饭馆。因为手艺好，饭菜味道不错，做事也勤恳踏实，康家人顺顺利利地将小饭馆经营了下来，还渐渐开出了名气。不久，小饭店就发展成了客栈，被来往的食客称为"康家店"。

靠着康家店的营收，康家的生活好转了不少。因为吃喝不愁，人丁昌盛，康氏逐渐发展成了一方商人氏族。等发展到第六代时，康绍敬读书入仕，康氏迎来了家族的快速发展时期。刚开始，康绍敬担任河南洧川（今河南尉氏县）驿丞，后来升任登州知府，又成了东昌府（今山东聊城）大使。在他的助力下，康氏家族抓住机遇，开始触及地方的交通、盐业和税务大权，家族势力快速膨胀，成了当地有名的富家大户，为康家四百年鼎盛打下了坚实的基础。

[①] 迁民：指迁徙到外地落户的人。

到了清朝康熙年间，康百万家族第十二代传人康大勇更是看准时机，想办法获得了军需品（布匹）的大量订单，垄断了整个陕西的布市。此后，他在布商的基础上进一步扩大家族产业，析产分局，购买风水宝地，还将势力扩到了山东，做起了大河行船、兴工造船生意。另外，康家还大量收购土地，累积了数百万的财富。据传，当时的康氏家族与沈万三、阮子兰并称为"三大活财神"。

图源：巩义文旅（微信公众号）

康百万庄园

几十年后，也就是乾隆时期，康大勇的孙子康应魁又扩大经商船的队伍，与清军做起了棉布和运输生意，赚了数不清的金银财宝。除此之外，他还在陕西泾阳吞下一条长街的布市，买了很多地，直接让家族实力冲到顶峰，被人戏称为"康百万"。

后来，康家的每代后人，都有人入仕保家族平安，也有人外出奔波赚取金银。历经几代人的辛苦经营，康家的资产从小小的一个小饭店逐渐变成占地二百多亩的庞大庄园——康氏庄园。庄园内共有十九个不同风格的分区，木材厂、造船厂、庭院、学校、楼房、窑洞、商铺、工厂、兵营应有尽有，甚至里边还设置了监狱。制度严格，等级森严，俨然是小农经济体制下的另一个"国家"。我国著名建筑学家李传泽称该庄园是"全国硬山式建筑中最完整、

图源：巩义文旅（微信公众号）

康百万庄园

最典型的代表"，诸多专家在游览之后称其为"传统建筑之瑰宝，民间艺术之典范"。

清朝末年，康氏家族已经成为当地的首富，康氏庄园也已经建设得如皇宫一般，能够完成自需自产，真正实现了偏安一隅，富甲一方。

不过富足的生活并没有让康氏停止前进的脚步，他们还在寻找一切机会为自己家族的荣华富贵添砖加瓦。

八国联军侵华期间，慈禧太后带着年幼的光绪帝逃出北京，路过巩义康店镇。康家掌权人康鸿猷得到消息，主动花费了一百多万两银子修造黑石关、县城、宫殿行宫、"龙窑"，供慈禧太后和小皇帝使用，然后又捐赠了一百万两白银给清政府。康鸿猷的行为让慈禧太后对这个"山沟沟"刮目相看，她没想到这样小小一个村镇竟然藏着个百万之家。等返回北京后，她念及康家捐资的大义，特意赐给康氏家族"康百万"的封号。自此以后，"康百万"真正成了康氏家族的统称，康氏庄园也改名为"康百万庄园"，至今依旧挺立在巩义市，供后世观瞻。它的历史价值、科学价值、艺术价值的光辉在恒久的时光中也愈发多彩。

优良家风，立辉煌传承

从明朝到清朝，再到民国时期，足足十二代人的薪火相传才让康家的富贵延续了四百年。任谁看来，都会为这个家族的历史惊叹。那么，支撑这个家族长盛不衰的背后原因是什么呢？

康家始终坚持的文教家风应该排在首位。

古代人崇尚修心养性，更看重人的精神内涵，认为"贤能"才是家庭和美事业有成的根基。所以说，治家和教育一贯都是古代家族的重中之重。康家虽然历代经商，但素来看重家族教育，要求族中后辈读书明理，掌家之人严谨治家，从不主张把"入仕为官"当作子孙后辈的唯一目标，反而将治家之本放在了经营农商经济上，人格和文化底蕴才是康家最看重的。

康氏不仅花高价聘请当地的名师教导族人，还斥巨资在自家庄园里盖起了学校，并按照年龄段划分为儿童私塾和青年学馆，家中几乎大大小小的后辈读书学习都能涵盖。另外，康氏庄园里还建了专门的藏书楼存放各种宝贵的图书资料，给家里人平时读书用。

图源：巩义文旅（微信公众号）

康百万庄园

为了督促族中后辈读书识理，康家还在墙上挂了不少蕴含哲理的楹联和匾额①，想要营造出一个有礼有理的家训氛围，让族人在潜移默化中将家风内化到自己的个性里。据统计，整个康氏庄园有一百多副楹联和匾额，有"厚农资商农商皆是本，重信守义信义全在人"这种讲为人的，也有"审时度势诚信至上商之本，化智为利化利入义贾之根"这种讲商业处事的，更有"心术不可得罪于天地，言行要留好样与子孙"这种讲言行的，还有"暗暗思量百

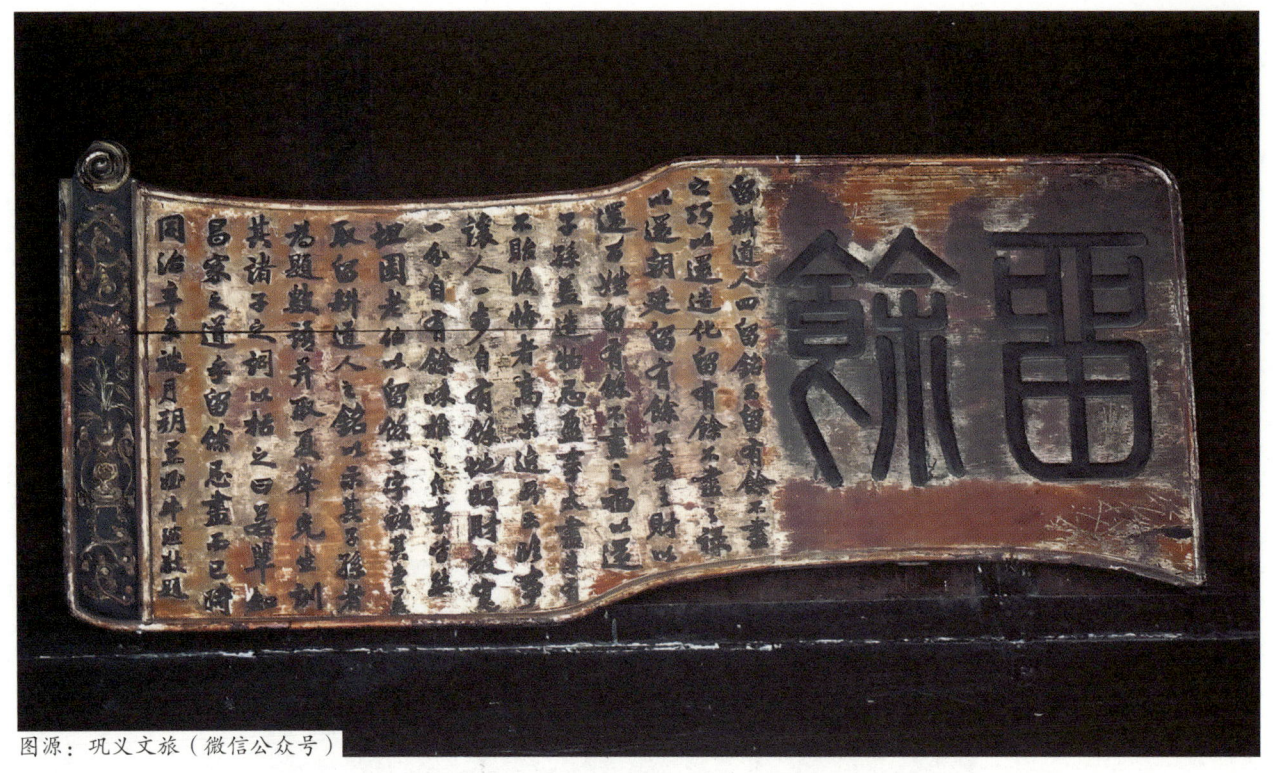

图源：巩义文旅（微信公众号）

留余匾

---

① 匾额：一般挂在门上方、屋檐下。当建筑四面都有门时，四面都可以挂匾，但正面的门上必须要有匾。

计不如阴骘好，明明检点万般惟有读书高"这种说学习的……言谈举止、教育生活、人生追求、交往结友，什么内容都有，什么道理都说。甚至在庄园厕所的门楣上，都刻着"三上成文"四个大字，提醒后辈即使是在厕上、马上、枕上依然可以读书写文章。

其中最负盛名的是"留余匾"上的话："留有余，不尽之巧以还造化；留有余，不尽之禄以还朝廷；留有余，不尽之财以还百姓；留有余，不尽之福以还子孙。"就是这些话，一直教育着康家子弟，无论是在商场、官场，还是金钱福禄方面，都要留有余地，这样才能让家族世世代代地传承下去。

正是营造出了如此浓厚的文教环境，才使得康氏子弟人才辈出。即使后来康氏逐渐退出了商界舞台，康氏后人也能不断地绽放光彩。

另外，积德行善、乐善好施也是康氏一贯的家风。例如第十四代传人康应魁在1845年河南闹饥荒时出粟赈灾，救百姓于水火；第十五代传人康道平购地修金谷寨和军械，捐资七千余两白银；第十六代传人康无逸出巨资倡议乡绅修建英峪关到虎牢关大道，捐助山东和郑州黄河决口大灾；第十七代传人康建璧捐巨款救济山东荒民，康建勋遵从"不为良相，则为良医"的古训，学成之后开设中药铺，对前来就医的患者不计亲疏，不计早晚地给予医治，康建德迎慈禧太后，向朝廷捐银一百万两，还兴办新学教育子弟；第十八代传人康子昭扶危救困，扶送灾民；第十九代后人王国权（原名康午生）在辽沈战役时组织群众向前线调动粮食两千多万斤……修河堤，建学校、赈灾民，康氏取来的君子之财，都以另一种方式还给了百姓。

四百余年的时间见证了康百万庄园的发展兴衰，康家也见证了历史的辗转迭代。虽然康家的辉煌已经随着时代转换而在岁月的洪流中渐渐消逝，但康氏一族的家风家训、家国理念仍旧坚挺在时光中，给我们精神上的引导。

历史典故

民间俚语："头枕泾阳、西安，脚踏临沂、济南；马跑千里不吃别家草，人行千里尽是康家田！"

关联遗产地

▶ 康百万庄园

　　康百万庄园，又名河洛康家，位于河南省巩义市康店镇，是"中原财神"康百万家族修建居住的庄园。它背依邙山，面临洛水，有"金龟探水"的美称，是全国三大庄园（康百万庄园、刘氏庄园、牟氏庄园）之一，又与山西晋中乔家大院、河南安阳马氏庄园并称"中原三大官宅"。全庄园占地二百余亩，保存下来的主要有寨上住宅区、寨下住宅区、南大院、祠堂区、作坊区、菜园区、龙窝沟、金谷寨、花园、栈房区等十大部分，三十三个庭院、五十三座楼房、九十七间平房、七十三孔窑洞等，既保留了黄土高原民居和北方四合院的形式，又吸收了官府、园林和军事堡垒建筑的特点，典雅庄重，魅力非凡，被誉为中原艺术的奇葩。

　　漫步于庄园内，水池、假山、亭台楼阁错落有致，绿树成荫，花香四溢，仿佛走进了一幅幽静而优美的山水画中，让人心旷神怡。此外，游客们还可以在这里欣赏大量珍贵的历史文物和艺术品，领略传统文化的魅力，感受古代生活风情。

　　作为一处集合了建筑、文化、园林艺术的综合性旅游景区，康百万庄园不仅是历史的见证者，还是传承和弘扬中国传统文化的重要平台。它为人们提供了十七到十八世纪华北黄土高原封建堡垒式建筑的代表，影响深远，价值巨大。

图源：郑州市文物局

康百万庄园

名人交流会

争当行业 TOP1

郑国
我修渠,我骄傲,我能让水田收成增不少!

嵇含
我采药,我画草,我能让人知道什么药材好!

李诫
我盖房,我定规,我能将建筑修得大气又精巧!

一行
恁这是干啥嘞?

李诫
禅师,你还不知道啊!

韩非子
有人要给咱写进郑州的名人读物里，我们在讲个人宣言。

嵇含
是啊，是啊。

韩非子
哟，这是大好事，但我们不能这样敷衍，还是得和大家交流点儿心得。你们是怎么被评上的呢？

郑国
工作做得好呗。

永泰公主
那你们有什么心得吗？

韩非子
做好工作，首先要有规划和执行力，法治精神不可或缺，做事要有规矩有条理嘛。

郑国
对，修渠也是如此，只要按照规矩，勤勤恳恳、踏踏实实地干活，就一定能干成。没了规划和勤奋，可就不好办了。

名人交流会

嵇含: 工作和演奏音乐一样,需要全身心投入,感受其中的节奏和韵律。

康应魁: 我想起当初先辈们告诉我得时刻留意市场变化,不然就跟不上节奏。

永泰公主: 不错不错,说到用心,我当时也是每天都提防人,毕竟在宫廷里,小心谨慎才能保证安全。后来在寺庙里修行,也是时刻谨慎,全心学习。

达摩: 创业也好,修行也罢,都需要心无旁骛,时刻注意守护内心,如同守护清净的湖面一样。

一行: 所言甚是,要想做好一件事,就必须戒除杂念,平静地面对外界的喧嚣。

寇谦之: 有一说一,眼光和创新能力同样重要,抓住机遇才能成功。

永泰公主: 恒心和毅力也是不可或缺的,不怕困难,坚持不懈才能取得成果。

寇谦之
对，不同行业的成功秘诀各异，但都需要坚持不懈、有眼光、保持警觉，这样才能在激烈的竞争中脱颖而出。

李诚
对对对，我就是个例子，先写专业书，老年才有机会做出好作品。

康应魁
哈哈，听了大家的分享，我收获颇丰，看来做生意也要像大家一样用心啊，感谢各位的分享！

韩非子
康兄弟说得有趣，每个行业其实都有各自的特点，大家要相互学习，相互支持。

阅读树

纪录片
《中国》第三集《洪流》
《郑国渠》
《中华治水故事：郑国渠的来历》
《百年巨匠：建筑篇》

课本链接
《谏逐客书》
《中国建筑的特征》
《愚公移山》
《两小儿辩日》

课外读物
《流血的仕途李斯与秦帝国》
《中国水利人》
《伟大的植物：南方草木状》
《宋朝的那些科学家》
《嵩岳，中华文明的摇篮》
《少林历史与文化》
《嵩山古建筑群》

附录 课本中的郑州历史名人

课本中的郑州历史名人			
人物	科目	年级	内容
黄帝	历史	七年级	《中华文明起源·远古的传说》
禹	语文	二年级	《大禹治水》
禹	历史	七年级	《中华文明起源·远古的传说》《夏商西周王朝的更替》
商汤	历史	七年级	《夏商西周王朝的更替》
郑氏三公	历史	七年级	《动荡变化中的春秋时期》
烛之武	语文	高中	《烛之武退秦师》
列子	语文	六年级	《两小儿辩日》（《列子》）
列子	语文	七年级	《杞人忧天》（《列子》）
列子	语文	八年级	《愚公移山》（《列子·汤问》）
韩非	历史	七年级	《百家争鸣》

（续表）

人物	科目	年级	内容
陈胜	历史	七年级	《秦末农民大起义》
张良	语文	高中	《鸿门宴》
嵇含	科学	一年级	《我们认识的植物》
		六年级	《生物的多样性》
杜甫	语文	二年级	《绝句》
		五年级	《闻官军收河南河北》
		六年级	《春夜喜雨》
		七年级	《江南逢李龟年》《望岳》
		八年级	《春望》《石壕吏》《茅屋为秋风所破歌》
		九年级	《月夜忆舍弟》
	历史	七年级	《隋唐时期的科技与文化》
刘禹锡	语文	三年级	《望洞庭》
		七年级	《秋词（其一）》《陋室铭》
		九年级	《酬乐天扬州初逢席上见赠》

(续表)

人物	科目	年级	内容
白居易	语文	一年级	《池上》
		二年级	《赋得古原草送别》（节选）
		三年级	《忆江南》
		八年级	《钱塘湖春行》《卖炭翁》
	历史	七年级	《隋唐时期的科技与文化》
李商隐	语文	四年级	《嫦娥》
		七年级	《夜雨寄北》《贾生》
		九年级	《无题》
北宋九帝	历史	七年级	《北宋的政治》
欧阳修	语文	七年级	《卖油翁》
		八年级	《采桑子》
		九年级	《醉翁亭记》
"二程"（程颢、程颐）	历史	高中	《辽宋夏金元的经济、社会与文化》